U0482496

2020 年度国家社会科学基金一般项目
"基于知识观的政府数据开放整体能力构建研究"（20BTQ043）

政府数据开放
整体能力构建研究

袁莉 ○ 著

中国社会科学出版社

图书在版编目（CIP）数据

政府数据开放整体能力构建研究 / 袁莉著. -- 北京：中国社会科学出版社, 2025. 1. -- ISBN 978-7-5227-4538-1

Ⅰ. D63-39

中国国家版本馆 CIP 数据核字第 20249BV199 号

出 版 人	赵剑英
责任编辑	刘　艳
责任校对	陈　晨
责任印制	郝美娜

出　　版	中国社会科学出版社
社　　址	北京鼓楼西大街甲 158 号
邮　　编	100720
网　　址	http://www.csspw.cn
发 行 部	010-84083685
门 市 部	010-84029450
经　　销	新华书店及其他书店
印　　刷	北京君升印刷有限公司
装　　订	廊坊市广阳区广增装订厂
版　　次	2025 年 1 月第 1 版
印　　次	2025 年 1 月第 1 次印刷

开　　本	710×1000　1/16
印　　张	18.25
插　　页	2
字　　数	237 千字
定　　价	108.00 元

凡购买中国社会科学出版社图书，如有质量问题请与本社营销中心联系调换
电话：010-84083683
版权所有　侵权必究

前　言

数字经济时代，政府数据开放（Open Government Data，OGD）顺应时代要求，通过政府向社会开放数据，吸纳社会参与，挖掘数据价值。中国高度重视 OGD 发展，在《中华人民共和国国民经济和社会发展第十四个五年规划和 2035 年远景目标纲要》中，明确提出加快推进政府数据开放共享。然而，OGD 推动过程中，能力不足已严重制约其发展。核心能力不足使 OGD 实施效果不理想，数据量少、供给质量不高、再利用程度低；动态能力短板则直接导致公共数据供需对接不足、沟通交流不畅、创新应用欠缺等问题。如何加强 OGD 能力建设，在很大程度上决定着能否充分释放数据要素价值。

能否站在数字化发展乃至高质量发展全局去思考谋划，从供给侧和需求侧两端发力，大力加强政府数据开放能力建设，以价值创造、融合创新为导向加快推动公共数据资源开发利用，成为当前国家在数字化战略发展中所关心的问题。在这一要求之下，OGD 发展需要怎样的能力支撑？相关能力如何支撑 OGD 实现价值转化？如何构建与 OGD 发展目标相适应的整体能力？成为亟待回答的问题。

全书围绕 OGD 整体能力"是什么—如何发挥作用—如何生成演化"的核心问题，系统阐释了 OGD 整体能力的构成、作用过程及生成演化。

第一，构建基于知识观的政府数据开放整体能力理论框架。研究从能力的相关概念及理论出发，阐释政府数据开放的整体能力内涵，提出核心能力是"赋能"OGD发展的能力，动态能力是"使能"OGD演化的能力，二者形成的合力构成了OGD整体能力。从能力的知识观看，能力的本质是知识，是作为组织独特资源的静态知识与激活知识的知识活动所共同构成的知识资本，体现于对知识资本的培育利用和更新创造中，政府数据开放的核心能力是培育和利用知识资本的能力，动态能力是创造和更新知识资本的能力。OGD整体能力系统是一个复杂适应系统，在主体、环境、行为的交互作用下，通过知识学习和知识演化推动OGD发展。

第二，识别政府数据开放整体能力的构成要素。研究将OGD整体能力分解为核心能力和动态能力，运用扎根理论三级编码，从国内外OGD政策文本中提取与能力对应的OGD知识活动，归纳其能力范畴。基于OGD供需主体的角色和职能，提炼和归纳出OGD核心能力的范畴及构成要素，包括基础保障能力、数据提供能力、数据利用能力、流通运营能力；基于动态能力创造和更新知识资本提升现有能力的本质，对比样本区域OGD前后变化，提炼和归纳出OGD动态能力的范畴及构成要素，包括变化感知能力、吸收转化能力、沟通交流能力、重构创新能力。OGD整体能力的识别，为下一步分析能力如何发挥作用提供了基础。

第三，基于能力定位，从"赋能"OGD发展角度探讨OGD核心能力作用过程，从"使能"OGD演化角度探讨OGD动态能力的作用过程。政府数据开放整体能力的作用，体现在OGD供需主体通过其核心能力和动态能力对知识资本发挥作用的过程中。"赋能"OGD发展的核心能力作用于OGD具体业务运行中，研究基于"目标—活动—知识"的思路，对OGD核心能力作用过程展开分析，从OGD三层管理目标及能力定位出发，分解OGD业务过程，辨明实现OGD数据流转的知识活动，明确各类OGD核心能力如何通过对知识资本的培育及利用，支撑知识活动增值及管理目标实现。"使能"OGD演化的动态能力作用于OGD现有能力的提升，确保其动态适应。研究将OGD动态能力映射于知识创新过程中，基于知识创新的SECI模型，通过社会化（S）、外部化（E）、组合化（C）和内部化（I）四个过程中的隐性知识和显性知识转换，呈现知识更新创造过程，并刻画了OGD动态能力形成的场景，阐释OGD主体在具体场景下，动态能力从过程（process）、位势（position）和路径（path）上对知识活动路径及作用效果的影响。

第四，聚焦OGD整体能力如何构建，研究OGD整体能力的生成演化，定位能力构建的关键着力点和发力方向。基于知识学习研究核心能力的生成，描绘"资源—职能能力—竞争能力—核心能力"的学习环。为剖解核心能力生成过程，借鉴知识发酵模型，分析OGD核心能力的发酵类型、发酵过程、影响因素，深入调查并利用DAMATEL法明确OGD核心能力生成的关键因素。基于知识创新研究OGD动态能力的演化作用，分析其知识演化过程，基于文献研究、焦点访谈法，借助AISM模型掌握各演化场景下影响动态能力作用的相关因素及影响路径。

第五，针对当前影响OGD核心能力和动态能力的关键因素，从主体、行为、环境三个方面，提出了OGD整体能力构建的对策建议。包括：提升主体知识水平，强化主体参与意识；完善知识酶催化机制，聚焦资源实践运用；营造良好知识环境，实现内外协同共享。

总的来看，本书是OGD能力研究领域的一次有益尝试和探索。在理论上，丰富和深化了OGD能力研究的内容，首次系统阐释并构建了OGD整体能力框架，而从知识观对OGD整体能力的剖析，为OGD能力研究提供了新的视角，是对OGD能力研究的全新理论探索。在实践上，研究成果为OGD整体能力构建提供了从理论框架到具体实践的全景图，并从实践和操作层面为政府部门构建OGD整体能力提供了明确方向和对策建议，研究有助于推动OGD的良性发展。

目 录

第一章 绪论 …………………………………………………… (1)
    第一节 研究背景及意义 ………………………………… (1)
    第二节 研究现状 ………………………………………… (5)
    第三节 研究内容 ………………………………………… (35)
    第四节 研究思路及方法 ………………………………… (40)
    第五节 研究的重难点及创新之处 ……………………… (42)

第二章 知识观下的政府数据开放整体能力 ……………… (45)
    第一节 相关概念及理论基础 …………………………… (45)
    第二节 政府数据开放的整体能力 ……………………… (55)
    第三节 知识观下的政府数据开放整体能力剖解 ……… (62)
    第四节 知识观下政府数据开放整体能力小结 ………… (72)

第三章 政府数据开放整体能力的识别及构成 …………… (74)
    第一节 政府数据开放整体能力的识别方法和依据 …… (74)
    第二节 政府数据开放整体能力的主体 ………………… (82)
    第三节 政府数据开放核心能力识别 …………………… (87)
    第四节 政府数据开放动态能力识别 …………………… (98)

第四章 政府数据开放整体能力的作用过程 ……………………（107）
第一节 基于"目标—活动—知识"的政府数据开放核心能力作用过程 ……………………………………………（107）
第二节 政府数据开放核心能力的作用场景及知识活动 ……（115）
第三节 基于知识创新的政府数据开放动态能力作用过程 ……………………………………………………（133）
第四节 政府数据开放动态能力的作用场景及知识活动 ……（138）
第五节 动态能力作用下的政府数据开放核心能力提升 ……（154）

第五章 政府数据开放核心能力的生成研究 ………………（157）
第一节 政府数据开放核心能力的知识学习 …………………（157）
第二节 知识发酵模型及其适用性 ……………………………（161）
第三节 政府数据开放核心能力的知识发酵类型 ……………（167）
第四节 政府数据开放核心能力的知识发酵过程 ……………（174）
第五节 政府数据开放核心能力生成的影响因素 ……………（180）
第六节 政府数据开放核心能力生成的关键因素 ……………（190）
第七节 政府数据开放核心能力生成研究小结 ………………（204）

第六章 政府数据开放动态能力的演化作用研究 …………（205）
第一节 政府数据开放动态能力的知识演化作用 ……………（205）
第二节 政府数据开放动态能力演化的影响因素 ……………（210）
第三节 基于 AISM 的影响因素模型 …………………………（219）
第四节 政府数据开放动态能力演化的影响路径 ……………（229）
第五节 各类型能力模型汇总分析 ……………………………（239）
第六节 政府数据开放动态能力演化作用研究小结 …………（243）

第七章 政府数据开放整体能力构建的对策建议 …………（245）
 第一节 提升主体知识水平，强化主体参与意识 …………（246）
 第二节 完善知识酶催化机制，聚焦资源实践运用 …………（248）
 第三节 营造良好知识环境，实现内外协同共享 …………（251）

参考文献 ……………………………………………………………（256）

后　记 ………………………………………………………………（275）

图目录

图 1-1　基于组织学习的核心能力形成过程 …………………………（17）
图 1-2　基于知识整合的核心能力形成过程 …………………………（18）
图 1-3　基于知识价值链的核心能力形成过程 ………………………（19）
图 1-4　研究的总体框架 ………………………………………………（37）
图 1-5　研究思路 ………………………………………………………（41）
图 2-1　核心能力的发展过程 …………………………………………（46）
图 2-2　OGD 整体能力框架 …………………………………………（56）
图 2-3　OGD 动态能力与核心能力关系 ……………………………（62）
图 2-4　OGD 核心能力分析框架 ……………………………………（69）
图 2-5　OGD 动态能力分析框架 ……………………………………（72）
图 3-1　OGD 核心能力构成 …………………………………………（97）
图 3-2　OGD 动态能力编码提取框架 ………………………………（99）
图 3-3　OGD 动态能力构成及作用模型 ……………………………（103）
图 4-1　基于"目标—知识活动—知识资本"的 OGD 核心能力
　　　　作用过程 ……………………………………………………（108）
图 4-2　数据资产管理视角下政府数据开放关键业务及活动 ……（115）
图 4-3　OGD 核心能力作用过程 ……………………………………（133）
图 4-4　知识创造的 SECI 过程 ………………………………………（136）

图 4-5　基于 SECI 的 OGD 动态能力分析……………………（138）
图 4-6　OGD 动态能力作用过程分析……………………………（142）
图 4-7　OGD 变化感知能力作用过程分析………………………（145）
图 4-8　OGD 吸收转化能力作用过程分析………………………（148）
图 4-9　OGD 沟通交流能力作用过程分析………………………（150）
图 4-10　OGD 重构创新能力作用过程分析 ……………………（153）
图 4-11　OGD 动态能力作用过程 ………………………………（154）
图 5-1　OGD 整体能力的生成演化过程…………………………（158）
图 5-2　知识发酵模型………………………………………………（162）
图 5-3　OGD 核心能力的生成过程………………………………（177）
图 5-4　OGD 核心能力生成演化影响因素（供给方）的因果
　　　　关系图……………………………………………………（195）
图 5-5　OGD 核心能力生成演化影响因素的区域图
　　　　（供给方）…………………………………………………（197）
图 5-6　OGD 核心能力生成演化影响因素（需求方）的
　　　　因果关系图………………………………………………（200）
图 5-7　OGD 核心能力生成演化影响因素的区域图
　　　　（需求方）…………………………………………………（201）
图 6-1　OGD 动态能力作用下的知识演化………………………（208）
图 6-2　AISM 模型构建流程………………………………………（221）
图 6-3　基于 AISM 模型的 OGD 动态能力影响因素分析示例……（229）
图 6-4　OGD 变化感知能力影响因素模型………………………（230）
图 6-5　OGD 吸收转化能力影响因素模型………………………（232）
图 6-6　OGD 沟通交流能力影响因素模型………………………（234）
图 6-7　OGD 重构创新能力影响因素模型………………………（237）
图 6-8　OGD 动态能力作用影响因素模型汇总分析……………（240）

表目录

表 3-1　OGD 供需双方角色及其职能 …………………………（87）

表 3-2　OGD 核心能力开放式编码过程（部分实例）…………（91）

表 3-3　OGD 核心能力初始范畴 ………………………………（93）

表 3-4　OGD 核心能力主范畴及其知识活动 …………………（94）

表 3-5　OGD 动态能力开放式编码过程（部分实例）…………（100）

表 3-6　OGD 动态能力初始范畴 ………………………………（101）

表 3-7　OGD 动态能力主范畴及其知识活动 …………………（102）

表 4-1　知识创新场景分析 ……………………………………（140）

表 5-1　生物发酵模型与知识发酵模型要素对比 ……………（163）

表 5-2　OGD 核心能力生成演化的影响因素（OGD 供给方）……（188）

表 5-3　OGD 核心能力生成演化的影响因素（OGD 需求方）……（189）

表 5-4　OGD 核心能力生成演化的影响因素（供给方）直接
　　　　影响矩阵 ………………………………………………（193）

表 5-5　OGD 核心能力生成演化的影响因素（供给方）综合
　　　　影响矩阵 ………………………………………………（193）

表 5-6　OGD 核心能力生成演化的影响因素（供给方）
　　　　评价表 …………………………………………………（194）

表 5-7　OGD 核心能力生成演化的影响因素（需求方）直接
　　　　影响矩阵 ………………………………………………（198）

表5-8	OGD核心能力生成演化的影响因素（需求方）综合影响矩阵	（199）
表5-9	OGD核心能力生成演化的影响因素（需求方）评价表	（199）
表6-1	动态能力影响因素汇总	（212）
表6-2	OGD动态能力作用影响因素初步分析	（213）
表6-3	基于内容分析的OGD动态能力作用影响因素统计	（215）
表6-4	OGD动态能力作用影响因素编码	（222）
表6-5	邻接矩阵A	（223）
表6-6	可达矩阵R	（224）
表6-7	基于AISM模型的因素抽取示例	（225）
表6-8	基于AISM模型的因素抽取结果示例	（227）
表6-9	缩点矩阵	（227）
表6-10	缩边矩阵	（228）
表6-11	一般性骨架矩阵	（228）

第一章

绪 论

数字经济时代，数据要素成为推动经济高质量发展的新动能。政府数据是公共数据资源中最具价值和潜力的数据，为有效推进政府数据的开放利用，构建与之匹配的能力体系，本书围绕相关问题展开研究。

第一节 研究背景及意义

一 研究背景

党的十九届四中全会首次明确提出，数据是数字经济时代的关键生产要素，作为国家基础性战略资源，数据已成为促进经济发展和技术创新的全新驱动力。政府数据开放（Open Government Data，OGD）顺应时代要求，通过政府向社会开放数据，吸纳社会参与。盘活公共数据资源，实现公共数据的"取之于民，用之于民"，既是提升政府治理能力现代化的基础，又是推动经济社会快速发展的重要因素[①]，OGD 在推动国家创新发展中发挥着举足轻重的作用。

近年来，国家持续加大政府数据开放的推进力度。《国务院关于加强数字政府建设的指导意见》明确了"坚持数据赋能，建立健全数据治理制

[①] 李涛：《现代化视域中的政府数据开放：文献述评与研究展望》，《社会科学动态》2022 年第 12 期。

度和标准体系,加强数据汇聚融合、共享开放和开发利用,促进数据依法有序流动,充分发挥数据的基础资源作用和创新引擎作用"的方向。《关于构建更加完善的要素市场化配置体制机制的意见》《中华人民共和国国民经济和社会发展第十四个五年规划和 2035 年远景目标纲要》对加快推进政府数据开放共享、探索将公共数据服务纳入公共服务体系提出了具体要求,强调"扩大基础公共数据安全有序开放","探索将公共数据服务纳入公共服务体系",构建统一的国家公共数据开放平台和开发利用端口,优先推动重点数据集向社会开放,并鼓励社会对公共数据的利用。2022 年,《中共中央 国务院关于构建数据基础制度更好发挥数据要素作用的意见》进一步从数据产权、流通交易、收益分配、安全治理等方面,为我国数据基础制度体系建设指明了方向。从中央到地方,我国 OGD 在探索中不断前行,已成为建设数字中国,推动数字经济和数字社会发展的重要基础。

2012 年,我国第一个地方政府 OGD 平台在上海建立,十余年间,我国 OGD 发展迅猛,截至 2022 年 10 月,已有 208 个省级和城市的地方政府上线 OGD 平台,其中省级平台 21 个(含省和自治区,不包括直辖市和港澳台)、城市平台 187 个(含直辖市、副省级与地级行政区)[1]。开放数据总量不断突破新高的同时,OGD 却并未如倡导者所期望的那样产生预期价值,其推进过程遇到了诸多困难。2015 年国务院印发《促进大数据发展行动纲要》,要求加快政府数据开放共享,2018 年"建成国家政府数据统一开放平台",构建国家数据开放体系,但这一目标未能如期实现[2]。"公共数据资源体系不健全、供给质量不高、供给能力不足以及

---

[1] 复旦大学、国家信息中心数字中国研究院、复旦大学数字与移动治理实验室:《中国地方政府数据开放报告(2022 年):省域指数》,2023 年,第 4 页。
[2]《国务院关于印发促进大数据发展行动纲要的通知》,http://www.gov.cn/zhengce/content/2015-09/05/content_ 10137.htm,2022 年 1 月 8 日。

供需对接渠道不畅等问题突出"①，供需失衡、信任缺乏、行为不当等一系列因素导致 OGD 发展受阻。OGD 通过开放数据吸引第三方挖掘利用使数据资源价值得以释放，因为，"在几乎每一个价值链中，收集、分析、存储和转化数据的能力都会带来额外的力量和竞争优势"（联合国《2019 年数字经济报告》)②。但在实践中，一方面，核心能力不足使 OGD 实施效果并不理想，存在数据量少、质量不高、再利用程度低等问题，数据治理权不足、平台建设滞后、数据利用能力不足等是造成问题的核心③；另一方面，公共数据供需对接不足、沟通交流不畅、创新利用欠缺等④则暴露了其动态能力的短板。显然，能力不足已严重制约 OGD 的发展。

数字经济时代，如何发挥数据这一新型生产要素作用的问题受到越来越多关注，《中共中央 国务院关于构建数据基础制度更好发挥数据要素作用的意见》要求"加快构建数据基础制度，充分发挥我国海量数据规模和丰富应用场景优势，激活数据要素潜能，做强做优做大数字经济，增强经济发展新动能，构筑国家竞争新优势"⑤。因此，能否站在数字化高质量发展全局去思考谋划，从供给侧和需求侧两端发力，大力加强政府数据开放能力建设，以价值创造、融合创新为导向加快推动公共数据资源开发利用，成为当前国家在数字化战略发展中所关心的问题。在这一要求之下，OGD 发展依赖于哪些能力支撑？相关能力如何推动 OGD 实

---

① 光明网：《高质量推动公共数据资源开发利用》，https://share.gmw.cn/theory/2022-07/01/content_35852816.htm，2022 年 7 月 1 日。
② 《2019 年数字经济报告》，https://wenku.baidu.com/view/8b5b130cc9d376 eeaeaad1f34693daef5ff71331.htm，2022 年 1 月 8 日。
③ 汤志伟、韩啸：《政府数据开放价值共毁的生成机制：来自过程追踪法的发现》，《北京科技大学学报》（社会科学版）2022 年第 5 期。
④ 周民：《公共数据供需对接、分析利用、安全保障、开放共享制度存在不足》，https://view.inews.qq.com/a/20211126A0C0IP00，2022 年 1 月 8 日。
⑤ 《中共中央 国务院关于构建数据基础制度更好发挥数据要素作用的意见》，https://www.gov.cn/zhengce/2022-12/19/content_5732695.htm，2023 年 1 月 8 日。

现价值转化？如何构建与 OGD 发展目标相适应的整体能力？本书围绕相关问题进行了深入探索。

二 研究意义

近年来，政府数据开放成为各国政府数字化建设的重点工程，被视为未来政府创造社会价值和经济效益、推动社会发展与创新的必然选择。构建更为强大的 OGD 能力体系，不仅能够为我国数字政府、数字经济的发展助力，也能为改善民生服务、缓解公共信息服务中不平衡不充分的问题助力。

（一）理论意义

研究立足数据要素价值化要求，探索政府数据开放的整体能力构建问题，为数据资源的资产化管理和要素化运营奠定基础。其理论价值在于：

1. 构建 OGD 整体能力框架，从赋能 OGD 发展和使能 OGD 演化的角度，将核心能力和动态能力纳入 OGD 能力研究的范畴，系统阐释了 OGD 整体能力内涵，为 OGD 能力研究打开新视野。

2. 从知识观视角，探索 OGD 核心能力和动态能力的知识本质内涵，基于知识资本的培育利用和更新创造，分析 OGD 核心能力和动态能力的构成，丰富了 OGD 能力研究的具体内容。为 OGD 能力理论的深入架构提供了依据，为深化和完善能力理论在政府数据开放领域的应用提供了支撑。

3. 基于复杂适应系统思想，对 OGD 整体能力系统的主体、行为及环境进行剖析，结合知识学习和知识创造相关理论，对 OGD 整体能力的生成演化进行探索，研究 OGD 核心能力和动态能力的作用场景、知识活动及其影响因素，弥补了 OGD 能力研究理论基础薄弱、OGD 能力系统性分析不足等方面的问题。

（二）实践意义

研究源于当前政府数据开放能力不足的现实问题，对问题的剖解和提出的对策建议也服务于政府数据开放的能力构建。其实践意义在于：

1. 研究对 OGD 能力类型及能力作用过程的剖解，为政府部门掌握 OGD 能力现状、评估能力水平、发现能力缺失或差距提供了依据，相关能力类型和能力发展水平可作为制订能力提升计划的参考，为 OGD 能力构建行动计划提供操作指南。

2. OGD 整体能力生成演化过程及影响因素、影响路径的研究，有助于政府部门把握动态环境下 OGD 运行规律，找准 OGD 能力构建的重点及发力方向，全面认识自身数据开放现状，找准问题和短板、汲取 OGD 发展先进经验，为 OGD 能力改进指明方向，为其精准施策提供指导。

第二节　研究现状

一　能力的相关研究

能力一词较早出现于古典经济学家斯密提出的劳动分工理论（1776），随后，马歇尔（1920）、萨尔尼科（1957）、彭罗斯（1959）以及理查德森（1960）等在企业战略研究中进一步发展了企业能力理论，认为能力是企业的知识、经验和技能（理查德森，1972）。

（一）能力研究的学派

20 世纪 80 年代以后，企业能力理论得到了极大发展，并由企业能力理论演化出了企业战略管理理论研究的两大主流思想学派，即资源学派和能力学派[①]。

[①] 许可、徐二明：《企业资源学派与能力学派的回顾与比较》，《经济管理》2002 年第 2 期。

资源学派强调资源的重要性,认为资源是企业资产和能力的总和。一个企业取得优势的前提,是必须发展出自己独特且具有竞争力的资源,并使其服务于企业拟定的竞争战略。资源中所指的资产,既可以是有形资产,也可以是无形资产,而能力是能够使一个企业比其他企业做得更好的特殊物质[1]。

能力学派强调能力本身,认为能力嵌入在企业生产、经营的整个过程中,服务于企业竞争战略的制定和实施。能力学派代表性观点包括核心能力观、动态能力观和整体能力观。

普拉哈尔德和哈默提出的核心能力观[2],关注企业价值链中的关键优势,认为核心能力是"组织对企业拥有的资源、技能、知识的整合能力,即组织的学习能力"[3]。核心能力关注企业自身的核心资源、技术等能力要素,关注其在企业成长中的作用和重要性,却极易忽视外部环境变化对企业成长所造成的影响[4]。企业核心能力形成中难以避免的核心刚性(Core Rigidities)问题,会导致企业在快速变化的环境中,由于未能及时改变和提升原有核心能力,而丧失已取得的竞争优势,此时,原有核心能力反而成为企业竞争优势发挥的阻碍[5]。

动态能力观是由提斯等学者提出的,目的是解释动态环境下企业如何获取竞争优势,这一观点逐步发展形成了目前广受关注的动态能力理论。学者们认为,动态能力是企业在动态环境下,为适应动态变化而必

---

[1] Selznick, *Leadership in Administration*, Berkeley: University of California Press, 1984, pp. 62.
[2] 叶克林:《企业竞争战略理论的发展与创新——综论80年代以来的三大主要理论流派》,《江海学刊》1998年第6期。
[3] 黄培伦、尚航标、王三木、李海峰:《企业能力:静态能力与动态能力理论界定及关系辨析》,《科学学与科学技术管理》2008年第7期。
[4] 姜晨、谢富纪、刘汉民:《间断性平衡中的企业能力观》,《工业工程与管理》2007年第6期。
[5] Dorothy Leonard-Barton, "Core Capabilities and Core Rigidities: A Paradox in Managing Mew Product Development", *Strategic Management Journal*, Vol. 13, No. S1, June 1992, pp. 111–125.

须发展的一种不断更新和提升自我现有能力的能力①，动态能力为企业如何突破核心刚性寻求发展找到了较好的解释。

以斯多克、伊万斯和舒尔曼为代表的"整体能力观"则强调价值链中的整体优势②，其整合了现有核心能力和动态能力的观点，提出整体能力概念。整体能力是一种复合式能力，是由刚性能力（即核心能力）和柔性能力（即动态能力）所形成的合力，刚性能力为组织发展和获得竞争优势奠定资源基础，而柔性能力则赋予组织通过不断调适与外部环境相适应，获得先发优势的能力。

整体能力的提出，为整合现有研究中核心能力和动态能力的内涵提供了依据，而这两种能力都是组织保持持续竞争优势的保障③，因此，有必要对已有研究成果做进一步梳理，以便更为准确地把握其内涵和本质。

（二）核心能力相关研究

1990年，普拉哈拉德和哈默首次提出核心能力概念，提出核心能力是企业的能力体系或集合，是企业通过长期发展而形成的知识积累，具有独特性、不可替代性、价值性等特征，是企业竞争优势的来源④。学者们围绕核心能力产出了丰硕的成果。

在核心能力构成维度方面，巴顿（1995）认为企业的核心能力由员工的知识与技能、实体技术系统、管理系统以及价值规范构成，且四个方面相互依存⑤；李顺才等（1999）认为企业核心能力由核心技术、管

---

① David J. Teece, Gary Pisano, Amy Shuen, "Dynamic Capabilities and Strategic Management", *Strategic Management Journal*, Vol. 18, No. 7, August 1997, pp. 509–533.

② 叶克林：《企业竞争战略理论的发展与创新——综论80年代以来的三大主要理论流派》，《江海学刊》1998年第6期。

③ 宁建新：《企业核心能力、动态能力与可持续发展》，《改革与战略》2009年第7期。

④ Prahalad C. K., Hamel G., "The Core Competence of the Corporation", *Harvard Business Review*, Vol. 68, No. 3, 1990, pp. 79–91.

⑤ Leonard-Barton Dorothy, *Wellsprings of Knowledge*, Boston: Harvard Business School Press, 1995, pp. 18–19.

理和市场三方面的知识要素构成[①];邹海林(1999)则提出企业核心能力是一个复杂而多元的系统,包含多个层面,主要包括研究开发能力、创新能力、将技术发明成果转化为产品或现实生产力的能力、组织协调各生产要素实现有效生产的能力,以及应变能力[②];邹国庆等(2005)将企业核心能力划分为企业文化、企业制度、企业技术以及企业组织管理四个维度[③];邓修权等(2003)基于资源观和能力观视角,认为企业核心能力包括知识、转化、响应、研发等31种构成要素[④];常荔等(2000)认为核心能力包括技术能力、组织管理以及从事市场活动的能力,并强调核心技术必不可少,其必须与企业发展的目标相一致,是在与企业的生产运营、研发管理、市场销售等各种价值活动中不断协调和相互促进,才最终形成了核心能力[⑤]。

在核心能力形成与发展的机理研究中,邓修权等(2003)认为核心能力的构成要素之间密切关联,并认为资源、能力、核心能力及其间关系的变化规律就是核心能力的动态发展机理[⑥];李靖等(2003)从人力资本角度认为,拥有异质型人力资本的企业家通过整合资源、实现创新、完善合约和形成文化等职能实现企业的边际报酬递增,进而形成企业核心能力[⑦];吴价宝(2003)则基于组织学习的视角构建"能力塔",直观解释了企业核心能力的形成机制[⑧]。

---

① 李顺才、周智皎、邹珊刚:《企业核心能力:特征、构成及其发展策略》,《科技进步与对策》1999年第5期。
② 邹海林:《论企业核心能力及其形成》,《中国软科学》1999年第3期。
③ 邹国庆、徐庆仑:《核心能力的构成维度及其特性》,《中国工业经济》2005年第5期。
④ 邓修权、吴旸、上官春霞、王林花:《核心能力构成要素的调查分析——基于中国期刊全文数据库》,《科研管理》2003年第2期。
⑤ 常荔、邹珊刚:《知识管理与企业核心竞争力的形成》,《科研管理》2000年第2期。
⑥ 邓修权、吴旸、夏国平:《核心能力的构成及动态发展机理研究》,《工业工程》2003年第3期。
⑦ 李靖、洪明:《论企业核心能力的形成机理——基于企业家及其人力资本维度上的探寻》,《财贸研究》2003年第2期。
⑧ 吴价宝:《基于组织学习的企业核心能力形成机理》,《中国软科学》2003年第11期。

第一章　绪　论

在核心能力形成培育影响因素研究中，邹海林（1999）提出企业人员的知识、能力、素质，企业的经济实力、技术力量、创新机制，企业凝聚力等均会影响企业核心能力的形成[①]；李锦望等（1999）从企业内部与外部系统分析发现：机构设置、治理结构、员工素质、责权利统一机制、产品及业务、经营管理等内部因素，以及市场环境（政治、经济、自然、法律）及各种物质环境等外部因素，影响企业核心能力形成[②]。

（三）动态能力相关研究

核心能力形成过程往往伴随着核心刚性的生成，使得企业产生路径依赖，无法在复杂多变的竞争环境中保持动态战略适应（巴顿，1992）[③]。为克服核心刚性，提斯等（1997）提出动态能力理论，强调应使核心能力的更新和培养成为一个连续动态的过程，通过整合、构建和重新配置内外部资源以应对快速变化的环境。动态能力是一种高层级能力，它嵌入组织日常流程却作用于基础能力（主要指核心能力）之上，其目标是推动基础能力提升。根据提斯等（1997）学者的观点，动态能力是组织追寻新知识实现核心能力提升的能力[④]，其作用对象是现有知识资源，是组织为适应市场变革而创造性地使用内外部知识资源的过程[⑤]。

对于动态能力的构成维度，提斯等（1994）在其动态能力的研究中，通过对动态能力的本质分析，结合其对企业动态能力的长期调研，

[①] 邹海林：《论企业核心能力及其形成》，《中国软科学》1999年第3期。
[②] 李锦望、赵洲：《论培植和扩大企业核心能力》，《辽宁师范大学学报》1999年第4期。
[③] Dorothy Leonard-Barton, "Core Capabilities and Core Rigidities: A Paradox in Managing New Product Development", *Strategic Management Journal*, Vol. 13, No. S1, June 1992, pp. 111–125.
[④] David J. Teece, Gary Pisano, Amy Shuen, "Dynamic Capabilities and Strategic Management", *Strategic Management Journal*, Vol. 18, No. 7, August 1997, pp. 509–533.
[⑤] Kathleen M. Eisenhardt, Jeffrey A. Martin, "Dynamic Capabilities: What Are They?", *Strategic Management Journal*, Vol. 21, No. 10–11, October 2000, pp. 1105–1121.

将动态能力划分为适应能力、整合能力和重构能力①。在此基础上，学者们从不同角度对动态能力进行划分，包括：从战略转型过程出发，认为动态能力可划分为感知能力、环境洞察能力及环境适应能力②；从知识基础观出发，认为动态能力可划分为组织学习能力和知识吸收能力③④；从对动态响应的适应看，强调动态能力应重视企业的技术动态能力、竞争响应能力等⑤。

对于动态能力的形成和发展，提斯（1994）认为，动态能力是基于"流程（processes）—位势（positions）—路径（paths）"的3P模式而形成发展的，诸多学者也基于此探索了动态能力的形成发展机理。吴玉浩等（2019）提出，动态的知识管理能力建立在"知识传导—动态能力—企业成长"的逻辑框架基础之上，因此，从流程、位势和路径构建企业的动态知识管理能力整合分析框架，有助于揭示其形成机理⑥；许庆瑞等（2013）认为，能力演化本质上是能力的复制和重构，其通过能力的替代、转换、进化等能力重构过程，实现能力从量变到质变的演进，使企业能力不断提升，实现与环境变化的匹配和适应⑦；夏清华等（2019）将企业成长过程划分为创业、成长和成熟三个阶段，认为企业成长的不同阶段，其动态能

---

① Dorothy Leonard-Barton, "Core Capabilities and Core Rigidities: A Paradox in Managing New Product Development", *Strategic Management Journal*, Vol. 13, No. S1, June 1992, pp. 111 – 125.

② 唐孝文、刘敦虎、肖进：《动态能力视角下的战略转型过程机理研究》，《科研管理》2015年第1期。

③ Aimilia Protogerou, Y. Caloghirou, S. Lioukas, "Dynamic Capabilities and Their Indirect Impact on Firm Performance", *Industrial and Corporate Change*, Vol. 21, No. 3, June 2012, pp. 615 – 647.

④ Zahra S. A., George G., "Absorptive Capacity: A Review, Reconcepualisation and Extension", *Academy of Management Review*, Vol. 27, No. 2, April 2002, pp. 185 – 203.

⑤ P. N. Subba Narasimha, "Strategy in Turbulent Environments: The Role of Dynamic Competence", *Managerial & Decision Economics*, Vol. 22, No. 4 – 5, August 2001, pp. 201 – 212.

⑥ 吴玉浩、姜红、Henkde Vries：《面向标准竞争优势的动态知识管理能力：形成机理与提升路径》，《情报杂志》2019年第12期。

⑦ 许庆瑞、吴志岩、陈力田：《转型经济中企业自主创新能力演化路径及驱动因素分析——海尔集团1984~2013年的纵向案例研究》，《管理世界》2013年第4期。

力各维度会呈现出阶段性的差异化演变特征,其内在演变逻辑遵循着"外部环境—组织学习—动态能力演变—企业成长"的规律①。

关于动态能力的培育提升,黄江圳等(2007)基于能力的知识观结合组织知识进化循环,指出"变异变化—内部选择—传播—保持"四个阶段循环路径推动动态能力的形成和演变②;张珣等(2017)基于知识视角将市场知识宽度和市场知识深度纳入动态能力形成的研究模型,并探讨了这两个因素在企业动态能力形成中的影响路径和机制③;吴玉浩等(2019)则基于动态知识管理能力的整合分析框架,发现标准知识宽度、标准知识深度与知识整合机制可以有效解释动态知识管理能力的提升机理④。

关于动态能力的影响因素,宝贡敏等(2015)从学习和认知视角分析发现,动态能力主要受到学习机制、高层管理者对机会和威胁的认知、领导力的类型、社会资本和组织信任等因素影响⑤;科伯恩等(2000)则发现,影响企业动态能力的决定因素是环境条件,环境变化会导致资源的重新配置,并由此造成企业间的业绩差异⑥,他同时强调,环境变化剧烈时比环境稳定时更容易塑造组织的动态能力;孙艳华等(2019)通过案例分析,提出用户创新驱动、需求的变化以及供应链市场环境的

---

① 夏清华、何丹:《企业成长不同阶段动态能力的演变机理——基于腾讯的纵向案例分析》,《管理案例研究与评论》2019年第5期。
② 黄江圳、董俊武:《动态能力的建立与演化机制研究》,《科技管理研究》2007年第8期。
③ 张珣、彭纪生:《国际化企业营销动态能力形成机制研究:基于知识的视角》,《河海大学学报》(哲学社会科学版)2017年第3期。
④ 吴玉浩、姜红、Henkde Vries:《面向标准竞争优势的动态知识管理能力:形成机理与提升路径》,《情报杂志》2019年第12期。
⑤ 宝贡敏、龙思颖:《企业动态能力研究:最新述评与展望》,《外国经济与管理》2015年第7期。
⑥ Cockburn I. M., Henderson R. M., Stern S, "Untangling the Origins of Competitive Advantage", *Strategic Management Journal*, Vol. 21, No. 10–11, October 2000, pp. 1123–1145.

变化都会导致动态能力的变化①。

二 基于知识观的能力研究

能力研究的视角多样，包括技术观、资源观、知识观等。能力的知识观认为，知识是能力的来源，知识和能力在主客体互动过程中产生和发展，当主体对知识掌握到一定水平时即发展为能力②。由此可见，作为能力形成的关键性资源，知识贯穿于能力形成的全过程，能力的发展依赖于知识的存量、知识的整合及创新③，从知识观视角对OGD能力展开研究，有助于剖解OGD整体能力本质、理解其内涵。

（一）基于知识观的核心能力

核心能力的知识本质。巴顿（1992）认为，核心能力是组织拥有的独特知识和技能，源于组织成员拥有的个性化隐性知识④，核心能力的本质是知识⑤；知识的获取、积累为核心能力形成奠定了基础⑥，而知识共享、转移和利用则决定了核心能力的可延展⑦。伴随着企业核心能力的形成，知识存量不断增加、知识状态不断升华，核心能力的形成过程实质上就是将知识状态不断提升到更高层次的过程⑧。

---

① 孙艳华、张玉芳：《用户驱动创新、动态能力与供应链商业模式演进——基于湖南省茶叶供应链的研究》，《管理案例研究与评论》2019年第6期。
② 叶信治：《能力的知识观与提高知识教学发展能力的有效性》，《教育理论与实践》2017年第10期。
③ 赵英鑫、韩清艳、巩欣宇：《基于知识和惯例的动态能力形成模型研究》，《情报科学》2021年第7期。
④ Dorothy Leonard-Barton, "Core Capabilities and Core Rigidities: A Paradox in Managing New Product Development", *Strategic Management Journal*, Vol. 13, No. S1, June 1992, pp. 111–125.
⑤ 曹兴、许媛媛：《企业核心能力理论研究的比较分析》，《重庆大学学报》（社会科学版）2004年第5期。
⑥ 魏江：《企业核心能力的内涵与本质》，《管理工程学报》1999年第1期。
⑦ 刘岩芳、袁永久、过仕明：《高校图书馆隐性知识转化与核心能力的关系探析》，《情报杂志》2010年第7期。
⑧ 曹兴、郭志玲：《企业知识存量增长与技术核心能力提升的作用分析》，《科学决策》2009年第8期。

核心能力的知识构成。林祥等（2003）从知识的显性化程度分析入手，提出隐性知识的实质就是核心能力，并指出核心能力由个体技能、组织知识和技能、管理系统、价值观与规范四个维度组成①；王毅等（1999）从核心能力的内容分析入手，提出文化、技术、人力、信息、组织五个要素的有机融合形成了核心能力②；李锦望等（1999）认为，核心能力反映的是一个企业知识体系运行的综合能力，并按企业内部管理与外部管理将核心能力分为目标决策与组织协调、信息聚集与开发、资产优化与规模效益、市场应变与产品创新等方面的能力③；乔晓蓉等（1999）则立足知识经济时代，提出学习能力、核心管理和核心技术构成了企业的核心能力，其中，学习能力是基础和关键能力，而管理和技术是其延伸和发展④。

核心能力的知识转化及培育提升。从知识流的角度看，企业持续不断创造知识的机制就是核心能力的发展机制⑤，在此过程中，新的知识不断出现，旧的知识不断更新发展为新的知识，核心能力的形成即伴随着这一知识的生成和转化过程⑥。对于如何培育及提升企业核心能力，周星等（1999）提出，要创造企业的持续竞争优势，就要从知识技能的学习与积累、技术体系的完善、组织管理体系的建设、信息体系的培育、

---

① 林祥、李垣：《基于隐性知识的核心能力的维度分析》，《经济社会体制比较》2003年第5期。
② 王毅、陈劲：《基于知识的核心能力：CTHIO五要素论》，《现代管理科学》1999年第6期。
③ 李锦望、赵洲：《论培植和扩大企业核心能力》，《辽宁师范大学学报》1999年第4期。
④ 乔晓蓉、何轶峰：《浅议知识经济时代企业核心能力的培育》，《商业研究》1999年第12期。
⑤ 徐建中、冷单：《知识整合再造视角下的制造企业核心竞争力提升机制研究》，《情报杂志》2010年第12期。
⑥ 李顺才、周智皎、邹珊刚：《基于知识流的企业核心能力形成模式研究》，《华中理工大学学报》（社会科学版）2000年第4期。

价值观的更新这五个方面，培育企业的核心能力[1]；徐建中等（2010）分析了制造企业核心竞争力的构成要素及其知识耦合关系，聚焦知识整合再造，构建企业核心竞争力的提升机制，认为其主要包括三种机制：知识创新动力机制、知识内化实现机制以及知识互动运行机制[2]；彭锐等（2003）认为，提升企业核心能力应落脚于关键知识活动，重点关注知识获取、共享、创新和应用等[3]；徐建中等（2011）强调知识管理对企业核心能力提升具有导向作用，其通过知识内化影响企业核心竞争力、通过增强知识互动推动企业创新、通过建立科学的外联决策机制提升环境适应性、通过差异化应对不同影响因素促进资源整合，由此构建了企业核心竞争力的提升模式[4]。

（二）基于知识观的动态能力

动态能力是组织追寻新知识实现核心能力提升的能力，其作用对象是现有知识资源，是组织为适应市场变革而创造性地使用内外部知识资源的过程[5]。

动态能力的知识内涵。董俊武等（2004）在基于知识的动态能力演化研究中提出，能力是知识集合，改变能力的能力（动态能力）也是知识[6]；野中郁次郎（1994）强调，动态能力是对知识（特别是隐性知识）的激活、应用与创新的知识，着眼于对现有知识的感知、吸收、交流及

---

[1] 周星、张文涛：《企业核心能力培育与创造持续竞争优势》，《经济与管理研究》1999年第1期。

[2] 徐建中、冷单：《知识整合再造视角下的制造企业核心竞争力提升机制研究》，《情报杂志》2010年第12期。

[3] 彭锐、吴金希：《核心能力的构建：知识价值链模型》，《经济管理》2003年第18期。

[4] 徐建中、冷单：《知识管理视角下企业核心竞争力的提升模式及战略选择研究》，《中国科技论坛》2011年第12期。

[5] Kathleen M. Eisenhardt, Jeffrey A. Martin, "Dynamic Capabilities: What Are They?", *Strategic Management Journal*, Vol. 21, No. 10 - 11, October 2000, pp. 1105 - 1121.

[6] 董俊武、黄江圳、陈震红：《基于知识的动态能力演化模型研究》，《中国工业经济》2004年第2期。

在此基础上的知识创造[1]；尼尔森（2006）直接将动态能力视为一组知识活动，包括知识管理所涉及的知识采集、整合、运用等[2]。由此可见，动态能力本身既是知识，又是那些改变知识的知识活动，组织通过一系列知识活动改变能力，这一过程是其追寻新知识的过程，而改变能力的结果是组织的知识结构得以建立或更新[3]。

动态能力的知识类型。围绕动态能力的知识活动构成及如何在知识活动中发挥作用，王菁娜等（2009）探讨了知识、组织能力与动态能力的关系，认为动态能力应包括吸收能力、整合能力、学习能力以及创新能力四个维度[4]；辛晴（2011）则认为动态能力包括对外部知识的搜寻识别、对新知识的筛选评估、外部知识的转化和整合三个方面的内容[5]；郑素丽等（2010）尝试构建基于知识的动态能力理论体系，并从知识获取、知识创造和知识整合三个构面开发量表对动态能力进行测量[6]。

动态能力的培育提升。许晖等（2018）基于知识转化的视角，探讨企业知识向营销动态能力转化的机制，即如何将不同层面（个人、组织）间的隐性知识转化为显性知识，再经过知识分享、知识整合、知识重构转化机制形成企业营销动态能力[7]；张珣等（2017）基于知识视角将市场知识宽度和市场知识深度纳入企业动态能力形成模型，研究了两

---

[1] Ikujiro Nonaka, "A Dynamic Theory of Organizational Knowledge Creation", *Organization Science*, Vol. 5, No. 1, February 1994, pp. 14 – 37.

[2] Anders Paarup Nielsen, "Understanding Dynamic Capabilities through Knowledge Management", *Journal of Knowledge Management*, Vol. 10, No. 4, July 2006, pp. 59 – 71.

[3] 江积海、刘敏：《动态能力与知识管理比较研究及其作用机理》，《科技进步与对策》2012年第1期。

[4] 王菁娜、冯素杰：《知识管理视角下的动态能力构成维度研究》，《科学管理研究》2009年第6期。

[5] 辛晴：《动态能力的测度与功效：知识观视角的实证研究》，《中国科技论坛》2011年第8期。

[6] 郑素丽、章威、吴晓波：《基于知识的动态能力：理论与实证》，《科学学研究》2010年第3期。

[7] 许晖、薛子超、邓伟升：《企业知识向营销动态能力转化机制——宏济堂与天士力双案例对比研究》，《经济管理》2018年第6期。

个因素对企业动态能力形成的影响路径和机制[1]，相关研究进一步基于动态能力 3P 框架构建整合分析框架，归纳了利用标准知识宽度、标准知识深度与知识整合机制，有效解释动态知识管理能力提升的机理[2]。

（三）能力形成的知识学习

能力形成于组织学习中。能力源于知识又发展于知识活动中，知识的获取、积累、传播、应用和创新等依赖于组织学习的过程。普拉哈拉德和哈梅尔认为企业核心能力是组织中的积累性学识，而佐罗和温特则把动态能力的发展概括为相对被动的经验积累（实干中学习）和相对主动的认知学习两个过程[3]。

能力的知识学习具体体现在知识明晰化和知识编码活动中。核心能力产生于具体的业务工作活动，在知识的集体讨论、沟通交流、绩效评估等明晰化的知识活动中逐渐形成[4]；而动态能力产生于对知识的更新和创造利用，当对已有的组织内部程序，新的组织惯例和规则进行编码后，其效用得以增加。对存量知识的明晰化和对新知识的整理序化，使新旧知识相结合，转变成服务于具体目标的意会知识，推动核心能力的进化。

拉斐尔等（2003）从三个过程描述了组织学习如何产生核心能力：通过组织学习，将组织资源转化为工作常规；整合工作常规转换为组织各种能力；进一步整合组织各种能力转化为核心能力（如图 1 - 1 所

---

[1] 张珣、彭纪生：《国际化企业营销动态能力形成机制研究：基于知识的视角》，《河海大学学报》（哲学社会科学版）2017 年第 3 期。

[2] 吴玉浩、姜红、Henkde Vries：《面向标准竞争优势的动态知识管理能力：形成机理与提升路径》，《情报杂志》2019 年第 12 期。

[3] Maurizio Zollo, Sidney G. Winter, "Deliberate Learning and the Evolution of Dynamic Capabilities", *Organization Science*, Vol. 13, No. 3, May 2002, pp. 339–351.

[4] Helleloid, D., Simonin, B., "Organizational Learning and A Firm's Core Competence", *Competence-Based Competition*, Vol. 5, 1994, pp. 213–239.

示)①。在从"资源—工作常规—能力—核心能力"的学习过程中,分别经历了常规学习、能力学习和战略学习三个不同层次的组织学习过程,而不同能力层次的知识构成也通过学习发生变化②。

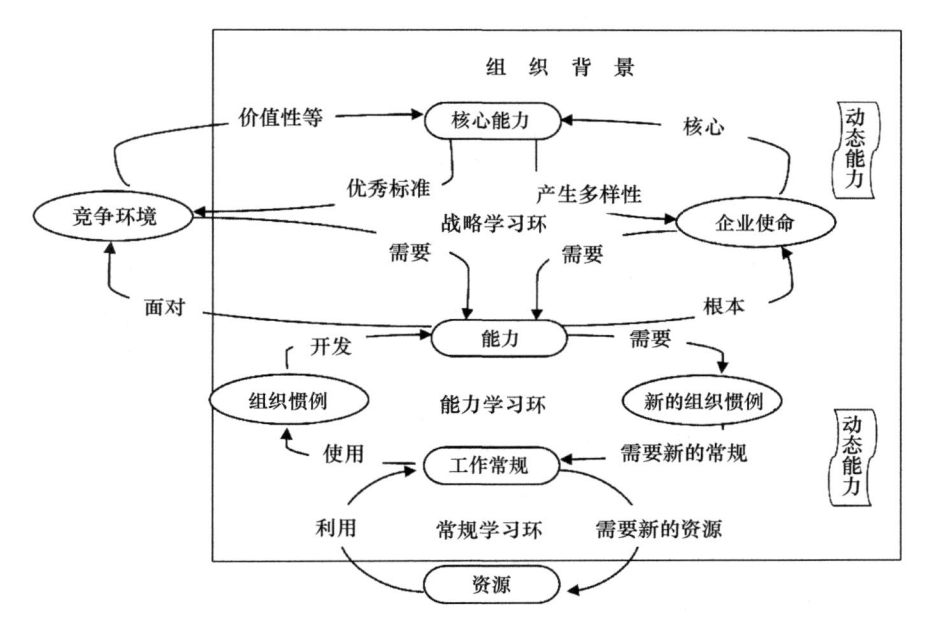

图 1-1　基于组织学习的核心能力形成过程

资料来源:Rafael Andreu, Claudio Ciborrab, "Organisational learning and core capabilities development: The role of IT", *Journal of Strategic Information Systems*, Vol. 5, No. 2, June 1996, pp. 111-127.

胡汉辉等(2001)从知识整合的角度提出核心能力的知识学习是一个知识整合过程③,并将核心能力定义为实现组织战略目标所能够持续协调知识和其他有形资源的能力,认为核心能力是在组织战略目标规划

---

① Rafael Andreu, Claudio Ciborra, "Organisational Learning and Core Capabilities Development: The Role of IT", *Journal of Strategic Information Systems*, Vol. 5, No. 2, June 1996, pp. 111-127.
② 卢启程:《动态能力演化的知识活动模型》,《情报科学》2008 年第 3 期。
③ 胡汉辉、周治翰:《试论企业核心能力的知识整合特征》,《管理工程学报》2001 年第 4 期。

及行为判断标准的总体统筹下的一套管理程序，依据管理程序对内外部知识和资源进行协调整合，并通过组织的各项实践活动，最终形成组织独特的能力与新知识，即核心能力（如图1-2所示）。同时，相关研究证明，知识获取、知识转化、知识重构等知识整合过程对组织核心能力具有正向影响①②③。

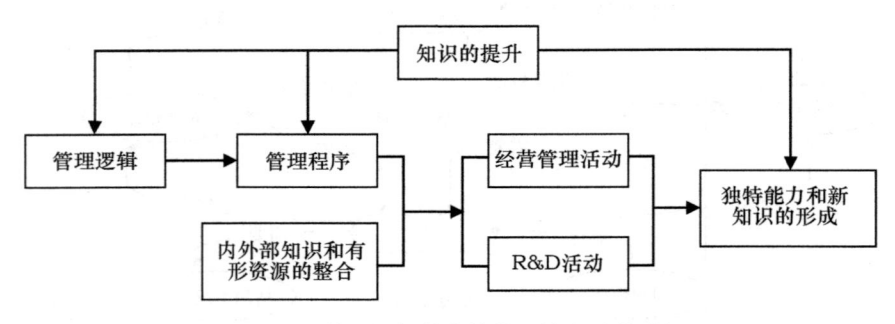

图 1-2　基于知识整合的核心能力形成过程

资料来源：胡汉辉、周治翰：《试论企业核心能力的知识整合特征》，《管理工程学报》2001年第4期。

对组织知识的协调整合也强调了组织学习的重要性，只有通过个人间的协作、交流、共享将个人知识转换成组织知识，才能形成组织核心竞争力④。

在基于知识链管理的核心能力形成研究中，霍尔萨普尔和辛格从知识链与核心能力的关系出发，提出了核心能力形成的知识链模型，该模型以知识获取、知识选择、知识生成、知识内化和知识外化为主要活动，

---

① 姚立根、孙凌智：《知识整合对企业核心能力影响研究》，《管理观察》2014年第5期。
② Yin X. M., Chen J., Zhao C., "Double Screen Innovation: Building Sustainable Core Competence through Knowledge Management", *Sustainability*, Vol. 11, No. 16, August 2019, p. 4266.
③ 刘良灿、张同建：《企业知识转化与核心能力形成的相关性研究》，中国社会科学出版社2019年版，第154页。
④ 刘晓峰、惠晓峰：《知识整合构建核心能力》，《企业管理》2007年第8期。

辅以领导、合作、控制和测量，最终通过各阶段知识学习的产出，形成了组织的核心竞争力。在此基础上，学者们提出，知识管理的本质就是提升核心能力与竞争优势，强调组织内部知识链与外界知识网的动态匹配过程[1]，认为组织内外部的洞察能力及反应能力即组织关键的核心能力[2]；彭锐等（2003）通过对形成核心能力起关键作用的活动和过程进行分析，改进霍尔萨普尔等的知识链模型，并构建知识价值链模型（如图1-3所示），认为组织借助知识获取、知识共享、知识创新和知识应用等知识管理活动来实现知识的增值，最终形成核心能力[3]。

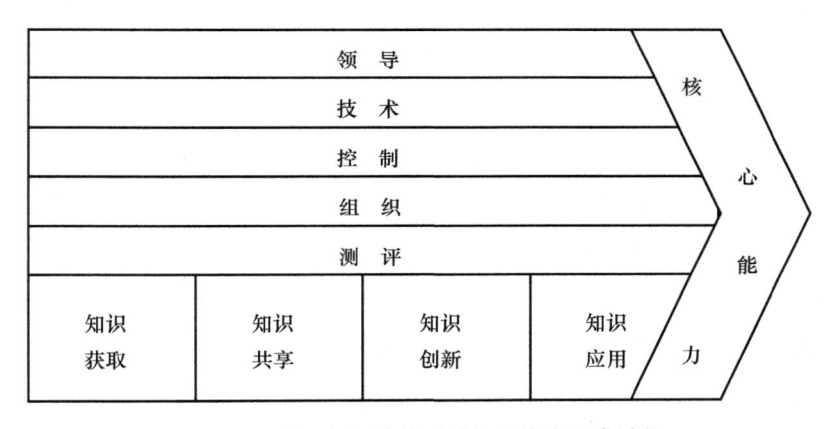

图1-3 基于知识价值链的核心能力形成过程

能力形成的知识学习研究主要围绕组织学习、知识整合和知识链管理等展开。虽然上述研究主要以企业为对象展开，但相关研究提出的核心能力形成过程，都较为清晰地阐释了能力的知识学习过程，即围绕组织总体战略目标统筹规划，明确业务流程，组织具体实践活动，在此过程中对内

---

[1] 刘冀生、吴金希：《论基于知识的企业核心竞争力与企业知识链管理》，《清华大学学报》（哲学社会科学版）2002年第1期。

[2] 徐忠兰：《知识链：提升国家竞争力与企业核心竞争力之核心要素》，《现代财经—天津财经学院学报》2004年第5期。

[3] 彭锐、吴金希：《核心能力的构建：知识价值链模型》，《经济管理》2003年第18期。

外部知识进行协调整合，通过相关知识管理活动形成组织核心能力。

臧等（2010）强调，能力的形成并不是终结，组织通过第一阶段学习实现知识的吸收和存储后，还需要进行第二阶段的匹配工作，即知识与企业能力的匹配，动态能力推动这一匹配，以确保企业保持动态适应，进而形成企业的工作规范，最终发展形成企业的核心能力[1]。

（四）能力演化的知识创新

动态能力推动知识创新实现能力演化。动态能力在激活、应用与创新知识（特别是隐性知识）中实现这一演化[2]，其中，适应性动态能力对重新配置现有资源的侧重，以及创新性动态能力对创造新知识的侧重，体现了动态能力如何通过知识创新推动能力演化。章威（2009）构建了动态能力的作用机理模型，指出组织学习的内容、机制和效果，会在动态能力对环境适应更新和创造知识两个方面发挥作用。

动态能力通过不断调整组织学习过程，提高组织学习能力。李彬等（2013）通过案例分析指出，能创造新知识的动态能力在不同情境下呈现出对组织机构"渐变式"和"突变式"作用机制[3]；武梦超等（2019）结合"组织信息处理理论"的理论观点，找到了动态能力通过影响知识整合机制效力，进而影响知识向创新产品转化的证据[4]。

动态能力在知识创新过程中是发展变化的。动态能力作用于知识活动演进的不同阶段，发挥着不同的作用，其动态流动能有效促进知识的

---

[1] Zang Y., Wang S., "Innovation on the Path of the Formation of Core Competence: Based-on Organizational Learning", 2010 3rd International Conference on Information Management, Innovation Management and Industrial Engineering. Kunming, November 26–28, 2010, pp. 172–175.

[2] 孙红霞、生帆、李军：《基于动态能力视角的知识流动过程模型构建》，《图书情报工作》2016年第14期。

[3] 李彬、王凤彬、秦宇：《动态能力如何影响组织操作常规？——一项双案例比较研究》，《管理世界》2013年第8期。

[4] 武梦超、李随成：《知识积累与产品创新性：知识整合机制与动态知识能力的作用》，《科学学与科学技术管理》2019年第6期。

不断更新与匹配①。将组织能力与知识创造的各阶段相匹配，利用组织能力进行知识创造，有利于组织持续获得创新资源②，掌握能力的形成及路径依赖的规律③。尽管少有针对动态能力在知识创造中的作用研究，但已有部分学者从动态环境的视角出发，研究证明知识创造的实现需要动态性思维与行动④，其中，对环境的感知以及对变化的及时响应，都属于组织知识创造效果提升的有效方式⑤。

相关研究已充分证明动态能力在知识创新中的基础性作用。知识是能力的源泉，知识创造作为知识活动的重要表现形式，其与能力之间的关系已有大量研究进行探讨。学者们认为，组织能力作为知识创造的基础，是影响知识创造绩效提升的重要因素之一⑥，持续的知识创造活动可以为组织能力的提升提供资源保障，而面对动荡复杂的外部环境，组织的发展离不开动态能力⑦。

三 政府数据开放能力的相关研究

（一）公共服务能力的相关研究

近年来，服务型政府建设推动了公共服务能力的研究。围绕公共信

---

① 张江甫、顾新：《基于动态能力的企业知识流动：理论模型与实证研究》，《情报科学》2016年第4期。

② 唐彬、卢艳秋、叶英平：《大数据能力视角下平台企业知识创造模型研究》，《情报理论与实践》2020年第7期。

③ 赵英鑫、韩清艳、巩欣宇：《基于知识和惯例的动态能力形成模型研究》，《情报科学》2021年第7期。

④ 庄彩云、陈国宏、王丽丽：《互联网能力与知识能力交互效应对知识创造绩效的传导机制：一个被中介的调节效应模型》，《科技进步与对策》2019年第7期。

⑤ Patricia M. Norman, "Knowledge Acquisition, Knowledge Loss, and Satisfaction in High Technology Alliances", *Journal of Business Research*, Vol. 57, No. 6, June 2004, pp. 610–619.

⑥ 封伟毅、张肃、孙艺文：《基于知识整合与共享的企业创新能力提升机理与对策》，《情报科学》2017年第11期。

⑦ 张瑶瑶：《知识治理对海外情报能力的影响——基于知识创造的中介效应研究》，《全球科技经济瞭望》2020年第5期。

息服务供给能力[①][②]、图书馆服务能力[③]等主题，从能力构成、能力评估、能力培养等方面进行了广泛讨论。同时，公共服务能力研究也逐渐从核心能力扩展到动态能力。

关于公共信息服务的核心能力，过去通常将文献服务机构所拥有的大量文献信息资源等视为公共信息服务的核心能力，但网络资源的迅猛发展以及资源老化等问题，使得资源本身已难以维持其作为核心能力的效用。显然，单纯的信息资源管理难以维持其智力内涵，公共信息服务应关注对用户的价值创造[④]。而以公共图书馆为例的公共信息服务机构，有学者将其作为一种为实现社会知识或信息保障而进行信息分配的制度[⑤]，认为这是它的核心能力所在。但以张晓林（2000）、党跃武等（2001）为代表的学者认为，专业化、个性化的知识服务才是图书馆等公共文化服务机构的核心能力所在[⑥][⑦]，如何以知识的采集、组织、加工、传递等能力为基础，以用户问题解决为目标，充分融入用户应用场景，提供针对性的服务，才是公共信息服务机构应关注的重点。明显地，对于公共信息服务组织的核心能力，学者们强调的并非拥有多少资源，而是充分利用资源为用户提供有价值的知识服务的能力[⑧]。

---

① 袁东州、孙松、付强：《基于价值驱动的信息化服务能力模型研究》，《2018智能电网新技术发展与应用研讨会论文集》，2018年，第317—320页。

② 周毅、袁成成：《论新情境下公共信息服务发展问题的出场及其内在逻辑》，《情报理论与实践》2020年第5期。

③ 周莹、刘佳、梁文佳、彭鹏：《数字图书馆知识服务能力成熟度评价模型研究》，《情报科学》2016年第6期。

④ 张晓林：《走向知识服务：寻找新世纪图书情报工作的生长点》，《中国图书馆学报》2000年第5期。

⑤ 范并思：《维护公共图书馆的基础体制与核心能力——纪念曼彻斯特公共图书馆创建150周年》，《图书馆杂志》2002年第11期。

⑥ 张晓林：《走向知识服务：寻找新世纪图书情报工作的生长点》，《中国图书馆学报》2000年第5期。

⑦ 党跃武、张晓林、李桂华：《开发支持知识服务的现代图书情报机构组织管理机制》，《中国图书馆学报》2001年第1期。

⑧ 索传军：《关于图书馆核心竞争力的认识与思考》，《图书馆》2011年第2期。

在公共信息服务核心能力构建方面，樊和平（2011）从价值链视角，提出构建图书馆核心能力就是要培养其在信息组织、信息提供及与此相关的一系列价值创造活动中的能力，以提升用户的服务满意度[①]。核心价值决定了核心能力的构建方向，李力等（2011）指出图书馆核心能力的三个要素为图书馆组织文化、图书馆战略资源和图书馆无形资产，并从核心价值的视角提出了构建核心竞争力的对策路径[②]。林桂娜（2013）则基于六西格玛理论，通过确认核心业务过程和关键用户、界定用户需求、测量用户满意度、分析实施解决方案、扩展和整合六西格玛系统五个步骤构建核心能力，最大化地从用户需求出发提升信息服务质量[③]。索传军（2011）对图书馆核心竞争力形成过程的分析指出，核心能力的最终表现形式将是具有一定竞争力的创新型信息服务，而服务的开展是由具备特定业务技能的人员利用已有资源依托服务设施实现的，因此核心能力的构建可以从关键服务、开展服务所需的技能、开展服务的主体、基础资源以及服务设施几方面展开分析。

近年来，服务型政府的建设使得政府公共服务能力的提升和改进成为关注焦点。马斯格雷夫等（1994）最早从服务职能角度出发，提出政府公共服务能力主要分为配置、稳定和分配三个核心板块[④]，政府在发挥公共服务能力中不仅受到组织内部人员因素、财力因素、职能划分以及内部评价考核机制的影响，外部环境也极大程度地制约着政

[①] 樊和平：《价值链视角下的图书馆核心竞争力研究》，《河北科技图苑》2011年第1期。

[②] 李力、侯燕芳：《基于核心价值视角的图书馆核心竞争力的构建研究》，《高校图书馆工作》2011年第5期。

[③] 林桂娜：《基于六西格玛理论的图书馆核心竞争力建构》，《图书馆工作与研究》2013年第9期。

[④] Richard A. Musgrave, Alan T. Peacock, *Classics in the Theory of Public Finance*, Palgrave Macmillan UK, 1994, pp. 137–151.

府公共服务能力的作用①，在动态环境变化下的公共服务能力体现为公共服务能力的实现过程和资源配置手段，具体分为公共服务供给和治理能力②。为适应新的社会环境，张正岩（2011）从体制机制建设、人才队伍培养以及供给模式创新等方面出发，提出政府公共服务能力的提升策略；结合我国发展背景，朱云等（2005）在借鉴国外实践经验的基础上，通过分析地方公共服务供给机制的困境，阐述了中国地方政府提升公共服务能力的现实路径③。

相关的公共信息服务能力研究，无论其对象是图书馆、政府还是其他机构，都呈现出显著趋势，即核心能力除了服务于资源本身，关注其文献资源能力、人才能力、技术能力等核心能力，还应更多关注如何将资源与用户具体的应用场景进行关联，提供针对问题解决的知识服务将是公共信息服务核心能力构建的重要路径。在对公共文化服务能力、智慧城市管理能力、数字政府建设能力等问题的研究中，学者们也逐渐意识到，核心能力建立在静态均衡的假定上，但环境的变化却是永恒的，内生资源和现有能力储备面临的永恒变化，只有在动态能力支持下才能实现动态适应，因此，动态能力已成为能力构建不可忽视的重要内容④。

（二）政府数据开放的能力研究

关于政府数据开放的能力研究，主要围绕OGD能力构成、能力识别及影响因素、能力培育提升等问题展开。赵等（2018）将OGD能力定义

---

① 王敬尧：《基层治理中的政府公共服务能力分析——以中部Y区为例》，《社会主义研究》2009年第4期。
② 张序、劳承玉：《公共服务能力建设：一个研究框架》，《理论与改革》2013年第2期。
③ 朱云、王丽萍：《全面落实科学发展观、提升地方政府公共服务能力》，《行政与法》（吉林省行政学院学报）2005年第9期。
④ 沙子振、张鹏：《核心能力与动态能力理论界定及关系辨析》，《华东经济管理》2010年第10期。

为"政府机构根据特定要求向公众开放其拥有的数据的能力"[①],提出能力建设是推动OGD发展的重要动力。

1. OGD能力的构成

OGD能力的构成,主要涉及对OGD能力的概念界定、能力主体的定位及能力的类型划分等问题,相关研究从理论探讨到实践调查。早期研究重视全面分析,致力于为实践确定基本的能力框架。随着政府数据开放运动实践的不断推进,各种新的问题、风险和挑战出现,针对新的变化和需求,学者开始对OGD能力概念及构成做出新的思考。

对于OGD能力的概念解析,国外研究通常通过案例分析进行提炼和总结,一是根据当前政府数据开放需求设计能力建设框架;二是分析现有开放门户、开放政策,提出能力构成框架。基于不同主体,相关研究提出了组织能力、个体能力和配套设施服务能力。

(1)组织能力方面,赛乐提等(2017)提出了开放数据组织所需的竞争能力四维框架,包括数据提供、数据商业化应用、基本设施建设以及关系组织[②]。

(2)个体能力方面,涉及开放数据组织内部工作人员的能力,以及社会公众、企业员工的数据利用能力。泽特尔等(2017)通过价值链分析探讨了OGD数据利用者的能力架构[③],提出数据利用者需具备洞察用户需求、利用数据创造价值等八种新能力;哈姆等(2019)强调政府的数据开

[①] Zhao Y., Fan B., "Exploring Open Government Data Capacity of Government Agency: Based on the Resource-Based Theory", *Government Information Quarterly*, Vol. 35, No. 1, January 2018, pp. 1–12.

[②] Zeleti F. A., Ojo A., "Competitive Capability Framework for Open Government Data Organizations", 2017-06-07, https://dl.acm.org/doi/10.1145/3085228.3085280.

[③] Fatemeh Ahmadi Zeleti, Adegboyega Ojo, "Open data value capability architecture", *Information Systems Frontiers*, Vol. 19, No. 2, April 2017, pp. 337–360.

放能力和用户的数据利用能力是当前OGD能力构建的重点①。

(3) 配套设施服务能力，主要指支撑OGD服务的设备和技术等用以满足大众需求的能力。米特罗维奇（2015）强调信息技术应用是OGD能力的基础，并通过案例研究识别出政府数据供给和公众数据利用所需的各种电子技能②；亚历克索普洛斯等（2018）、辛尼夫等（2019）指出，关联数据、数据源特征分析等技术应用有助于OGD服务能力提升③④；查特菲尔德等（2017）分析了澳大利亚地方政府开放数据门户服务能力，认为OGD门户服务应集中打造数据集提供（包括数据集数量和数据格式多样性）、政策法规制定和创业数据服务提供三方面的能力⑤；穆塔比克等（2022）通过分析七国集团（G7）的政府数据开放门户建设实践，认为建设开放数据网站，应该关注到数据标准规范制定、数据集提供、数据服务提供和数据反馈几方面的能力⑥。

国内学者对能力构成的研究主要从OGD定义和OGD生态运行两方面展开。从OGD能力的定义入手，樊博等（2017）认为要推进政府数据开放在我国的实践，需要构建政府大数据能力，涉及多个维度，包括数据的

---

① Ham J., Koo Y., Lee J. N., "Provision and Usage of Open Government Data: Strategic Transformation Paths", *Industrial Management & Data Systems*, Vol. 119, No. 8, September 2019, pp. 1841–1858.

② Mitrovic Z., "Building Open Data Capacity Through eSkills Acquisition", 2015-05-29, https://www.researchgate.net/publication/276288202.

③ Charalampos Alexopoulos, Euripidis Loukis, Spiros Mouzakitis, Michalis Petychakis & Yannis Charalabidis, "Analysing the Characteristics of Open Government Data Sources in Greece", *Journal of the Knowledge Economy*, Vol. 9, No. 3, September 2018, pp. 721–753.

④ Lamiaa Sinif, Bouchaib Bounabat, "A General Framework of Smart Open Linked Government Data: Application in E-health", Proceedings of the 2019 2nd International Conference on Geoinformatics and Data Analysis, March 2019, pp. 99–103.

⑤ Chatfield A. T., Reddick C. G., "A Longitudinal Cross-Sector Analysis of Open Data Portal Service Capability: The Case of Australian Local Governments", *Government Information Quarterly*, Vol. 34, No. 2, April 2017, pp. 231–243.

⑥ Mutambik I., Almuqrin A., Lee J., et al., "Usability of the G7 Open Government Data Portals and Lessons Learned", *Sustainability*, Vol. 13, No. 24, December 2021, pp. 13740.

开放共享、数据的开发利用和数据的监管运营,并参考创新扩散理论,提出了包含组织变革、创新应用及资源整合的政府大数据能力构建框架[①]。从 OGD 能力的生态运行和可持续发展入手,袁红等(2022)验证了 OGD 发展中数据搜索理解、数据创新应用、数据治理等能力的重要性;彭勃等(2022)则从生态系统运行视角提出了认同应变型、自发变革型、上级支撑型、社会主导型四种 OGD 能力构型[②]。

对于 OGD 能力构建的切入点,国内研究充分借鉴美国、英国、加拿大等处于 OGD 发展领先水平的国家经验,从数据、技术、政策、法规、意识等维度入手,重点关注以政府为主体的 OGD 供给能力,包括政策法规制定能力和数据治理能力。例如,才世杰等(2015)通过比较分析发达国家的政府数据开放战略,发现国家在 OGD 政策法规制定上的优势,建议我国在 OGD 发展中既要有顶层设计统领全局,也要针对 OGD 全环节完善和修订制度体系[③]。谭必勇等(2019)从组织、政策法规、监管、治理四个维度分析加拿大推进开放政府的实践,提出国内政府数据治理的四点建议:建设完备组织机构、制定政策法规、确立审计体系和落实安全的数据治理工作[④],为推动 OGD 的组织协调能力、政策法规制定能力、数据运营能力及数据治理能力建设提供了依据。

2. OGD 能力的影响因素

对 OGD 能力影响因素的研究,分别围绕 OGD 生态系统中的数据供给者、数据开发利用者以及数据使用者三个主体展开。研究发现,影响

[①] 樊博、陈璐:《政府部门的大数据能力研究——基于组织层面的视角》,《公共行政评论》2017 年第 1 期。
[②] 彭勃、吴金鹏、韩啸:《开放政府数据的生态系统能力:模型建构与发展路径》,《上海行政学院学报》2022 年第 3 期。
[③] 才世杰、夏义堃:《发达国家开放政府数据战略的比较分析》,《电子政务》2015 年第 7 期。
[④] 谭必勇、陈艳:《加拿大联邦政府数据治理框架分析及其对我国的启示》,《电子政务》2019 年第 1 期。

OGD供给者的主要为行政权力和信息技术等因素，而影响OGD数据开发者的主要为企业或个人信息素质等因素，影响数据使用者的主要为个体采纳意愿、政策法规以及经济水平等因素①。

作为OGD供给主体的政府，其能力主要受政策法规、领导水平、感知水平（主要指对于数据开发价值和内外部风险的感知）、组织能力和技术设备等因素影响，克莱曼等（2020）总结影响政府公务员的行为因素，认为积极因素包括领导层面的支持和引导、全面的准备信息和政府上层的积极推动，消极因素则包括数据提供及服务知识的匮乏、对政府数据价值的认识不足、风险规避思想、数据安全问题的阻碍等②。赵等（2018）基于资源基础理论从有形资源、无形资源、人力资源和组织文化研究了OGD能力的影响因素，发现制度能力影响较大，组织文化、沟通交流等也有不同程度的影响③。

作为OGD需求主体的企业及社会公众，企业的能力影响因素包括数据质量、数据服务质量、技术水平、感知水平、政府及企业内部领导的支持和引导、政府宣传力度及对社会反馈的处理水平等④；而社会公众个体能力则主要与个人意识、社会推广和政府服务水平相关，个人期望、信息素质（如对开放数据门户的操作熟练程度）、社会推广、数据和系

---

① 门理想、王丛虎：《中国地方政府数据开放建设成效的影响因素探究——基于生态系统理论框架》，《现代情报》2021年第2期。

② Kleiman F., Janssen M., Meijer S., "Behavioral Factors Influencing the Opening of Government Data by Civil Servants: Initial Findings from the Literature", ICEGOV 2020: Proceedings of the 13th International Conference on Theory and Practice of Electronic Governance, New York, September 23 - 25, 2020, pp. 529 - 534.

③ Zhao Y., Fan B., "Exploring Open Government Data Capacity of Government Agency: Based on the Resource-Based Theory", Government Information Quarterly, Vol. 35, No. 1, January 2018, pp. 1 - 12.

④ Alhujaylan A., Car L., Ryan M., "An Investigation of Factors Influencing Private Technology Organizations' Intention to Adopt Open Government Data in Saudi Arabia", 2020 10th Annual Computing and Communication Workshop and Conference (CCWC), Las Vegas, January 6 - 8, 2020, pp. 654 - 661.

统质量对公民的 OGD 接受度和数据利用效果产生直接或间接的影响[①]。

3. OGD 能力的生成演化

国内针对 OGD 能力的生成演化研究较少涉及，相关研究主要从 OGD 生态链运行机制和演进规律入手。

一是以参与主体为主要节点、各类影响因素为推动力，研究开放政府数据价值增值演化过程，包括初期阶段政府数据开放环节、成长阶段政府数据开发环节和成熟阶段政府数据应用环节[②]，石艳霞等（2015）使用 DYNAMO 语言描述了服务机构核心能力演进的五个阶段，包括能力的求存、成长、发展、强化和提高[③]，通过价值提升体现 OGD 能力的发展。

二是研究政府数据开放的共生演化关系和演化流程，提出能力在不断融合中实现转化与提升。具体表现为各要素从彼此独立再到不断深入融合，最终实现政府数据开放各参与主体的全方位协作[④]。例如，研究 OGD 生态系统下的知识创造过程，从知识观的角度反映能力的生成、提升与转化过程；构建 OGD 价值生成框架，通过透明度机制、参与机制、效率机制和创新机制，研究 OGD 能力在增值过程中的变化。徐绪堪等（2020）基于演化博弈论分析各个参与主体间通过不断试错达到均衡的演化路径，认为经过不断试错和优化选择，OGD 各参与主体通过寻找自身最优策略（政府积极开放数据、企业积极利用数据和严格管理数据治

[①] Talukder M. S., Shen L., Talukder M. F. H., et al., "Determinants of User Acceptance and Use of Open Government Data (OGD): An Empirical Investigation in Bangladesh", *Technology in Society*, Vol. 56, No. 2, February 2019, pp. 147–156.

[②] 赵宁、黄铁娜、曹洋：《信息生态链下开放政府数据价值演化的研究》，《图书馆》2021 年第 3 期。

[③] 石艳霞、崔珍：《公共信息服务机构核心能力动态演进及培育研究》，《图书馆》2015 年第 11 期。

[④] 朱晓峰、盛天祺、张卫：《重大突发公共卫生事件冲击下的政府数据开放共生模式研究：界定、演进与重构》，《情报资料工作》2021 年第 1 期。

理），最终实现共赢，保证各主体间的均衡①。能力的生成和演进与OGD参与主体的需求和利益相关，需求的出现带来能力的生成，追寻自身利益最大化的过程驱动能力的提升和转化。

4. OGD能力的培育

关于OGD能力如何培育，学者们从资源整合、制度供给、创新驱动、互动合作等多个角度进行了分析。

OGD的发展需要在战略指导基础上实现资源间的相互匹配，对现有OGD数据资源进行全方位的整合是我国政府数据开放战略实施的首要步骤。孙小荃等（2021）通过对比中美两国的元数据管理能力建设情况，从元数据要求及其应用的全面性、统一性和实用性，提出我国各地方政府应在OGD建设中采用统一的元数据模式、提供适用性更强的数据格式②。马苏米等（2022）通过本体模型重新整合政府开放数据，使用语义网络技术增强数据集的可机读性，使机器在一定程度上掌握数据的语义，进而"智能"地从知识层面上管理开放数据集，提供个性化推荐服务，提升用户的检索效果③。研究表明，采用关联数据、本体等语义网络相关技术，培育数据治理能力，有助于实现OGD的数据智能化选取、清洗、组织、存储和整合。

数据供给保障机制是OGD制度化建设的关键④。组织保障和个人隐私保护是OGD能力培育不可忽视的内容。有学者以美国设置的政府首席

---

① 徐绪堪、李一铭、庞庆华：《数字经济下政府开放数据共享的演化博弈分析》，《情报杂志》2020年第12期。

② 孙小荃、翟军：《中美两国政府开放数据的元数据比较研究》，《图书馆杂志》2021年第11期。

③ Masoumi H., Farahani B., Aliee F. S., "Systematic and Ontology-Based Approach to Interoperable Cross-Domain Open Government Data Services", *Transforming Government: People, Process and Policy*, Vol. 16, No. 1, February 2022, pp. 110 – 127.

④ Paul W. Mungai, "Causal Mechanisms and Institutionalization of Open Government Data in Kenya", *The Electronic Journal of Information Systems in Developing Countries*, Vol. 84, No. 6, September 2018, p. e12056.

数据官为研究对象，分析其职责、作用和所处的组织结构，发现这一专职岗位设置对于推动 OGD 发展具有重要意义[1]；还有学者基于契约理论，设计平台与用户之间的新的契约关系，解决权责分配不合理、平台风险承担不足和数据产品质量标准缺失的问题[2]，这些制度设计为培育公众的 OGD 创新应用能力提供了新的思路。而在强调数据开放的同时，也有许多学者开始注意到由于开放而导致的隐含于政府数据中的个人隐私存在被泄露的风险，要解决这一问题，需从制定数据处理规范和加强数据使用监管两个方面，培育和提升 OGD 的隐私保护能力[3]；除此之外，还可以引入区块链、人工智能、5G 等技术，通过提升政府的技术应用能力，如利用区块链的不可篡改、匿名化等特点实现个人隐私保护[4]。

数据价值的实现及创新是 OGD 发展的动力[5]，能否有效挖掘和充分释放 OGD 的价值[6]，增大公民有意义的投资是实现 OGD 创新发展的驱动因素[7]。学者试图运用新技术、引入新理论提升政府数据开放水平，并强调创新而并非单一的学习。在平台建设上，学者们重点关注人机交互，一是利用可视化技术如知识图谱，根据各数据集的来源、主题以及它们之间的关系，绘制知识图谱，帮助数据开发者和利用者（社会公众、企业、科研机构等）理解平台开放数据间的关联，提升其

---

[1] 张涛：《数据治理的组织法构造：以政府首席数据官制度为视角》，《电子政务》2021年第9期。

[2] 胡业飞、刘梦露：《创新激励目标下的契约设计：基于用户协议的政府数据开放平台治理研究》，《电子政务》2021年第10期。

[3] 陈美、梁乙凯：《西班牙开放政府数据的隐私风险控制研究》，《情报杂志》2021年第12期。

[4] 陈兰杰、闻航：《基于区块链的开放政府数据个人隐私保护模型及实现机理研究》，《图书馆理论与实践》2021年第1期。

[5] 周志峰：《创新创业视域下促进政府开放数据开发利用的对策分析》，《情报杂志》2017年第6期。

[6] 莫富传：《政府数据开放平台数据创新性开发利用服务研究》，《知识管理论坛》2018年第5期。

[7] Taewoo Nam, "Challenges and Concerns of Open Government: A Case of Government 3.0 in Korea", *Social Science Computer Review*, Vol. 33, No. 5, October 2015, pp. 556–570.

数据利用能力①；二是引入人工智能的对话机器人，实现人与机器间基于人类自然语言的对话交流，促进非专业的社会公众对数据的理解、掌握和运用，使用人工智能技术处理和组织政府提供的原始数据，可实现高质量的数据集提供及数据处理能力提升②。在企业、公众等主体的数据利用中，学者们已着手研究将政府数据转化为商业智能的技术方法，提出了使用数据挖掘和数据可视化技术从开放政府数据中获取商业智能的构想。

OGD能力培育中，完善的公众互动机制，以及部门之间多元化的合作机制是接触公众、感知公众需求最直接有效的途径③，与外界沟通交流以及进行资源匹配，感知环境变化实现学习提升是关键，能促进良性循环的政府数据开放体系的构建。为发现OGD能力提升的切入点，有学者从能力评估测量的角度入手，通过评估发现当前OGD能力不足并提出改进建议，如有学者基于服务接触理论设计评估框架对十个国家的数据开放平台进行评价，发现OGD能力提升的关键在于：丰富OGD平台功能以增强数据的可获得性、增强后台数据处理能力以提供个性化服务、拓宽用户反馈方式以增强互动性④。

如何提升OGD能力？学者们认为，组织学习是突破OGD发展困境，实现能力提升的重要途径。核心能力是组织运用知识对所拥有的资源进行整合的能力，产生于组织学习，是将旧知识转化为新知识、形成竞争优势的学习过程。OGD能力主体在知识学习吸收转化中，形

---

① Haklae Kim, "Interlinking Open Government Data in Korea using Administrative District Knowledge Graph", *Journal of Information Science Theory and Practice*, Vol. 6, No. 1, March 2018, pp. 18–30.

② 吕凯、赵洋：《人工智能背景下政府的数据开放与共享——以天津市政府为例》，《东南大学学报》（哲学社会科学版）2018年第2期。

③ 顾嘉琪、袁莉：《基于公众需求的政府数据开放服务质量提升研究》，《情报杂志》2020年第6期。

④ 朱晓峰、盛天祺、程琳：《服务接触视角下政府数据开放平台的评估框架与实效研究》，《电子政务》2021年第10期。

成的新知识应用到实践中，通过对现有资源的重新配置或创新实现对知识缺口的填补。OGD人才培养机制的构建、部门之间及其内部的学习合作机制有利于提高OGD绩效及其服务质量，培训可提升开发者和利用者的个人信息素养，应针对专业人员和非专业人员设计不同的培训方法[1]。最终，OGD发展应通过创新驱动，打通数据壁垒，建立健全政府大数据集中统筹机制、一体化服务管理机制，实现能力的提升[2][3]。

可以看出，现有研究成果为OGD能力研究提供了多种分析思路，但对于OGD能力如何形成、如何发挥作用以及如何适应数字化变革的挑战等问题，尚有许多值得进一步探讨的空间。

四 研究述评

现有研究对OGD能力的相关问题进行了广泛探讨。

企业能力理论将能力分为两大类。一类是核心能力，其强调企业在具体的生产、经营行为和过程中的特有能力，关注实践中支撑具体工作的业务运行能力，因此，核心能力是基础性能力、刚性能力；另一类是动态能力，其关注对核心能力的更新和培育，动态能力通过创造新资源、整合和配置现有资源，实现核心刚性突破，因此，动态能力是高阶能力、柔性能力。

---

[1] Gasco-Hernandez M., Martin E G, Reggi L, et al., "Promoting the Use of Open Government Data: Cases of Training and Engagement", *Government Information Quarterly*, Vol. 35, No. 2, April 2018, pp. 233 – 242.

[2] Parung G. A., Hidayanto A. N., Sandhyaduhita P. I., et al., "Barriers and Strategies of Open Government Data Adoption Using Fuzzy AHP-TOPSIS", *Transforming Government: People, Process and Policy*, Vol. 12, No. 3/4, October 2018, pp. 210 – 243.

[3] Parycek P., Schöllhammer R., Schossböck J., " 'Each in Their Own Garden' Obstacles for the Implementation of Open Government in the Public Sector of the German-speaking Region", *Proceedings of the 9th International Conference on Theory and Practice of Electronic Governance*, Montevideo, March 1 – 3, 2016, pp. 291 – 300.

斯多克、齐庆祝等所提出的整体能力是刚性能力（核心能力）与柔性能力（动态能力）的合力这一概念，为整合核心能力和动态能力提供了思路，尽管目前针对整体能力的研究相对较少，但这一概念为剖解OGD整体能力提供了依据。

基于知识观的能力研究进一步对能力的知识本质、知识构成，核心能力的知识培育和利用、动态能力的知识创造和更新等问题进行了梳理，相关研究成果为OGD整体能力的识别与构成研究、能力的作用过程研究，以及能力的生成演化研究指明了方向。

尽管目前对于OGD能力的专门研究并不多，但相关成果对OGD能力构成、能力识别及影响因素、能力培育及提升等问题的探索，不仅展现了OGD能力所涉及的数据开放、数据利用、数据治理等具体场景，提出了分析能力构成的可行思路，还发现了OGD能力构建中的关键问题，这些研究为掌握OGD能力构建现状及展开对OGD整体能力的研究提供了有力支持。

通过梳理能力相关研究可以发现，能力理论及相关能力研究积累了丰硕成果，但在OGD能力研究上还存在以下问题：

（1）少有对OGD核心能力和动态能力的系统研究，且缺乏将OGD核心能力和动态能力置于同一视野中的整体能力研究框架，多数能力研究主要从OGD具体业务运行的角度展开，少有对OGD动态能力的研究。

（2）缺乏兼顾OGD核心能力和动态能力的有力视角，现有研究主要从资源角度、技术角度对OGD能力问题进行剖析，难以展现OGD能力的知识属性及其能力全貌。

（3）较多关注OGD能力的构成及影响因素等问题，而对OGD能力的作用过程、生成演化机制及如何构建等，缺乏深入的探讨。

能力的知识观为本研究提供了指引，围绕知识的形成及演化，展开对 OGD 整体能力构成、作用及生成演化的研究是一条可行的思路，也是探索 OGD 整体能力构建的全新视角。本书将基于能力知识观从以下几方面展开具体研究：

（1）搭建涵盖核心能力和动态能力的 OGD 整体能力架构，探讨 OGD 整体能力的构成及识别问题。

（2）分析 OGD 整体能力的作用过程，明确 OGD 整体能力在不同场景下的作用机理。

（3）探索 OGD 整体能力的生成和演化，探讨不同环境下能力的演化路径及影响因素，提出 OGD 整体能力构建的对策建议。

第三节　研究内容

一　研究对象

本书关注政府数据开放的整体能力构建，将 OGD 整体能力分解为核心能力（使 OGD 独具异质性的能力）和动态能力（确保 OGD 灵活应变的能力），从能力的知识观对其进行深入探索。具体研究 OGD 整体能力的构成维度、作用过程及生成演化，定位能力构建的关键问题，并在此基础上提出整体能力构建策略。

二　研究框架

研究将首先搭建 OGD 整体能力框架，通过 OGD 核心能力、动态能力及其相互关系的研究对 OGD 整体能力进行剖解。然后，从能力知识本质及内涵出发，对 OGD 核心能力和动态能力进行系统梳理，识别两种能力并分析其构成；进而通过对 OGD 整体能力作用过程的探究，掌握 OGD 核心能力及动态能力的作用场景及知识活动，回答核心能力如何完成对 OGD 知识资本的培育和利用，动态能力如何实现 OGD 知识资本的创造和更新。最后，研究OGD整体能力的生成演化，具体从OGD核心能力生成的知识学习、OGD动态能力演化的知识创新两个方面展开，掌握其生成和演化的过程、影响因素及影响路径，明确OGD整体能力构建的关键点和发力方向，进而提出OGD整体能力构建的策略。

OGD整体能力如何构建是本研究最终要回答的问题。研究围绕这一关键问题展开，具体从以下五个研究子问题展开。其总体框架如图1-4所示。

（一）基于知识观的OGD整体能力研究基础

明确数字经济及国家可持续发展战略对OGD的要求，定位OGD能力构建目标和意义，提出OGD整体能力构建的基本思路和框架。

（1）OGD发展战略及能力构建目标

结合数字经济可持续发展的要求，明确OGD战略及OGD整体能力构建的意义。

（2）OGD整体能力架构

基于相关文献和理论基础，对OGD核心能力与动态能力进行界定，探讨二者的相互关系，提出OGD整体能力架构。

（3）基于知识观的OGD整体能力研究思路

从能力的知识观，对OGD整体能力进行剖解。借助知识资本的概念，将能力的知识本质、存在方式和知识载体进行有机整合。将OGD核心能力定位为培育利用知识资本的能力，将OGD动态能力定位为创造更新知识资本的能力，为后续OGD整体能力研究奠定基础。

（二）OGD整体能力的识别及构成研究

探寻适用于OGD整体能力识别的方法。进而基于复杂适应系统思想，从能力的主体、环境和行为出发，通过对OGD核心能力和动态能力主体、构成和作用过程的研究，识别OGD整体能力的构成。

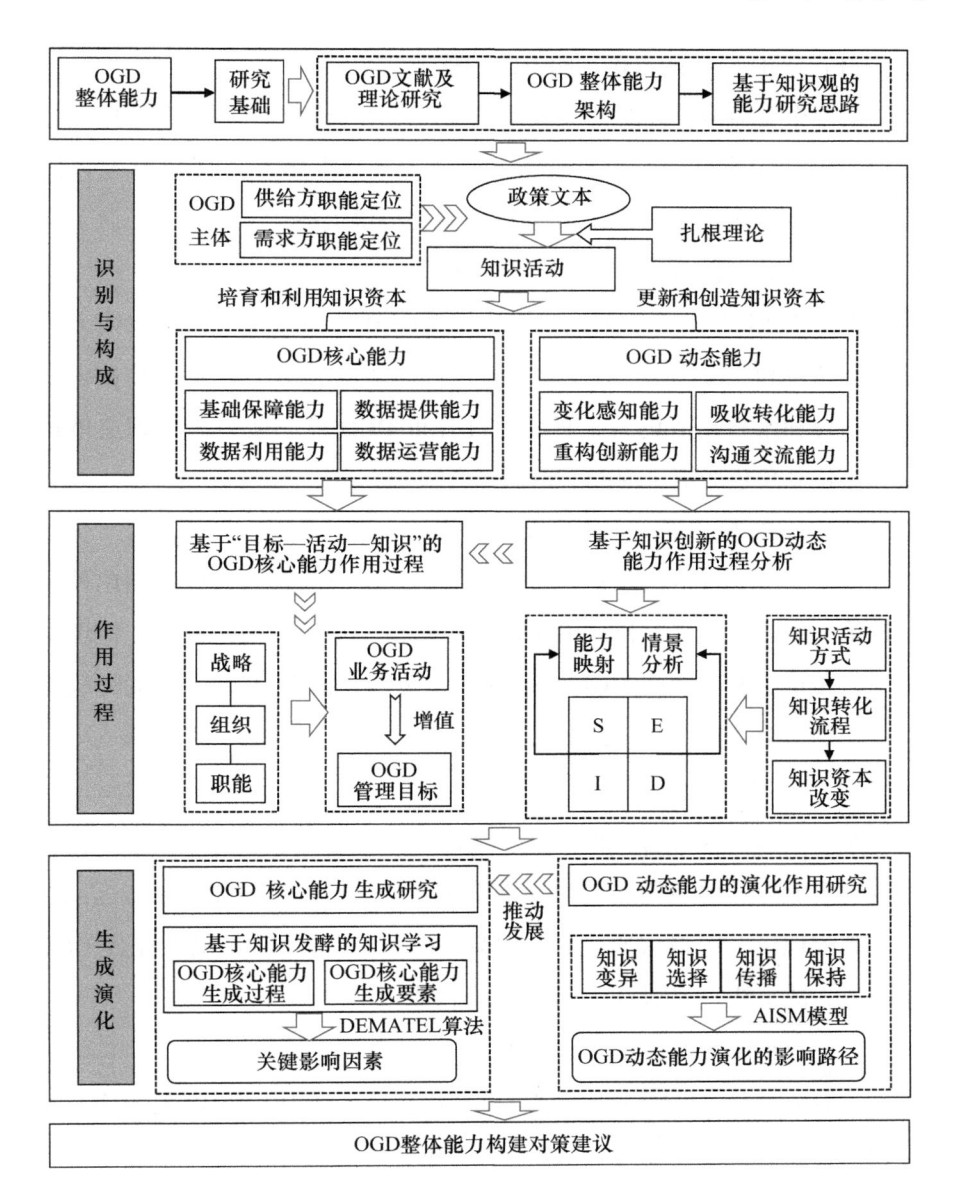

图 1-4 研究的总体框架

(1) OGD 整体能力识别的方法和依据

借鉴企业能力研究的相关成果，梳理能力识别的方法。以扎根理论作为构建 OGD 整体能力框架的方法，将政策文本作为提取 OGD 整体能力内容的数据来源，为 OGD 整体能力识别提供支持。

(2) OGD 整体能力的知识主体分析

OGD 数据供给方和数据需求方作为 OGD 生态系统中的两大能力主体，其角色和职能决定了他们会通过不同的知识活动，参与 OGD 知识资本的培育利用和创造更新。研究通过分析 OGD 核心能力的知识主体特征，定位其角色职能，为能力识别提供依据。

(3) OGD 核心能力识别研究

基于供需双方角色职能，选择能够反映 OGD 发展过程中的国内外重要政策文本，识别培育和利用知识资本的相关知识活动，通过扎根理论的三级编码过程，提炼 OGD 核心能力主范畴，梳理 OGD 核心能力故事线，识别 OGD 核心能力构成。

(4) OGD 动态能力识别研究

基于供需双方角色职能，结合动态能力创造更新的特点，选择能够呈现动态能力的政策文本，识别创造和更新知识资本的相关知识活动，通过扎根理论的三级编码过程，提炼 OGD 动态能力主范畴，梳理 OGD 动态能力故事线，识别 OGD 动态能力构成。

(三) OGD 整体能力的作用过程研究

政府数据开放整体能力如何发挥作用，体现在 OGD 供需主体培育和利用知识资本（核心能力），以及创造和更新知识资本（动态能力）的过程中。

(1) OGD 核心能力作用过程研究

OGD 核心能力服务于 OGD 战略实现，围绕 OGD 管理目标，通过对 OGD 知识资本的培育和利用，作用于 OGD 全业务过程。研究基于"目标—活动—知识"的思路，分析OGD的三层管理目标及能力定位，分解OGD业务过程并辨明实现OGD数据流转的知识活动。

（2）OGD核心能力作用场景及知识活动分析

研究OGD核心能力如何通过对知识资本的培育及利用，支撑具体知识活动增值及管理目标实现。通过对OGD的四种核心能力的分析，结合相关研究和各国实践，归纳总结各能力的具体作用场景及知识活动，分析各类知识资本的增值表现，掌握OGD核心能力的作用过程。

（3）OGD动态能力作用过程分析

OGD动态能力是为适应环境变化、提升OGD核心能力，而对现有知识进行的更新、整合和创新。研究探讨动态能力与知识创新过程的关联，将OGD动态能力作用过程置于SECI模型的知识创新过程中，构建OGD动态能力作用过程分析框架。

（4）OGD动态能力作用场景及知识活动

基于"场"的OGD动态能力情景分析。从SECI的四个"场"出发，研究OGD动态能力生成的四个场景，分析场景特征。以动态能力的"3P"框架为依据，描述动态能力的知识活动路径及作用效果，解释OGD的何种动态能力以何种方式推动OGD知识创新过程，如何促使OGD知识资本发生变化。

（四）OGD整体能力的生成演化研究

OGD整体能力中，核心能力作为一种"赋能"能力，是确保OGD战略和业务运行实现的能力，研究关注OGD核心能力如何生成、如何培育的问题；动态能力作为一种"使能"能力，以推动OGD核心能力发展和动态适应为目标，因此，研究将重点放在动态能力如何引导OGD通过知识创新实现转型跨越的演化问题上。

(1) OGD 核心能力的生成研究

基于核心能力理论，对 OGD 核心能力从职能能力、竞争能力到核心能力的发展过程进行梳理，为研究其生成过程提供基础。进而，从能力生成的本质出发，基于知识学习的相关理论模型，展开对 OGD 核心能力生成过程的探索，发现影响 OGD 核心能力生成的相关因素及关键因素，为 OGD 核心能力构建提供参考。

(2) OGD 动态能力的演化作用研究

分析 OGD 动态能力的"知识变异—知识选择—知识传播—知识保持"的演化过程，基于文献研究、焦点访谈等方法，探讨 OGD 动态能力演化中的影响因素，借助 AISM 模型研究 OGD 动态能力演化的影响路径，定位四种动态能力在演化过程中的关键因素，为 OGD 动态能力构建提供依据。

(五) OGD 整体能力构建的对策建议

基于研究发现，明确 OGD 整体能力构建的内容、框架，以及 OGD 整体能力构建中的关键着力点和发力方向，提出 OGD 整体能力构建的具体建议和策略，最后对研究进行总结和展望。

第四节 研究思路及方法

一 研究思路

本书以政府数据开放整体能力构建为目标，按照"问题提出—框架搭建—要素分解—对策建议"的思路，首先搭建 OGD 整体能力研究的总体架构，然后分别对核心能力、动态能力及其作用过程展开研究，定位 OGD 整体能力构建的重点并提出对策建议，如图 1-5 所示。

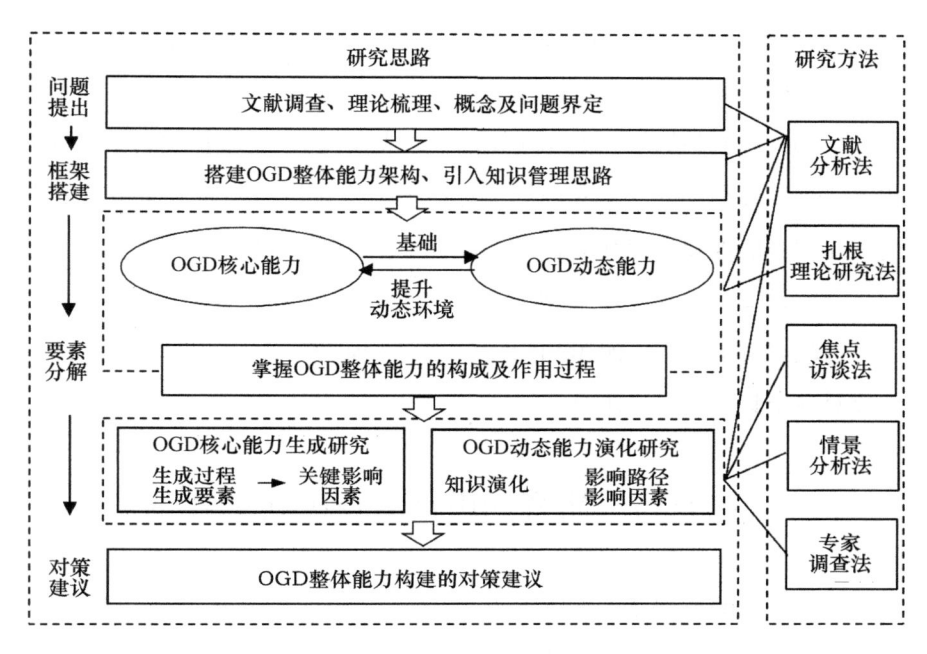

图 1-5 研究思路

二 研究方法

（一）文献分析法：通过对现有能力研究、OGD研究和知识管理研究的文献分析，明确 OGD 整体能力研究的思路和方法，奠定课题研究的理论基础，形成研究的整体框架。

（二）扎根理论研究法：OGD 整体能力研究尚处于探索中，目前没有相对成熟的能力框架，为此，研究采用扎根理论方法，从国内外 OGD 政策文本中识别 OGD 核心能力和动态能力，研究 OGD 整体能力构成。

（三）情景分析法：不同情景下的能力类型及其作用不同，研究基于 SECI 的"场"设置 OGD 动态能力情景，探讨 OGD 知识主体在不同情景下的动态能力目标，分析为实现目标而需具备的能力及其知识获得过程。

（四）专家调查法：邀请相关学者和实务部门工作人员参与 OGD 核

心能力影响因素调查，掌握 OGD 核心能力的影响因素及关键因素，发现核心能力构建的着力点。

（五）焦点访谈法：聚焦动态能力形成及提升的关键对象，对 OGD 相关研究人员和实务工作者进行一对一半结构化访谈，通过受访者的陈述和互动，梳理和发现其动态能力影响因素的作用及路径。

研究在文献分析、扎根理论、情景分析、专家调查、焦点访谈中，还通过政策文本分析、DEMATEL 法、AISM 模型等数据收集和分析方法，支撑对各个具体问题的研究。

第五节 研究的重难点及创新之处

一 研究的重难点

OGD 整体能力研究是一项全新的研究，因此，对于 OGD 整体能力的概念框架构建、知识本质的探索以及整体能力的剖解等，都将是本书研究的重点及难点所在。

（一）OGD 整体能力框架的搭建

当前，尚无形成对整体能力的统一认识，因此，厘清整体能力内涵，建立 OGD 整体能力的系统研究框架，是展开研究的第一个重点。本研究在能力理论、复杂适应系统理论等相关研究基础上，对核心能力和动态能力的内涵及主要观点进行了系统梳理，辨明核心能力、动态能力与整体能力的关系，并就涵盖了核心能力、动态能力及生成演化机制的 OGD 整体能力框架进行论证，提出 OGD 整体能力系统是一个复杂适应系统。

（二）OGD 整体能力知识本质的探索

基于能力的知识观，从能力的本质是知识这一基本观点出发，将能力与知识资本结合，从能力的知识本质、存在方式和知识载体（实现价值创造的知识活动）进行梳理，为后续研究打下基础，包括：从对知识资本的培育利用和创造更新的相关知识活动中反映能力的作用，并由此深入探索 OGD 整体能力的构成、作用过程及生成演化等。

（三）OGD 整体能力的剖解

OGD 整体能力是一个全新的概念，没有成熟的能力框架可借鉴，因此，必须为 OGD 整体能力的构成、作用过程及生成演化，找到有力的分析思路。为此，在对 OGD 整体能力构成的探索中，研究基于 OGD 核心能力和动态能力的知识本质，以兼具权威性、价值性、完整性和指向性的 OGD 政策文本为分析对象，提取 OGD 主体在知识资本培育利用和创造更新中的具体知识活动，识别其能力构成要素；在对 OGD 整体能力作用过程的探索中，研究借助"目标—活动—知识"框架分析核心能力作用过程、借助 SECI 模型分析动态能力作用过程；在对 OGD 整体能力生成演化的探索中，基于知识学习和知识创造的相关理论模型，研究 OGD 核心能力的生成过程及关键因素，以及 OGD 动态能力的演化作用及影响因素。研究中不仅使用到各类数据分析统计的量化分析方法，还使用了专家调查、焦点访谈等质性研究方法，将定性和定量研究相结合，尽可能客观准确地反映 OGD 整体能力的全貌。

二 创新与特色之处

（一）对 OGD 能力研究内容的丰富和深化

OGD 整体能力研究，首次系统阐释并构建了 OGD 整体能力框架，并将核心能力和动态能力纳入 OGD 能力研究范畴，为深入剖解 OGD 整体能力的构成及定位提供了依据，为掌握 OGD 整体能力的生成及演化规律奠定了基础，这是对 OGD 能力研究的全新理论探索。

（二）从知识观研究 OGD 整体能力的全新视角

当前尚无从知识观对 OGD 能力展开的研究，课题以能力的知识理念贯穿整个研究，从对能力知识本质的探讨到构建 OGD 整体能力框架，将以知识学习为基础的 OGD 核心能力定位为推动 OGD 管理目标和业务实现的"赋能"能力，将以知识创新为基础的 OGD 动态能力定位为推动 OGD 能力演化和能力提升的"使能"能力，并由此出发对其构成、作用过程及生成演化进行研究，为 OGD 能力研究提供了全新视角。

第二章

知识观下的政府数据开放整体能力

知识观下的政府数据开放整体能力研究，建立在对能力的相关概念和理论的充分把握之上。本章将对能力、核心能力和动态能力的概念和特征进行分析，由此引出整体能力的概念，进而从知识观的视角对政府数据开放的整体能力进行剖解。

第一节 相关概念及理论基础

一 能力

能力研究源于古典经济学家亚当·斯密（1776）的劳动分工理论。其后若干年，学界和业界在对企业管理的反思中共同发展了企业能力理论，将"能力"应用于战略环境分析中，认为能力是能够使一个组织比其他组织做得更好的特殊物质，理查德森（1972）进一步对这一特殊物质进行了具化，认为能力是企业的知识、经验和技能。

企业能力理论在20世纪80年代得到极大发展，并由此演化出了两大主流思想学派：资源学派和能力学派。资源学派强调资源本身的重要性，认为拥有独特性资源就具备了核心能力，而能力学派强调以特有能力为出发点，制定和实施企业竞争战略。其中，核心能力是企业在长期发展过程中形成的独具的、不可替代的知识积累，是竞争优势的来源，而动态能力则强调应使核心能力的更新和培养成为一个连续动态的过程，以帮助企业应对快速变化的环境。

二 核心能力

自1990年普拉哈拉德和哈梅尔提出核心能力概念，学者们从不同角度对其进行了阐释，都基本认同：核心能力通过其价值性、稀缺性、难以模仿性和不可替代性四大特点区别于其他能力[1]。

（一）核心能力特征

核心能力的发展不是一蹴而就的。在对组织资源的利用过程中，尽管所有与组织产品和服务相关的活动都必须达到一定限度的最低能力，但只有一部分活动和流程会发展为核心能力。从资源到核心能力形成的过程中，价值不断提升的同时，难度也不断加大，表现为"资源—能力—竞争能力—核心能力"的发展过程[2]，此处的"能力"更多是指完成业务工作的能力，因此，本书将其明确称为"职能能力"，并以"资源—职能能力—竞争能力—核心能力"来表述其发展过程。如图2-1所示。

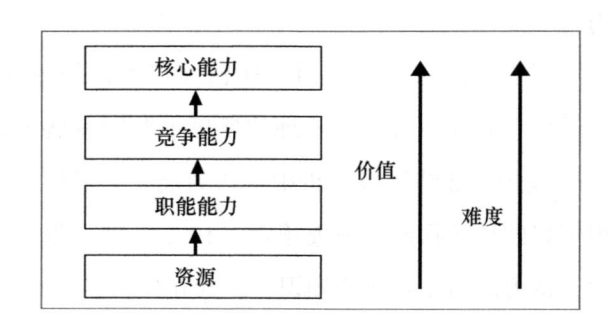

图2-1 核心能力的发展过程

---

[1] Prahalad C. K., Hamel G., "The Core Competence of the Corporation", *Harvard Business Review*, Vol. 68, No. 3, 1990, pp. 79-91.

[2] Mansour Javidan, "Core Competence: What Does it Mean in Practice", *Long Range Planning*, Vol. 31, No. 1, February 1998, pp. 60-71.

核心能力的研究表明,价值性、异质性、延展性和难以模仿性是其主要特征。

(1) 核心能力的价值性。核心能力作为组织竞争优势的源泉,在提升组织产品和服务效用、创造用户价值方面具有不可替代性,能够为用户带来长期关键利益、为组织创造优势和主导地位、为社会带来独特价值。

(2) 异质性。异质性是组织在行业领域中占据优势地位的基本条件,是独特的、和其他组织具有较大差异的,这种异质性决定了组织的异质性。具体表现即一组专业技能与知识累积形成的能力集合。

(3) 延展性。核心能力是能够跨业务单位、跨层级发挥其作用的,而非仅仅是适用于单个业务部门或某一层级的核心知识及诀窍。

(4) 难以模仿性。核心能力是知识主体长期不断学习的结果,包括政策法规、规章制度以及一系列难以用文字语言表示的隐性知识,这些特征决定了核心能力具有很强的路径依赖性,使得核心能力难以被他人所模仿。

(二) 核心能力的代表性观点

关于核心能力的本质,各研究流派提出了不同的观点。

技术观将组织视为一个能力体系或能力集合,强调核心能力的知识性、整合性和积累性。认为核心能力依靠对不同生产技能和各种技术流的协调,实现对组织拥有的资源、技能、知识的整合,是"在产品创新的基础上,把产品推向市场的能力",技能技术本身即是知识,整合协调体现了知识的动态性,而对知识长期的日积月累则体现了知识的积累性。

资源观认为,核心能力应围绕企业独特的战略资源,最大限度地培育、发展资源并优化配置战略资源的独特能力[1]。不同组织的核心能力

---

[1] 许可、徐二明:《企业资源学派与能力学派的回顾与比较》,《经济管理》2002年第2期。

是由其在获取和利用战略资源的过程中,在决策和过程上的"异质性"所构成[①],是组织市场专长领域与技术专长领域相互作用的特定知识经验的积累[②]。

组织与系统观认为,核心能力是提供组织在特定经营中的竞争能力和竞争优势基础的多方面技能、互补性资产和运行机制的有机融合[③];从组织战略和结构的整体角度来看,核心能力是一种系统性能力,是技术能力、组织能力和组织文化的有机结合[④]。

文化观认为,核心能力是一种无形的力量,它融入在组织的操作子系统中、文化子系统中,植根于组织中复杂的人—人以及人—环境的交互关系中。核心能力通过长期积累蕴藏于组织文化中,以无形的方式渗透并影响整个组织[⑤]。

知识观则强调,核心能力是组织特有的知识和资源,包括个体的知识技能、技术、管理和价值体系等[⑥]。组织所拥有的特殊的"知识资本",将促使组织以自己特定的方式面对各种难题[⑦],五大知识资本(人力、技术、组织、客户、社会)所构成的能力要件,通过向心运动的系统学习,即形成了组织的核心能力[⑧]。

尽管核心能力的研究视角多样,但多数观点都认同,核心能力是组织独有的、有价值的、不可替代的知识,是组织竞争优势的来源。

---

① Christine Oliver, "Sustainable Competitive Advantage: Combining Institutional and Resource-Based Views", *Strategic Management Journal*, Vol. 18, No. 9, December 1998, pp. 697 – 713.

② Rod W. Coombs, "Core Competencies and the Strategic Management of R&D", *R&D Management*, Vol. 26, No. 4, October 1996, pp. 345 – 355.

③ 魏江:《企业核心能力的内涵与本质》,《管理工程学报》1999 年第 1 期。

④ 曹兴、许媛媛:《企业核心能力理论研究的比较分析》,《重庆大学学报》(社会科学版) 2004 年第 5 期。

⑤ 魏江:《基于知识的核心能力载体和特征》,《科研管理》1999 年第 2 期。

⑥ 全一鸣:《企业核心能力相关理论文献综述》,《中国市场》2019 年第 17 期。

⑦ Nicolai J. Foss, "Knowledge-Based Approaches to the Theory of the Firm: Some Critical Comments", *Organization Science*, Vol. 7, No. 5, October 1996, pp. 470 – 476.

⑧ 范徵:《论企业知识资本与核心能力的整合》,《经济管理》2001 年第 22 期。

学者们强调核心能力的本质在于资源的异质性,企业的资源通常是指"公开市场上可以交易的资产",这类资源有非常重要的价值,但可能并不是组织独有、不可模仿的,其异质性可能是由于市场不完全性以及稀缺性等特点导致不同组织在获取资源上的机会不均等[①]。

但资源不是能力,能力是指组织如何利用所部署的资源实现组织的预期目标,其关键在于对资源的有效整合协调及进一步利用[②]。当面临竞争环境时,组织才进一步明确了部分能力的作用和范围,那些能够在战略上使组织与众不同的能力就是组织的核心能力。

核心能力的价值性、异质性、延展性以及难以模仿性等特征使其区别于其他资源和能力:价值性特征使核心能力能够为组织及客户带来比竞争对手更有价值的产品或服务;异质性使核心能力支持组织拥有与众不同的资源和能力组合;延展性使核心能力能够跨部门、跨业务单位发挥作用,并对组织的多种产品和服务起到支撑作用;同时,难以模仿性使其他组织无法轻易获取该能力,从而占据优势地位。

核心能力理论强调了组织的优势来源,有效区分了资源、能力和核心能力的差别并指出了核心能力的特性。核心能力理论为研究政府数据开放核心能力的构成要素、作用过程及生成演化提供了依据。

三 动态能力

在快速变化的环境中,当核心能力无法灵活应变之时,即出现了核心刚性问题,由于组织产生了路径依赖,使其无法在复杂多变的竞争环境中保持动态战略适应。此时,组织原有的核心能力不仅不能为其带来

[①] 吴价宝:《企业核心能力形成机理及应用研究》,东南大学出版社 2006 年版,第 113 页。

[②] Raphael Amit, PAUL J. H. Schoemaker, "Strategic Assets and Organizational Rent", *Strategic Management Journal*, Vol. 14, No. 1, January 1993, pp. 33 – 46.

持续的竞争优势,反而会成为组织竞争优势发挥的阻碍[①]。

为克服核心刚性,解释动态环境下组织应如何获取竞争优势,提斯等提出动态能力理论,强调应使核心能力处于连续动态的更新和培养中,通过对内外部资源的构建、整合和重新配置,应对快速变化的环境。同时,动态环境下的组织,所获得的竞争优势是暂时和不稳定的,若组织停滞不前,无法及时响应变化的需求,则很快会被激烈的市场竞争淘汰。只有不断提升核心能力、整合资源和快速学习,才能不断改进和创新。而这种确保组织适应变化、维持平衡的动态能力,能使组织与时俱进、保持动态环境下的持续竞争优势。可见,动态能力是在组织适应不断变化的市场环境中,发展起来的一种不断更新自身能力的能力[②]。

(一)动态能力特征

动态能力理论源于标准能力理论,吸收了核心能力理论的许多观点,但动态能力并非定位于完成基本业务活动的基础能力,而是一种高阶的能力。它能够帮助组织在面对变化时,通过对资源的快速整合、建立和重构而实现创新,由此突破核心刚性问题。动态能力的特征如下:

适应性。动态能力是为适应外部环境变化而生的,因此,其涉及组织感知、更新、重新配置与再创造其资源、能力与核心能力的一系列认知与行为[③]。适应性使组织具备充分的灵活性与敏捷性,能够弹性应对动态、复杂且不确定的环境变化。动态能力不仅强调组织应当主动适应环境变化,而且可以通过预测变化而先于对手做好应对变化的准备。

---

① Dorothy Leonard-Barton, "Core Capabilities and Core Rigidities: A Paradox in Managing New Product Development", *Strategic Management Journal*, Vol. 13, No. S1, June 1992, pp. 111 - 125.

② David J. Teece, Gary Pisano, Amy Shuen, "Dynamic Capabilities and Strategic Management", *Strategic Management Journal*, Vol. 18, No. 7, December 1998, pp. 509 - 533.

③ David J. Teece, "Explicating Dynamic Capabilities: The Nature and Microfoundations of (Sustainable) Enterprise Performance", *Strategic Management Journal*, Vol. 28, No. 13, August 2007, pp. 1319 - 1350.

创新性。在企业管理中，有别于资源理论或核心能力理论对现有竞争优势的保持，在面对一个不断变化的环境时，动态能力强调以创新来不断获得新的竞争优势，而知识在创新中的作用不言而喻，它是财富的源泉和创新的基础，动态能力对知识存量和流量的共同关注更能够解释竞争优势的来源。组织通过创造新知识，突破原有核心刚性，为组织发展提供长期基础。

除以上基本特征之外，动态能力还强调集体的不断知识学习。动态能力对环境的感知是通过组织成员的主动感觉、探索和预测去实现的，而并非被动地调整和适应环境的变化。组织在面对复杂性问题时，学习是一种集体的、主动的知识行为，动态能力形成及作用过程中，同样伴随着知识的流动[1]。

（二）动态能力的代表性观点

动态能力强调为适应环境变化而进行动态调整和能力提升。然而，由于研究领域、研究视角的不同，对动态能力的认识也尚未达成共识[2]，不同学者根据研究目的和研究背景从不同视角对动态能力的内涵和构成进行了解释，主要有动态能力整合观、资源观、学习观、惯例观、活动观几种视角。

动态能力的整合观认为，动态能力是组织为适应快速变化的外部环境，而在建立、整合其基础能力的过程中，呈现出的反应能力。这种反应能力表现为四种能力的有机组合，其通过提高市场竞争水平、组织学习、创新、减少组织变革的阻力，帮助组织适应内外环境变化的要求。

动态能力的资源观认为，动态能力的本质是一种改变企业资源的组

---

[1] 董俊武、黄江圳、陈震红：《动态能力的特征与功能研究》，《现代管理科学》2006年第8期。
[2] 冯军政、魏江：《国外动态能力维度划分及测量研究综述与展望》，《外国经济与管理》2011年第7期。

织过程和战略过程。相关研究指出，这一能力是组织创造、积累和提升独特资源和能力的才能，即组织不断创造竞争优势的能力[①]。这一观点仍然围绕对组织资源的改造，认为动态能力嵌入在对资源的获取、整合和剥离中，资源才是动态能力的主要要素[②]。

　　动态能力的学习观，将动态能力看作一种稳定的学习模式，这一能力使组织形成学习的惯例，并通过系统学习来创造或调整其经营惯例，从而提升效能[③]。知识网络是动态能力特殊且重要的知识来源，构建开放的知识网络，可以使组织在提炼内部知识的同时，从外界获取更有价值的外部知识，并通过吸收转化形成自己特有的知识网络，同时也提高了组织的学习能力[④]。

　　动态能力的惯例观，源于演化理论与组织学习理论。演化经济学将组织视为惯例的集合体，认为动态能力是一种惯例、模式和过程。最初，艾森哈特和马丁（2000）将动态能力定义为组织使用资源的流程，是一系列具体的可识别的过程[⑤]；卓德（2003）则认为动态能力既包含了对组织惯例的重视，又强调了组织学习的重要性，应通过组织学习所形成的流程惯例来进一步塑造动态能力，而动态能力作为指导组织发展的常规程序，根植于组织学习的流程之中[⑥]，能使组织通过系统地创造或调

[①] Yadong Luo, "Dynamic Capabilities in International Expansion", *Journal of World Business*, Vol. 35, No. 4, December 2000, pp. 355 – 378.

[②] Maureen Blyler, Russell W. Coff, "Dynamic Capabilities, Social Capital, and Rent Appropriation: Ties That Split Pies", *Strategic Management Journal*, Vol. 24, No. 7, May 2003, pp. 677 – 686.

[③] Maurizio Zollo, Sidney G. Winter, "Deliberate Learning and the Evolution of Dynamic Capabilities", *Organization Science*, Vol. 13, No. 3, May 2002, pp. 339 – 351.

[④] 孙锐、石金涛、李海刚：《组织学习、知识演化创新与动态能力扩展研究》，《情报科学》2006年第9期。

[⑤] Kathleen M. Eisenhardt, Jeffrey A. Martin, "Dynamic Capabilities: What Are They?", *Strategic Management Journal*, Vol. 21, No. 10 – 11, October 2000, pp. 1105 – 1121.

[⑥] Christoph Zott, "Dynamic Capabilities and the Emergence of Intraindustry Differential Firm Performance: Insights from a Simulation Study", *Strategic Management Journal*, Vol. 24, No. 2, February 2003, pp. 97 – 125.

整其经营惯例来提升自己的效能[1]。动态能力的惯例观将组织资源的使用惯例与组织学习进行整合,扩大了对动态能力的已有认知,有助于更加深入地理解动态能力。

动态能力的活动观是从战略管理理论出发,强调动态能力在适应外部环境的过程中,对组织内部资源基础与常规能力配置的改变作用。通过这一改变,组织能力得以更新,以保持对外部环境变化的适应。活动观认为,动态能力根植于组织的资源,资源是其主要要素[2]。动态能力在不断创造和更新资源及资源组合的过程中,使组织拥有难以模仿的资源及组合,并凭借稀缺性资源为组织提供稳固的竞争优势来源[3]。动态能力作为一种能改变基本能力的高阶能力[4],不同于保障组织获得竞争优势的核心能力,是组织为应对环境变化,对资源、技能、核心能力等进行更新、重构和再造的能力,是使得组织在动态环境中维持竞争优势的高阶能力。尽管核心能力和高阶能力对组织而言都十分重要,但在动态变化的条件下,环境变化导致的"核心刚性"使得组织高阶能力的培育成为其维持竞争优势的关键。

尽管上述观点各有侧重,但对于动态能力的内涵基本都涉及两点:第一,动态能力通过对现有资源(特别是独特资源、稀缺性资源)的创造和更新,实现对资源的重新配置;第二,动态能力通过一系列知识活

---

[1] Maurizio Zollo, Sidney G. Winter, "Deliberate Learning and the Evolution of Dynamic Capabilities", *Organization Science*, Vol. 13, No. 3, May 2002, pp. 339 - 351.

[2] Maureen Blyler, Russell W. Coff, "Dynamic Capabilities, Social Capital, and Rent Appropriation: Ties That Split Pies", *Strategic Management Journal*, Vol. 24, No. 7, July 2003, pp. 677 - 686.

[3] Griffith D. A., Noble S., Chen Q., "The Performance Implications of Entrepreneurial Proclivity: A Dynamic Capabilities Approach", *Journal of Retailing*, Vol. 82, No. 1, December 2006, pp. 51 - 62.

[4] Shaker A. Zahra, Harry J. Sapienza, Per Davidsson, "Entrepreneurship and Dynamic Capabilities: A Review, Model and Research Agenda", *Journal of Management Studies*, Vol. 43, No. 4, June 2006, pp. 917 - 955.

动和过程，实现对现有能力的提升和改造。OGD 动态能力的研究可基于上述内涵展开。

四 整体能力

现有研究对于核心能力和动态能力的阐释较为丰富，且对其定位较为一致，即核心能力是组织成长发展过程中所需要的基础能力，而动态能力是嵌入组织日常流程且作用于基础能力、促进其提升的高阶能力。

但关于整体能力，目前尚无统一的界定，相关学者在具体研究中对于整体能力也有不同的表述。

斯多克等提出，整体能力表现为组织成员的集体技能和知识，以及组织成员在工作中形成的交互方式和组织程序，体现为价值链上的整体优势[1]。姚立根等（2012）认为，整体能力强调企业生产和提供服务时的团队技能、组织知识及企业文化[2]。崔珍等（2015）在对公共档案馆整体能力的研究中，将基本能力、亚核心能力和核心能力作为整体能力的组成部分，基本能力确保公共档案馆正常运营，为用户创造特定价值；亚核心能力是为迎合时代要求而建立的动态发展能力；核心能力则集中体现公共档案馆能力的精髓，反映公共档案馆的价值性以及不同于其他机构的独特性[3]。齐庆祝等（2006）提出，企业的整体能力是刚性能力和柔性能力的合力，其中，刚性能力创造基础条件，是企业向更高层次发展的前提和获得竞争优势的基础；柔性能力帮助企业更好地将自身资源和技术与外部环境匹配，保持动态适应和灵活应变，以此实现在现有

---

[1] 叶克林：《企业竞争战略理论的发展与创新——综论 80 年代以来的三大主要理论流派》，《江海学刊》1998 年第 6 期。

[2] 姚立根、宁云才：《组织知识视角的企业核心能力分析》，《企业经济》2012 年第 10 期。

[3] 崔珍、石艳霞：《公共档案馆核心能力构建及培育》，《档案与建设》2015 年第 4 期。

知识和技术基础上的技术创新和突破，获得先发优势①。

可以发现，尽管研究对象不同，但学者们均把整体能力看作由多种能力构成的复式能力，强调其既是组织在生产服务中独特的、有价值的、难以替代的能力，又是组织在面临复杂多变的竞争环境时，能动态发展现有优势、更好适应环境的能力。基于前文对核心能力和动态能力的研究，可以发现，这种复式能力兼具了核心能力和动态能力的功能，因此，本书认为，整体能力是一种复式能力，是核心能力和动态能力的有机组合。

第二节 政府数据开放的整体能力

一 政府数据开放的整体能力内涵

"政府数据"产生于政府内部或外部，是在公共事务过程中，由政府或其他公共部门采集并保存下来的、有价值的数据资源集合。OGD 是在政府主导下，将这些数据在许可范围内对外公开发布，允许用户对数据进行浏览、下载和共享，同时允许对其进行商业利用。2009 年，OGD 运动席卷全球，我国也在 2012 年参与 OGD 并在此过程中取得了长足进步，目前已基本形成由政府、开发者、社会公众共同构成的 OGD 生态系统②。在这一生态系统中，能力决定 OGD 能做什么、怎么做以及最终的产出质量和收益。

为构建国家数据开放体系、充分释放数据价值、实现数据要素创新驱动，OGD 能力体系既要通过核心能力推动 OGD 高速发展"赋能"其开放数据创造价值，又要依靠动态能力实现创新突破"使能"匹配环境

---

① 齐庆祝、杜纲：《企业能力系统构建与关键维度分析》，《统计与决策》2006 年第 22 期。

② 郑磊：《开放政府数据研究：概念辨析、关键因素及其互动关系》，《中国行政管理》2015 年第 11 期。

的变化要求①，因此，OGD整体能力构建建立在OGD核心能力和动态能力协调发展的基础之上。核心能力作为刚性能力是硬件基础，而动态能力作为柔性能力是应对变化的调试性能力，二者形成的合力就是推动其向前发展的整体能力②，二者的同向作用是保障价值链上整体优势形成的关键。

由此，本书提出，OGD整体能力是：为充分发挥数据要素作用，释放数据价值，OGD能力主体在推动OGD业务运行和动态适应过程中所需具备的复式能力，其既包括管理和运营政府开放的数据资源，培育和利用知识资本实现政府数据增值转化的核心能力，又包括适应动态变化，创造和更新知识资本实现开放数据资源整合配置和能力提升的动态能力。OGD整体能力通过知识学习和知识创新，推动OGD向前发展。OGD整体能力框架如图2-2所示。

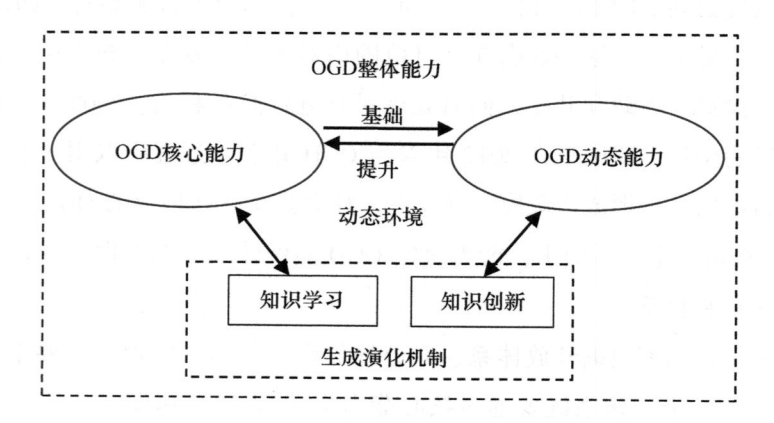

图2-2 OGD整体能力框架

---

① 陈剑、黄朔、刘运辉：《从赋能到使能——数字化环境下的企业运营管理》，《管理世界》2020年第2期。
② 袁莉、姚乐野：《政府数据开放的整体能力：概念、框架及演化机制》，《图书情报工作》2021年第19期。

第二章　知识观下的政府数据开放整体能力

OGD 整体能力的概念，既是对 OGD 整体能力构成的定义，也包含了对 OGD 核心能力和动态能力性质及两者关系的界定。OGD 整体能力概念的提出进一步明确了两个问题：

第一，OGD 的目标实现和业务运行离不开其基础能力支撑，因此必须培育发展其职能能力、竞争能力并打造核心能力——形成 OGD "赋能"能力。

第二，OGD 发展必须适应 OGD 内外部环境的动态变化，确保 OGD 核心能力能够及时调整以匹配新的需求，因此必须同步发展支撑其能力创造和更新的 OGD 动态能力——形成"使能"能力。

由此可见，OGD 整体能力是由核心能力和动态能力共同形成的合力。

二　政府数据开放的整体能力系统是一个复杂适应系统

OGD 整体能力兼顾了核心能力和动态能力的均衡发展，如何分析和剖解 OGD 整体能力？当前 OGD 发展所面临的主体多元化、环境动态性等对于 OGD 整体能力具有重要影响，决定了 OGD 能力系统是一个复杂适应系统，系统的环境、构成和行为都将影响 OGD 生态系统的输出[1][2]。

OGD 整体能力系统是在与外界环境不断交互、反馈和调整中通过知识学习和知识创新而逐步形成的。作为系统能力发展刚性要求的核心能力，能通过多元主体参与政府数据开发利用，展现 OGD 区别于其他公共信息服务的独特性，并确保 OGD 基本价值实现，是实施和推进 OGD 的基础性保障；而作为系统能力发展柔性化要求的 OGD 动态能力，能针对 OGD 环境变化作用于核心能力提升以满足 OGD 不断增值的要求，是响应

---

[1] 段尧清、姜慧、汤弘昊：《政府开放数据全生命周期：概念、模型与结构——系统论视角》，《情报理论与实践》2019 年第 5 期。

[2] 袁莉、姚乐野：《政府数据开放的整体能力：概念、框架及演化机制》，《图书情报工作》2021 年第 19 期。

动态变化并作出回应和调整的适应性保障。

对于OGD整体能力系统如何推动OGD有效运转，有赖于对这一系统主体、环境和行为的探索。研究借鉴复杂适应系统理论（Complex Adaptive System，CAS）对OGD整体能力展开研究。

CAS的核心思想是"适应性造就复杂性"。"适应性"强调系统中的作用主体，是在复杂环境中，通过与其他作用主体的不断交互实现相互促进，而这一交互是一种持续的知识学习或经验积累活动。作用主体通过这一交互，不断将汲取的知识经验应用于对自身知识结构与行为方式的改造，以增强自身对环境的适应能力，在与环境的交互中"成长"或"进化"。而"复杂性"则体现为，系统中具有适应性的作用主体为适应环境变化而进行的交互作用具有复杂性。

组织的能力系统本质上也是一类复杂适应系统。它强调能力主体的主动性，能力主体作为知识的主要供给方，有明确的目标、取向，其所具备的能力是系统适应性的基础，能在与环境的交流和互动作用中，从学习、认知等方面对知识的表达和获取进行探索，为实现目标取向而有意识地改变自己的行为方式和结构，增强自身环境适应性并达到合理状态。而主体之间的互动机制本质上就是一种学习和创新，主体适应性能力通过学习和创新进一步优化这种交互，并以此提升组织整体能力的发展。

复杂适应系统理论被广泛应用于各类组织的能力研究中。齐庆祝、谢莹将企业能力系统视为复杂适应系统，分析其能力系统的结构及系统的演化；尤美虹基于复杂适应系统理论，提出了物流服务平台能力提升的路径；定明捷等（2021）从复杂适应性系统视角揭示了公共服务价值共创的内在机理，并指出主体的交互作用受到规则以及资源等因素的影响[1]。

---

[1] 定明捷、曾祯：《复杂适应系统视角下的社区公共服务价值共创：一个分析框架》，《公共管理与政策评论》2021年第6期。

第二章　知识观下的政府数据开放整体能力

复杂适应系统是由作用主体、作用行为以及作用环境三个重要部分所构成的①。其中，复杂适应系统中最为基础的元素是作用主体，作用主体之间的关系建立以及系统内资源的流动等相互适应性行为是其作用行为②，作用主体之间发生相互作用的载体即作用环境③。对于 OGD 而言，OGD 生态系统中的参与者是具有认知能力的适应性主体，其供需双方的各种能力呈现出结构的复杂性；参与主体借助其数据提供能力、利用能力等对数据资源进行开放利用，不断挖掘数据价值创造新知识的行为即是其作用行为；而这些行为的背后，是 OGD 主体为不断响应内外部环境的动态变化，以使 OGD 匹配不断更新的社会发展需求。因此，可以将 OGD 整体能力系统视为一个包含核心能力和动态能力的复杂适应性系统。

复杂适应系统理论强调系统主体的适应性，而其主体之间以及主体与环境之间的交互行为体现出系统的复杂性。OGD 的能力是参与主体在适应环境的过程中不断发展和积累起来的，基于复杂适应系统理论的思想，本书将 OGD 整体能力系统看作一个复杂适应系统，从构成复杂适应系统的主体、行为以及环境三个方面，关注 OGD 能力主体在适应环境的过程中如何通过相互作用行为建构其能力，有助于对 OGD 整体能力进行系统性剖析。

（一）政府数据开放整体能力系统中的多元主体

OGD 能力主体的聚集及其多样性。对于能力的主体，现有能力研究多针对某一具体组织，但 OGD 能力不同于一般的组织能力，它不局限于

---

① Anand Nair, Felix Reed-Tsochas, "Revisiting the Complex Adaptive Systems Paradigm: Leading Perspectives for Researching Operations and Supply Chain Management Issues", *Journal of Operations Management*, Vol. 65, No. 2, March 2019, pp. 80 – 92.
② 霍兰、周晓枚、韩晖、隐秩序：《适应性造就复杂性》，上海科技教育出版社 2000 年版，第 37 页。
③ Ning Nan, "Capturing Bottom-up Information Technology Use Processes: A Complex Adaptive Systems Model", *MIS Quarterly*, Vol. 35, No. 2, June 2011, pp. 505 – 532.

某一个组织内部,而是涉及 OGD 生态系统中的各个参与者。从 OGD 的数据提供到数据价值的实现,OGD 生态系统识别了政府(数据提供者)、数据开发者、社会公众(数据产品和服务的使用者)三类主体,而在 OGD 能力系统中,各类主体均具有智能性、适应性、主动性等特征。同时,OGD 生态系统内各主体之间有着广泛而密切的联系,这使其能力在呈现出各自特点的同时,又会在能力变化中受到其他能力的影响。

OGD 能力的主体多元,各主体能力的内容和结构是由其定位所决定的。OGD 将政府数据开放供社会使用,逻辑基础是公众的需求驱动。对服务提供者而言,OGD 意味着数据开放透明、深入解读公众需求、构造维护 OGD 利用背景、及时回应公众问题,这也对应着 OGD 数据提供者的能力要求。对数据开发者和社会公众而言,他们是政府数据的需求者,其对数据的使用和开发能力是重点,这一能力决定了他们能够在多大范围以及多大程度上对政府数据进行价值转化。

(二) 政府数据开放整体能力系统中的动态环境

从环境的动态性看,OGD 能力的内容和结构会随着内外部环境的变化而发生改变。随着透明、公开和参与过程的深入,公民意识的逐渐增强,公众对政府数据产品和服务的需求,也会随政策制定、技术更新、突发事件影响等因素而发生变化,而这一改变将会对政府、数据开发者和社会公众的能力提出新的要求。

新的要求会导致 OGD 能力系统中的资源发生流动。OGD 能力系统本质上是一个开放且复杂的系统,通过与外界环境不断交互、反馈和调整中的知识"学习"而逐步实现创新发展[①],在这一过程中,OGD 能力主体、主体与环境之间存在以知识、技术为核心的资源流动,这种资源流

---

① 袁莉、姚乐野:《政府数据开放的整体能力:概念、框架及演化机制》,《图书情报工作》2021 年第 19 期。

第二章　知识观下的政府数据开放整体能力

动对 OGD 的发展创新行为有着重要影响，不仅能打破系统的静态平衡①，推动 OGD 组织在动态环境中的发展，也能促使 OGD 能力主体通过"学习"进行资源共享、能力互补，实现知识的溢出、创新的累积②。

（三）政府数据开放整体能力系统中的交互行为

OGD 核心能力形成于知识学习过程中。OGD 能力主体通过与环境的不断交互，感知环境变化的要求，从其他主体那里学习知识、积累经验，在持续交互中，OGD 主体不断培育并形成自身的能力，以达到良好的环境适应性。OGD 能力主体通过所学到的经验改变自身的能力结构和行为方式，并形成能力的提升以及更高层次的能力，大量的 OGD 主体在环境中的各种行为又反过来影响和改变着环境。在能力的演变和进化过程中，OGD 主体这种通过与环境持续交互而实现的"成长"或"进化"，符合复杂适应系统理论所强调的系统主体在学习中不断进化的特点和思想。

OGD 动态能力形成于知识创新过程中。动态能力的本质落脚于克服组织核心刚性并提升核心能力，其作用过程就是不断改变旧知识，创造新知识的过程，而在这一过程中，动态能力作用的发挥以对知识进行更新与创造为基础，是组织隐性知识和显性知识不断积累与共同进化的结果。因此，组织要突破核心刚性提升核心能力，需要在长期发展中根据环境变化及时对组织知识体系进行调整，及时更新组织的显性和隐性知识，在扩大组织关注范围的基础上提升组织对新知识的创造③，以此发挥组织动态能力突破核心刚性。OGD 核心能力与动态能力关系如图 2-3 所示。

---

① 胡杨：《产学研合作创新聚集体的复杂适应系统特征研究》，《西南科技大学学报》（哲学社会科学版）2015 年第 5 期。
② 龚艳萍、陈艳丽：《企业创新网络的复杂适应系统特征分析》，《研究与发展管理》2010 年第 1 期。
③ Richard R. Nelson, Sidney G. Winter, *An Evolutionary Theory of Economic Change*, Harvard University Press, 1985, p. 35.

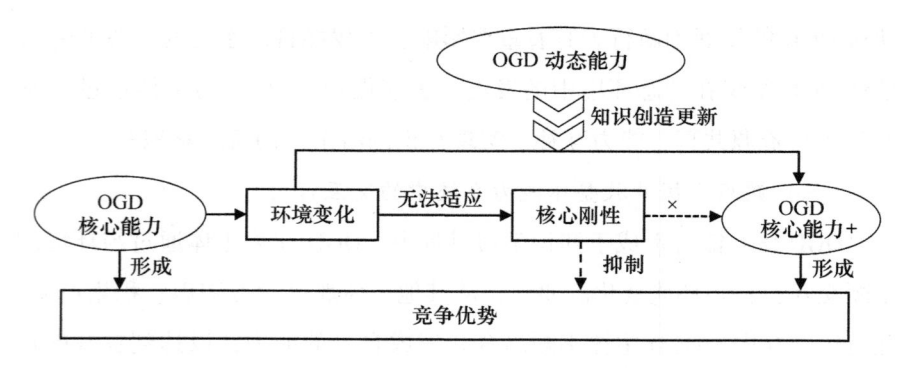

图 2-3　OGD 动态能力与核心能力关系

第三节　知识观下的政府数据开放整体能力剖解

政府数据开放整体能力是 OGD 多元主体为适应动态环境，进行自我调适和自我改造，并通过知识学习和知识创新实现自我提升的复杂适应系统。

一　能力的本质是知识

知识经济时代，以知识为基础成为组织存在和发展的必要条件。维娜·艾莉在《知识的进化》一书中提出了知识的"波粒二相性"，认为知识既是一种实体，是对所学的一种积累，又是一种过程，是在个体和组织之间持续流动的认识和创造活动①。研究组织发展所需要的能力，必然要落脚于知识经济时代的新要求——以知识为内涵②，剖解能力的知识表现及知识活动。

核心能力的表现形式有特殊资源、技术、能力、经验积累、知识等，技术、能力、经验积累在本质上仍为企业内外部的知识，而特殊资源能

---

① ［美］维娜·艾莉:《知识的进化》，刘民慧等译，珠海出版社1998年版，第18页。
② 张志民:《知识经济时代与"企业核心能力"理论》，《生产力研究》2002年第6期。

否给组织带来"异质性"取决于企业如何获取、利用该特殊资源来提升其核心能力,不同组织都有机会拥有该类资源,它们的差别仅在于不同组织获取和利用稀缺资源上的"异质性",即不同组织间的知识差异[①]。知识经济时代,每一个组织特有的知识和知识体系所构成的核心能力,将是其获得持续竞争力的最根本基础[②]。

动态能力作为提升和改造现有知识的能力[③],是通过对现有知识的感知、吸收、交流及在此基础上的知识创造,实现知识的重构和创新[④]。适应性动态能力侧重于重新配置现有资源[⑤],创新性动态能力侧重于创造新知识。组织在动态变化中,遵循"产生变异—内部选择—传播—保持"的路径,推动着知识动态管理流程的优化、改进或重构,也推动着动态能力的形成和演变[⑥]。

能力的外在表现和重要标志,使其表现出与众不同的特色优势,即主导优势[⑦],OGD 的主导优势是开放其特有的政府数据,通过社会参与实现数据的价值创造。OGD 整体能力即是围绕这一主导优势,在整合资源、价值创造过程中,经过长期知识积累而形成的一套特有的知识体系。因此,OGD 整体能力的本质是知识,存在方式是特有的能力体系,能力的载体是完成独特价值创造的知识活动组合[⑧]。

---

① 魏江:《企业核心能力的内涵与本质》,《管理工程学报》1999 年第 1 期。
② 魏江:《基于知识的核心能力载体和特征》,《科研管理》1999 年第 2 期。
③ 辛晴:《动态能力的测度与功效:知识观视角的实证研究》,《中国科技论坛》2011 年第 8 期。
④ 孙红霞、生帆、李军:《基于动态能力视角的知识流动过程模型构建》,《图书情报工作》2016 年第 14 期。
⑤ Yuqian Han, Dayuan Li, "Effects of Intellectual Capital on Innovative Performance: The Role of Knowledge-Based Dynamic Capability", *Management Decision*, Vol. 53, No. 1, February 2015, pp. 40 – 56.
⑥ 黄江圳、董俊武:《动态能力的建立与演化机制研究》,《科技管理研究》2007 年第 8 期。
⑦ 王宏起:《企业综合优势理论研究》,《管理世界》2005 年第 4 期。
⑧ 武建龙、王宏起:《企业动态核心能力识别方法及实证研究》,《科技进步与对策》2011 年第 4 期。

二 政府数据开放整体能力与知识资本

(一) 整体能力与知识资本的关系

基于能力的本质是知识这一基本观点,加尔布雷斯1969年提出的"知识资本"概念,为能力的知识属性赋予了更丰富的内涵。他认为知识资本是能够提高组织竞争力、为组织增加价值的无形资产,知识资本不仅包括作为组织独特资源的静态知识,关注应将哪些范畴的知识组合在一起,还包括一系列动态性的知识活动,关注如何通过知识活动激活知识创造价值[1]。知识资本的概念有助于在剖析OGD整体能力时,将其知识本质、存在方式和知识载体(实现价值创造的知识活动)进行有机整合。

从知识本质和存在方式看,知识依附于人、技术、信息、组织等,在知识资本中具体体现为人力资本、结构资本、关系资本等各种形式,这些重要的组织知识资源整合在一起,与学习能力、组织结构、市场能力、创新能力等能力体系紧密结合,实现价值的汲取与创造。

从知识载体看,核心能力通过组织学习的一系列知识活动,实现知识资本的培育和利用[2],而动态能力则通过知识创新的一系列知识活动,实现对知识资本的创造和更新[3]。

因此,研究OGD整体能力,一是要明确OGD的知识资本构成及能力体系是什么,二是要梳理OGD能力体系通过哪些知识活动实现价值创造。这里,首先对OGD知识资本进行分析。

---

[1] Stewart Thomas A. , "Your Company's Most Valuable Asset: Intellectual Capital", *Fortune*, Vol. 130, No. 7, October 1994, pp. 68 – 73.
[2] 范徵:《论企业知识资本与核心能力的整合》,《经济管理》2001年第22期。
[3] 刘伟:《动态能力对企业经营行为的多元化效应研究——基于知识视角》,《商业经济研究》2016年第5期。

第二章　知识观下的政府数据开放整体能力

（二）政府数据开放的知识资本

知识资本强调知识作为一种独特的资本表现形式，包括知识产权、诀窍经验、技术规范等[1]，能够为组织创造价值。知识资本如何构成？国内外学者对其认识不一。其中，以埃德文森等（1996）为代表的二元论，强调知识资本应重视与组织成员的经验、技能等相关的人力资本，以及与组织结构、制度规范相关的结构资本[2]；以斯图尔特（1994）为代表的三元论认为，除人力资本、结构资本外，还应关注与组织互动的客户关系，即顾客资本[3]；以布鲁克林等（1996）为代表的四元论认为，知识资本等同于无形资产，包括市场资本、人力资本、知识产权以及基础结构资本[4]；陈劲等（2004）将其划分为人力资本、结构资本、创新资本和客户资本[5]；此外，多元论还在上述资本基础上增加了流程资本、基础设施资本等其他资本的关注[6]。尽管认识并不统一，但学者们对组织知识资本的构成，都基本涉及人力资本、结构资本，客户资本（关系资本）、知识产权资本等内容，认为通过这些能力要件向心运动的系统学习，可以使能力主体的能量和知识量得以提升，最终形成核心能力。

对于 OGD 而言，其知识资本的构成是由其自身特点所决定的。OGD 将政府在工作中采集和形成的原始数据面向社会公众开放，其目标是通过社会参与，借助群体智慧实现对数据的利用和价值挖掘，从 OGD 定位

---

[1] 喻登科、严红玲：《核心竞争力与竞争优势形成路径：知识资本与组织性格整合视角的解释》，《科技进步与对策》2019 年第 1 期。

[2] Edvinsson L., Sullivan P., "Developing a Model for Managing Intellectual Capital", *European Management Journal*, Vol. 4, No. 14, August 1996, pp. 356 – 364.

[3] Stewart Thomas A., "Your Company's Most Valuable Asset: Intellectual Capital", *Fortune*, Vol. 130, No. 7, October 1994, pp. 68 – 73.

[4] Annie Brooking, *Intellectual Capital: Core Asset for the Third Millennium Enterprise*, London, United Kingdom: Thomson Business Press, 1996, p. 68.

[5] 陈劲、谢洪源、朱朝晖：《企业智力资本评价模型和实证研究》，《中国地质大学学报》（社会科学版）2004 年第 6 期。

[6] Laurie J. Bassi, Mark E. Van Buren, "Valuing Investments in Intellectual Capital", *International Journal of Technology Management*, Vol. 18, No. 5 – 8, January 1999, pp. 414 – 432.

来看，参与者的个人知识、经验、技能等在这一过程中发挥着至关重要的作用，此为OGD人力资本。为保障OGD规范化运行，《开放数据宪章》《开放数据指令》以及地方性行政法规等一系列制度规范和技术指南，为其提供了制度框架和约束，OGD平台为其运行提供了载体，此为OGD结构资本。在这一制度框架下，OGD多元主体（政府、企业、开发者、社会公众等）相互协作，已基本形成有序的OGD生态系统，推动OGD良性发展，此为OGD关系资本。

由此可见，OGD人力资本、结构资本和关系资本是支撑OGD有序运行的基础，它们在OGD多元主体、制度规范以及主体间协同合作中发挥重要作用。

（1）OGD人力资本：通常是指组织中所有成员所拥有的各种技能、知识、经验、技巧等，它依附于成员个体，由成员拥有和控制。对于政府数据开放生态而言，人力资本主要源于OGD供需双方主体，数据供给方即政府组织及相关人员关于数据开放共享方面的知识和技能等；数据需求方则包括全体社会公众在政府数据开发和利用上的所有知识和经验等。供需双方共同参与到政府数据开放生态中，实现政府数据的开放及利用。OGD人力资本构成了政府数据开放生态中最重要也是最基础的资产。

（2）OGD结构资本：通常是指建立在个体知识之上的组织知识，包括组织的规章制度、管理办法及规范、组织文化、技术系统及平台等。对于OGD而言，结构资本是维系OGD生态系统运行的相关法律政策、制度标准规范，以及支撑OGD运行的开放平台、开放共享协作生态文化等。OGD结构资本能够将OGD供需双方紧密联系起来，并将其知识、经验和技能等充分利用进而转化为生态共有的资本。

（3）OGD关系资本：通常是指组织间或组织与顾客间的往来关系，包括组织对内对外开展的一系列合作、授权，以及维系顾客忠诚度、稳定市场及销售渠道等，是知识资本的重要组成部分。OGD 的关系涉及政府—政府、政府—企业、政府—公众等多种关系，从政府内部的合作来看，包括政府跨机构或跨层级的数据共享与协同；从政府与社会公众之间的合作来看，包括由政府与公民合作共同参与开发、设计、实现以及提供数据服务，将 OGD 实施过程中部分职能（如数据采集等）授权给社会群体，赋予公民更高级别的权力，以实现公众对 OGD 的认识及深度参与等[①]。OGD 关系资本体现为政府与社会公众在协同合作中的知识。

三 政府数据开放的核心能力：培育和利用知识资本的能力

政府数据开放作为一种创新性公共信息服务，从知识资本角度对其核心能力进行剖析，是对 OGD 核心能力知识本质的进一步阐释。为此，研究必须明确，OGD 核心能力如何围绕 OGD 目标推动业务运行，通过培育和利用知识资本创造价值。

OGD 核心能力如何培育和利用知识资本？相关研究认为，管理目标决定了 OGD 应该做什么，OGD 供需主体围绕具体的管理目标发挥其职能，通过具体的战略管理、组织协调和业务运行来支持目标实现[②]。掌握这一过程中的知识活动及知识资本培育和利用所需的能力，是 OGD 核心能力识别与作用过程分析的重要途径。为此，本书从 OGD 核心能力的管理目标、多元化主体以及作用过程对其进行分析。

首先，OGD 核心能力服务于 OGD 管理目标的实现。魏江等从管理绩效的角度分析了战略管理、组织管理和职能管理三个层次的管理目标以

[①] 黄如花、陈闯：《美国政府数据开放共享的合作模式》，《图书情报工作》2016 年第 19 期。

[②] 曹堂哲、罗海元：《部门整体绩效管理的协同机理与实施路径——基于预算绩效的审视》，《中央财经大学学报》2019 年第 6 期。

及组织所应具备的能力①。其中,OGD战略管理层核心能力,定位于保障OGD对环境的适应性以及依据环境特征和变化制定OGD整体规划;OGD组织管理层核心能力,定位于保障OGD运转所依赖的组织结构、制度规范以及内部资源的组织协调;OGD职能管理核心能力,定位于保障实施数据开放全过程的业务运行。

其次,OGD核心能力通过其参与主体的知识活动来呈现。OGD参与主体在其知识活动中激活知识资本实现价值创造,各参与主体的角色和职能决定了其实施哪些知识活动,应该具备何种能力。从政府数据的供需双方来看,OGD供给方以政府为主体,主要负责制定数据开放政策、掌控数据开放发展方向、提供开放数据与服务,以及推动OGD发展等;OGD需求方以社会公众为主体,主要参与对开放数据的开发和利用。分析OGD参与主体及其角色和职能,能够为OGD核心能力的构成及识别提供依据。

最后,OGD核心能力形成并作用于OGD运行的全过程。"核心能力是知识资本发挥作用的具象体现"②,但静态的知识资本不能直接创造价值,只有通过OGD核心能力的作用,将静态的知识资本融入OGD业务过程中,才能实现OGD价值创造③。OGD核心能力通过对知识资本的培育和利用,实现知识资本的协同整合,促成开放的政府数据实现价值增值。"知识资本的概念是革命性的",它将组织的业务过程整合到了知识资本的运动中④。因此,厘清OGD业务过程及知识活动,有助于理解OGD各参与主体在将政府原始数据转化为数据服务/产品的知识活动中,

---

① 魏江、叶学锋:《基于模糊方法的核心能力识别和评价系统》,《科研管理》2001年第2期。
② 喻登科、严红玲:《核心竞争力与竞争优势形成路径:知识资本与组织性格整合视角的解释》,《科技进步与对策》2019年第1期。
③ 陈巧会、白福萍、于秀艳:《论基于过程和价值创造双视角的知识资本管理》,《财会月刊》2015年第20期。
④ 范徵:《论企业知识资本与核心能力的整合》,《经济管理》2001年第22期。

第二章 知识观下的政府数据开放整体能力

如何实现知识资本增值，而 OGD 核心能力正是形成于培育及利用知识资本的知识活动中。

OGD 核心能力通过有目的地培育和利用知识资本，支撑 OGD 各项知识资本在业务（知识）活动中实现增值，最终促成 OGD 管理目标的实现。

从 OGD 供给方和需求方出发，分析其在政府数据开放运动中的角色及职能，即可由此提取出供需双方在 OGD 中对应的知识活动，快速识别出当前 OGD 核心能力的内容范畴，明确 OGD 核心能力的构成。

基于以上思路，对于 OGD 核心能力如何发挥作用实现各项管理目标？在后续研究中，将按照"目标—活动（增值）—知识"的思路，对 OGD 管理目标及 OGD 关键业务（知识）活动进行分析，剖解各项增值所需的知识资本，以及各层管理目标实现过程中促成知识资本转化的 OGD 核心能力，进而明确 OGD 核心能力的作用过程。OGD 核心能力分析框架如图 2-4 所示。

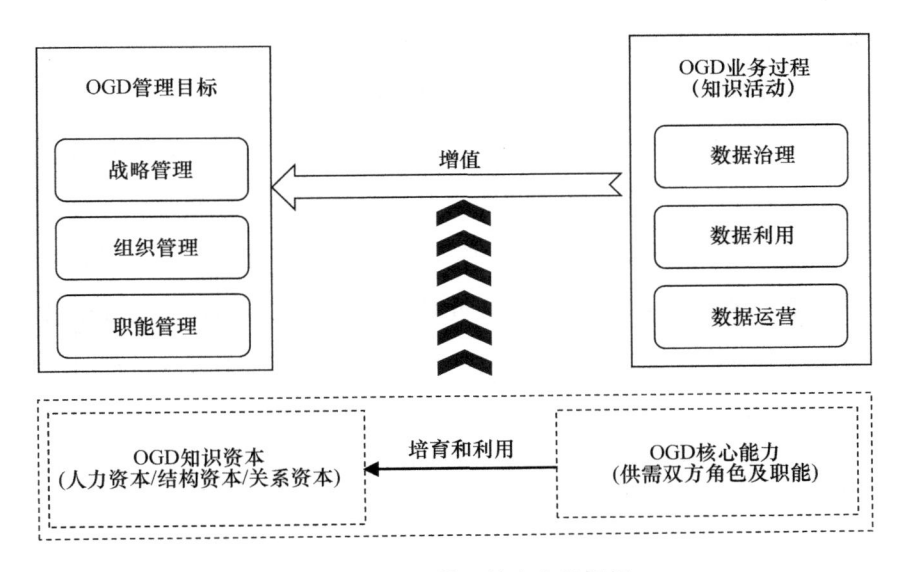

图 2-4 OGD 核心能力分析框架

四 政府数据开放的动态能力：创造和更新知识资本的能力

开放的政府数据为参与主体提供了丰富的数据资源、多样化的利用方式以及基于数据开发利用的创新契机，而正是通过主体对政府数据资源的加工分析处理，生成信息或被可视化呈现，进而形成多样化、更具聚合性与综合性的产品或服务后，OGD 才真正具有价值[1]。尽管 OGD 服务提供者在这一过程中发挥了重要作用，但更多的价值增值是伴随着 OGD 利用者新知识的产生而实现的[2]，这一价值实现的过程是一个知识创造的过程，通过知识的生产、吸收、整合和扩散推动着知识经济向前。

OGD 出现的十余年间，从其宏观环境到微观运行，从政府数据的提供发布、开发利用到数据运营，OGD 都是在知识的不断创造和更新中，通过对自身的不断调适向前迈进的。OGD 动态能力正是为满足这些调整和适应，而对其当前核心能力进行预先或反应性的改造，以使其核心能力始终与新变化和新需求保持匹配。这种顺势而变，洞察机会、整合资源、创新服务的能力，即是 OGD 的动态能力。

OGD 动态能力的"动态"体现在，OGD 参与者面对环境变化时，能够感知变化并积极应对，而其"能力"则强调，参与者能够在应对中根据变化要求创造和更新原有知识和资源，并掌握响应新需求、获取新能力的途径和方法[3]。OGD 提供方通过对利用者需求的感知以及数据风险的监测，不断整合内部资源，调整自身行为；OGD 需求方则通过对市场

---

[1] Lee J N., Ham J., Choi B., "Effect of Government Data Openness on a Knowledge-Based Economy", *Procedia Computer Science*, Vol. 91, December 2016, pp. 158–167.

[2] 沈晶、胡广伟：《利益相关者视角下政府数据开放价值生成机制研究》，《情报杂志》2016 年第 12 期。

[3] 袁莉、姚乐野：《政府数据开放的整体能力：概念、框架及演化机制》，《图书情报工作》2021 年第 19 期。

需求变化的感知，更新和改造原有知识结构、重构数据资源、创新数据利用。OGD参与者通过对内外部环境的感知，不断调整自身行为，实现持续进化、学习成长。

OGD动态能力如何创造和更新知识资本？研究从OGD动态能力作用对象、作用方式、知识活动进行探讨。

首先，从能力作用对象，OGD动态能力是OGD供需双方所具备的一系列能力集合，是在感知组织内外部变化的基础上，通过对其内外部知识的学习吸收、扩散交流，从而实现组织知识的重构与创新，以适应环境快速变化，为OGD的长期发展提供基础。其作用于OGD核心能力使其突破对现有知识资本培育利用的路径依赖，在动态调适中不断提升。

其次，从作用行为及活动看，知识创造和更新是OGD动态能力的两种实现路径[①]。从知识资本的角度分析，创新性动态能力侧重于创造新知识资本，而适应性动态能力侧重于重新配置现有知识资本。它强调打破原有惯例，通过感知学习不断调整，通过更新、学习知识以适应内外部环境变化。在这一过程中，OGD各参与者应根据自身的角色定位，发现变化、定位问题和差距，进而通过知识学习、整合和交流，对原有知识进行创造更新，以确保OGD能够洞察机会、整合资源、创新服务。动态能力是一系列知识管理行为的集合，OGD动态能力能通过一系列知识活动，使OGD主体积极响应社会需求及环境变化，提供更具创新性、前沿性和价值性的产品和服务，并根据内外部环境变化对其当前核心能力进行预先或反应性的改造，以使其核心能力始终与新变化和新需求保持匹配。

---

① Yuqian Han, Dayuan Li, "Effects of Intellectual Capital on Innovative Performance: The Role of Knowledge-Based Dynamic Capability", *Management Decision*, Vol. 53, No. 1, February 2015, pp. 40–56.

OGD 动态能力通过对知识资本的更新与创造实现对已有能力的提升，是 OGD 主体为适应动态变化所需具备的一组能力集合。OGD 动态能力帮助主体在感知组织内外部变化的基础上，通过对其内外部知识的吸收、交流，实现组织知识的重构创造，以适应环境快速变化，为组织的长期发展提供基础。

对于 OGD 动态能力如何实现知识资本的更新与创造，在后续研究中，将基于动态能力在知识创新中的演化来展开，如图 2-5 所示。

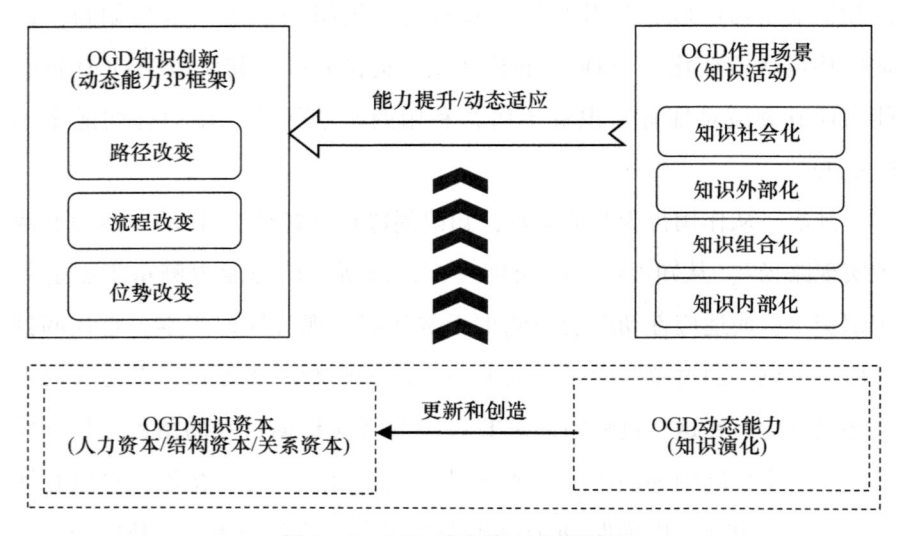

图 2-5 OGD 动态能力分析框架

第四节 知识观下政府数据开放整体能力小结

本章对知识观下 OGD 整体能力的分析，明确了整体能力的内涵及知识本质，而从复杂适应系统的角度看，研究 OGD 整体能力，即是要厘清：OGD 能力主体是谁，他们在何种环境中，通过哪些行为，实现 OGD 价值创造。按照这一思路，研究对 OGD 整体能力的构成、作用过程及生成演化进行了探索。

第三章将从 OGD 整体能力的构成出发，分析 OGD 主体（供给方和需求方）在政府数据开放运动中的角色及职能，识别 OGD 核心能力和动态能力的构成要素；第四章将研究 OGD 整体能力如何发挥其作用，基于"目标—活动—知识"分析 OGD 核心能力的作用过程及场景，基于 SECI 知识创新过程分析 OGD 动态能力的作用过程及场景；第五章将探讨 OGD 核心能力的生成，借鉴知识发酵模型研究 OGD 核心能力的知识学习过程及影响因素；第六章将研究 OGD 动态能力的演化作用过程，分析动态能力演化中主体、环境和行为的影响因素及演化路径。

第三章

政府数据开放整体能力的识别及构成

OGD 核心能力是培育和利用知识资本的能力，动态能力是创造和更新知识资本的能力，它们共同构成 OGD 整体能力。研究将基于复杂适应系统的思想，从主体、环境和行为出发，通过对 OGD 核心能力和动态能力主体、构成和作用过程的研究，完成对 OGD 整体能力的剖析，回答 OGD 整体能力主体是谁，其核心能力和动态能力如何构成的问题。

第一节 政府数据开放整体能力的识别方法和依据

能力的识别是研究能力如何发挥作用的基础。因此，对 OGD 整体能力的识别也是研究 OGD 能力行为及作用过程的基础。OGD 整体能力由核心能力和动态能力构成，由于两种能力定位不同，其识别标准和方法也可能存在差异，故研究将分别对 OGD 的核心能力和动态能力进行识别。

一 现有的能力识别方法

（一）核心能力识别方法

对于核心能力如何识别，相关研究归纳了若干种方法，其特点各异[①]。

---

① 李轶敏：《企业核心竞争力识别方法的对比研究》，《商场现代化》2007 年第 1 期。

(1) 文字描述法。认为企业核心能力来源于组织的特有资源（财务、实物、人事和组织资源等），并且只有当这些资源具有价值性、稀缺性、难以模仿性等特征时，才能算作核心能力。这种方法仅描述了以核心能力特征为依据的识别方向，但特征抽象且不易量化，可操作性较低。

(2) 技能树法。提出将市场需求与企业的"关键业务技能"联系起来，"关键业务技能"可以分解为"部件"（实施关键业务技能的主要元素）和"子部件"（辅助"部件"实施关键业务技能的子元素），通过界定"关键业务技能"以及关键"部件"或"子部件"，可以识别企业核心能力。这种方法比描述法注重细节，但是忽略了核心能力的来源及发展过程。

(3) 层次分析法。认为核心能力具有层次性，核心能力分析应该从职能部门的基础能力、业务部门的关键能力和企业的核心能力逐层展开分析。该方法注意到了能力的层级关系，但仍然忽略了核心能力的来源及演化过程。

(4) 过程分析法。提出核心能力是通过组织学习过程积累形成的，包括一般学习、能力学习和战略学习等过程。该方法关注了核心能力的开发、集中、更新等动态生成过程，回答了能力发展经历的阶段，但忽略了业务相关的能力构成。

(5) 价值链分析法。基于波特的企业价值链模型提出的，认为核心能力蕴含于企业价值生成过程，因此，识别企业创造价值的业务活动，识别支持这些业务活动的知识构成，分析出支持企业价值创造的关键知识，即找到了核心能力。该方法从业务活动出发探究了实现企业价值创造的关键知识和能力，思路清晰且直观，但由于缺乏能力分析的依据，相对较为主观。

(6) 基于"递阶层次"的核心能力识别法[1]。强调了核心能力多层

---

[1] 王江：《企业核心能力战略（修订版）》，知识产权出版社2016年版，第58页。

次、多维度的特点，通常以企业价值链为基础，经过整理、归纳和总结，找出企业的能力清单；然后利用专家打分的方式，从核心能力价值性、独特性、延展性和动态性四个特征出发逐步识别企业能力、关键能力、竞争能力以及核心能力，最终识别企业的核心能力框架。该方法较好地结合了定性分析和定量分析的优点，但对于专家的依赖程度仍较高，且价值性、独特性、延展性等特征的打分主观性较高。

(7) 扎根理论研究法①。强调"理论来源于数据"，通过对已有资料、数据的整理、提炼和汇总，形成新的理论。在核心能力的识别中，主要通过深度访谈、问卷调查、文本文献等方式来收集大量原始数据，通过三级编码逐步提炼出核心能力的整体框架和要素。该方法能够客观反映真实的社会现象，并且具备严密的推理逻辑，尤其是当外部环境发生变化或分析对象与以往有较大差距，现有理论无法满足需要，亟须构建新的核心能力理论框架时，扎根理论能较好地发挥作用。

比较几种核心能力的识别方法可以发现，从资源、业务过程或能力层次发展出发，能够厘清能力的来源及生成过程，而价值生成视角强调了价值是能力发展的驱动力，支撑价值创造的就是核心能力。这些方法的共同特点是，其能力识别都依赖于组织企业的相关专家对资源、知识经验、能力特征或价值大小进行判断，主观人为因素影响较大。与之相比，扎根理论研究方法从数据和资料中形成理论的思路则相对客观。

(二) 动态能力识别方法

对于动态能力的识别，多数学者认为，应该在知识观和惯例观的基础上强调不同能力的集合。对动态能力的维度划分，学者们认为大致可以从两个方向展开，聚焦于抽象的组织行为以及聚焦于具体的战

---

① 杨青峰、任锦鸾：《智能工业时代的企业核心能力构成与作用机理——基于对223篇企业领袖公开谈话的扎根理论分析》，《中国科技论坛》2020年第12期。

略管理流程①：

（1）聚焦抽象的组织行为。相关研究认为，社会环境带来的巨大变化，使得组织在应对变化时面临巨大的认知挑战，能否及时洞察最新的环境变化要求，能否抓住机会并作出快速响应，都源自组织的认知（提斯，2000），显然，这种感知变化和捕捉机会的能力是动态能力，这一能力越强，组织越能在激烈的变化中保持领先。除此之外，从企业的微观基础来看，剥离和释放资源开展学习的能力，增强、整合以及在必要时重构企业显性或隐性资产以维持竞争力的能力，也属于组织的动态能力（提斯，2007）。因此，在最初对动态能力的识别中，感知变化和捕捉机会的能力、释放资源主动学习的能力，以及重构创新整合资源的能力，都是动态能力。

（2）聚焦战略管理流程。相关研究认为，动态能力嵌入在具体的组织战略实施过程中，因此，学者们通过对企业的深入考察，从组织和实证的角度，将动态能力划分为一系列与具体战略和组织流程活动相关的能力，如产品开发、研究创新、市场营销、战略联盟或新产品和新流程的能力。而从组织战略管理流程层面来看，大部分学者也认同动态能力是由具体的能力或者要素构成，但由于不同类型的组织在战略实施过程中的动态能力具有较大差异，因此较难形成统一的要素框架。

对于动态能力的识别，尽管目前尚未形成一致的认识，但从动态能力本身的定位看，作为一种加强组织的环境动态适应性，着力于改变和提升现有能力的能力，各类型组织的动态能力应该具有一定的共性②，但这些共性还需在研究中进一步系统识别。

动态能力相对抽象且不易量化，在以往的企业动态能力研究中，学

---

① 冯军政、魏江：《国外动态能力维度划分及测量研究综述与展望》，《外国经济与管理》2011年第7期。

② Kathleen M. Eisenhardt, Jeffrey A. Martin, "Dynamic Capabilities: What Are They?", *Strategic Management Journal*, Vol. 21, No. 10 – 11, October 2000, pp. 1105 – 1121.

者们多采用访谈、案例分析、扎根理论等质性研究方法对其进行识别，其中，贺小刚等（2006）[①]、焦豪等（2008）[②] 以及张韬（2013）[③] 基于动态能力的构成维度，通过半结构化访谈等方法，对企业动态能力的识别与测量进行了研究；夏清华等（2019）利用案例分析，提炼动态能力行为特征作为识别依据，结合扎根理论识别出企业动态能力并探索其演化机制[④]。

二 能力识别的扎根理论研究思路

扎根理论一般适用于以下两种情境[⑤]：①回顾已经发生的事情，并对事情的因果关系进行梳理；②过往文献中尚未提及或很少提及的新概念，需要在已有事实资料的基础上进行归纳，抽象出新概念并阐释其内涵，从而构建出新的理论框架。

本书所提出的政府数据开放整体能力作为一个全新的概念，当前理论无法对其进行充分解释，因此，有必要构建全新的理论框架对 OGD 各发展阶段的能力进行系统全面的梳理，而扎根理论是实现这一目标的有效手段。作为一种具有代表性的质性研究方法，扎根理论通过获取、分析大量已有的经验资料，进行归纳总结，从已有的事实资料中抽象出新的概念，通过理论饱和度检验后自下而上建立起新理论[⑥]。同时，扎根

---

① 贺小刚、李新春、方海鹰：《动态能力的测量与功效：基于中国经验的实证研究》，《管理世界》2006 年第 3 期。
② 焦豪、魏江、崔瑜：《企业动态能力构建路径分析：基于创业导向和组织学习的视角》，《管理世界》2008 年第 4 期。
③ 张韬：《基于管理流程视角的动态能力核心构成及测量模型构建》，《统计与决策》2013 年第 20 期。
④ 夏清华、何丹：《企业成长不同阶段动态能力的演变机理——基于腾讯的纵向案例分析》，《管理案例研究与评论》2019 年第 5 期。
⑤ 王璐、高鹏：《扎根理论及其在管理学研究中的应用问题探讨》，《外国经济与管理》2010 年第 12 期。
⑥ 陈向明：《质的研究方法与社会科学研究》，教育科学出版社 2000 年版，第 99 页。

理论强调，只有当经验资料和理论相符，构建的理论框架才能用于指导实践，因此，若能找到合适的体现 OGD 能力的资料和数据，则利用扎根理论对其进行识别将是最佳选择。

为获取第一手事实资料，扎根理论一般采用访谈、观察、文本资料等方式进行数据收集和分析。访谈是获取一手资料最直接和重要的手段，但政府数据开放涉及各国各层级政府以及海量的社会公众，时间和空间上的限制导致访谈难度较大，操作性较低。

三 基于政策文本识别 OGD 整体能力的依据

OGD 作为一种公共信息服务，其目标定位、业务实现等与企业都具有较大差异，其能力研究难以直接套用现有的企业能力理论框架。与企业能力不同，OGD 能力以政府为主导，其颁布的政策是 OGD 生态系统中至关重要的要素[1]，其不但能够反映各地政府在推动 OGD 过程中的战略和定位，而且能够反映 OGD 在动态环境中的协同与演进[2]。

由于政策具有权威保障性、价值引领性、内容完整性和行动指向性，本书将政策文本作为识别 OGD 能力的主要数据资料来源。

（1）政策的权威保障性。公共政策是具有法律效力的权威性文件，OGD 相关政策对数据开放管理的目标、路线方针以及具体内容等都提出了具体的要求，是推动 OGD 有序有效推进的重要基础[3]。政策文本的权威性具体体现在[4]：①OGD 管理实施等相关政策的制定者是具有权威的国家及地方政府机构；②OGD 管理实施等相关政策是经过特定的法律程

---

[1] 黄如花、温芳芳、黄雯：《我国政府数据开放共享政策体系构建》，《图书情报工作》2018 年第 9 期。

[2] 洪伟达、马海群：《我国开放政府数据政策的演变和协同研究——基于 2012—2020 年政策文本的分析》，《情报杂志》2021 年第 10 期。

[3] 孟璇、王翩祎：《基于二维分析视角的长三角城市群政府数据开放共享政策分析》，《电子政务》2020 年第 3 期。

[4] 王琦、袁妙彧：《关于公共政策权威性的思考》，《政策》2005 年第 5 期。

序或具有法律效力的相关程序制定的规范，具有合法性；③OGD 管理实施等相关政策具有一定的强制性，政策对象必须接受并执行。

（2）政策的价值引领性。OGD 政策的制定既是为了促进政府数据的开放、共享、再利用以及社会创新，又明确了开放政府数据的价值[①]。黄如花等从国内外 OGD 政策文本中提取出了政府数据开放的政治价值、经济价值、社会价值和技术价值，以及实现各项价值的能力及要求（如透明度与公信力、数据管理能力、提升公众参与度等），最终构建了 OGD 的价值体系[②]。可见，OGD 政策文本中指明了 OGD 价值创造的核心目标，同时也反映了各项价值实现所应当具备的能力和标准，是识别 OGD 能力的重要资料基础。

（3）政策的内容完整性。为实现 OGD 目标并调节 OGD 中所涉及的多方利益关系，政府制定了一系列行为准则，包括各种战略计划、法规条例、方案标准、行动指南等[③]。政策涉及 OGD 各层面，包括基本政策（OGD 开放战略）、具体政策（OGD 行动计划、数据组织、数据发布、数据质量、数据利用、数据维护等政策）、保障政策（隐私保护与数据安全、信息公开/自由等法规)[④]；政策内容覆盖 OGD 全流程，包括数据创建与汇交、数据组织与描述、数据归档与保存、数据发布、数据共享、数据获取与利用、数据监管、数据质量、数据安全与隐私、知识产权、基础设施建设和协调管理这 12 个组成部分，每部分对于"谁负责""怎么做"都有详细规定[⑤]。现有 OGD 政策对于政府数据汇集、存储、发

[①] 黄如花、温芳芳、黄雯：《我国政府数据开放共享政策体系构建》，《图书情报工作》2018 年第 9 期。

[②] 黄如花、何乃东、李白杨：《我国开放政府数据的价值体系构建》，《图书情报工作》2017 年第 20 期。

[③] 白献阳：《美国政府数据开放政策体系研究》，《图书馆学研究》2018 年第 2 期。

[④] 白献阳、孙梦皎、安小米：《大数据环境下我国政府数据开放政策体系研究》，《图书馆学研究》2018 年第 24 期。

[⑤] 黄如花、温芳芳：《我国政府数据开放共享的政策框架与内容：国家层面政策文本的内容分析》，《图书情报工作》2017 年第 20 期。

布、共享、利用以及运营等各方面都做出了规定和要求，完整全面地反映了整个 OGD 业务过程内容，为识别 OGD 供需双方在实施 OGD 过程中的关键知识活动及业务能力提供了支撑。

（4）政策的行动指向性。政策是 OGD 成功实施的关键要素，全球各国及城市 OGD 行动计划均以国家及地方政策为根本导向[1]。从 OGD 政策内容来看，它所规划的内容具体可分为"供给型""环境型"和"需求型"三个方面，其中"供给型"主要涉及政府对 OGD 中基础设施、数据服务和培训支持等方面的规划，便于政府数据的有序提供；"环境型"主要通过对各项数据开放实践及部门工作设立标准及制度规范，以保障 OGD 的良好实施；"需求型"主要反映政府与社会公众及外部企业的交流互动，以及对社会公众及其他组织需求的规划[2]。因此，政策文本是 OGD 实践的行动指南，分析政策文本有助于从中探索供需双方在各项知识活动中所需的关键能力及知识构成。

OGD 政策文本能够为 OGD 能力研究提供资料和数据，政策的权威保障性对政策对象接受并严格履行相关 OGD 职责提出了强制性要求；价值引领性在明确 OGD 价值创造目标的同时清晰指出应当具备的能力；内容完整性保障了 OGD 全流程的实施规范和要求；行动指向性给出了 OGD 供给、环境及需求等各方面的具体行动指南。因此，以政策文本资料为依据，识别 OGD 的能力构成及要素是可行的思路。

同时，从知识资本的角度看，这些政策本身即为 OGD 结构资本，其内容是政府对 OGD 资源实施动态管理的体现[3]，不但指出了 OGD 发展的

---

[1] 黄如花、温芳芳：《我国政府数据开放共享政策问题的构建》，《图书情报工作》2017 年第 20 期。
[2] 陈兰杰、赵元晨：《政策工具视角下我国开放政府数据政策文本分析》，《情报资料工作》2020 年第 6 期。
[3] 刘新萍、袁佳蕾、郑磊：《地方政府数据开放准备度研究：框架与发现》，《电子政务》2019 年第 9 期。

目标、方向，制定了 OGD 的路线、范围以及部门人员职责等[1]，对 OGD 结构资本与关系资本进行了明确规划，而且对 OGD 推进过程中，开放数据的采集、整合、发布以及利用进行了合理的安排，对营造 OGD 环境[2]、实现数据创新以及培育 OGD 成员的知识技能等方面提出了实践要求，规范了 OGD 人力资本的提升路径[3]。总的来看，这些政策内容直观呈现了 OGD 能力的适应性与创新性本质，能够体现 OGD 对其知识资本的要求。通过对相关政策文本内容的深入分析，可以提取 OGD 主体能力的要点及能力改进的发力方向和重点。

因此，本书将以 OGD 法规政策、OGD 技术标准及工作指南、数字政府年度计划和工作方案以及 OGD 相关报告为分析对象，利用扎根理论对其进行编码，从中提取出 OGD 核心能力和动态能力相关概念与范畴，识别 OGD 能力的构成维度。

第二节　政府数据开放整体能力的主体

OGD 发展的十余年间，已初具规模和影响力，对于 OGD 与其他公共信息服务的边界，相关研究者和实践者已通过大量研究和实践基本明晰，OGD 价值创造效果初现，其能力已基本形成。

扎根理论通过自下而上的方法，从具体的资料和数据中提取概念进行归纳，那么，政策文本中哪些内容能体现 OGD 核心能力和动态能力？如前文所述，OGD 核心能力通过各参与主体的知识活动呈现，而各主体的角色和职能则决定了他们将在不同的知识活动中的不同参与内容和形

---

[1] 范丽莉、唐珂：《基于政策工具的我国政府数据开放政策内容分析》，《情报杂志》2019 年第 1 期。
[2] 杨兴义、王辉：《政府数据开放与应用创新研究——以青岛为例》，《信息系统工程》2015 年第 7 期。
[3] 张磊：《我国政府数据开放机制研究》，《情报探索》2015 年第 9 期。

式。OGD动态能力通过主体对现有能力有意识地创造和更新实现OGD核心能力提升。为此，研究将从OGD参与主体的角色职能出发，提取各主体在OGD实施过程中的主要知识活动，并在此基础上识别OGD核心能力和动态能力的构成要素。

OGD是政府与社会公众共同构成的生态系统。其中，政府是OGD数据和服务的主要供给方，将所采集的原始数据和加工后的数据服务产品向公众开放，同时还承担着OGD政策制定、OGD管理体系建设、数据开放促进等多项职能，处于OGD实践的主导地位。而社会公众作为OGD数据和服务的主要需求方，为满足个人或社会需求对数据进行开发或利用，同时还承担着与政府进行交流互动、反馈意见建议的责任。

以下即从OGD供给方和OGD需求方视角，对政府及社会公众的具体角色及职能展开详细分析。

一 政府数据开放的供给方

政府是OGD服务的主要供给方。在本书中，"政府"是广义的政府，指"所有执掌公共权力的机构的总和"，包括执政党以及立法、行政和司法等国家机关[1]。关于政府在OGD中的角色，Chui等（2014）提出OGD的利益相关者包括政府、公民、企业和非政府组织[2]，其中政府作为重要的纽带，可以同时履行开放数据的提供者（provider）、促进者（catalyst）、使用者（user）和政策制定者（policy maker）四个重要的OGD角色，以促进社会各个层面的价值创造；沈晶等（2016）认为在OGD中政府组织包括决策部门（实现OGD各项法规政策的制

---

[1] 鲁敏主编，韦长伟、张涛、鲁威副主编：《当代中国政府概论》，天津人民出版社2019年版，第1页。

[2] Chui M., Farrell D., Jackson K., "How Government Can Promote Open Data", 2014-04-01, https://www.mckinsey.com/industries/public-and-social-sector/our-insights/how-government-can-promote-open-data.

定)、领导部门（指导、协调、推进各级 OGD 工作的开展）和实施部门（数据开放指南编制、数据安全审查等各项 OGD 工作的具体实施)[1]；周志峰（2020）则根据政府的不同职能将其角色划分为数据提供者、数据开放掌控者、数据开放协调者、数据开放促进者、数据开放政策的制定者以及数据使用者[2]；而从 OGD 生态价值链来看，政府作为数据提供者，参与了数据的生成、审查、选取、发布、管理以及评估等过程[3]，承担着数据生产者、数据传递者、数据序化存储者，以及数据监管者的角色[4]。

研究将政府作为主要的 OGD 数据供给主体，其核心能力强调政府在提供和开放数据过程中所涉及的任务及职能，而动态能力则强调对现有能力的提升。

综合相关学者观点，研究将 OGD 中政府的角色划分为数据开放政策制定者、数据开放掌控者、数据开放协调者、开放数据提供者和数据开放促进者，并对其职能进行了分析。

（一）数据开放政策制定者

作为数据开放政策制定者，政府利用其立法权和执法权，通过制定相应的 OGD 政策、法规，指导和约束 OGD 的发展方向，使 OGD 运动得以快速稳定发展且始终可控；同时，政府还需承担起制定开放数据相关标准、技术规范等的任务，使政府数据开放工作得以有效推进和深化。

---

[1] 沈晶、胡广伟：《利益相关者视角下政府数据开放价值生成机制研究》，《情报杂志》2016 年第 12 期。

[2] 周志峰：《群体智慧视域下政府数据开放的管理研究》，武汉大学出版社 2020 年版，第 139 页。

[3] 王卫、王晶、张梦君：《生态系统视角下开放政府数据价值实现影响因素分析》，《图书馆理论与实践》2020 年第 1 期。

[4] 赵宁、黄铁娜、曹洋：《信息生态链下开放政府数据价值演化的研究》，《图书馆》2021 年第 3 期。

第三章 政府数据开放整体能力的识别及构成

（二）数据开放掌控者

作为数据开放掌控者，政府通过建立相关组织架构，明确组织内部的监管体系及人员的培训考核等，从组织层面出发支撑OGD各项管理活动，掌控数据开放的发展方向。政府处于OGD实践中的主导地位，政府的正确领导和推进对各级OGD工作的开展有着重要作用[①]。

（三）数据开放协调者

作为数据开放协调者，政府负责建立机构（部门）间及层级间的协调与统筹机制。机构（部门）间和层级间的政府数据及资源共享、连接和交换可以提高公共部门的生产力，改善服务，减少数据请求，并促使政府对社会需求和紧急情况（如公共卫生紧急事件等）做出快速反应[②]。

（四）开放数据提供者

作为开放数据提供者，政府根据用户需求，提供相应的数据和服务。数据提供是政府在OGD供给中最直接的职能体现，中国80%及以上的数据资源掌握在政府的手中，包括经贸工商、交通出行、机构团体、文化休闲、卫生健康等各个方面的数据。政府通过采集、加工、储存、分析、开放，最终将数据面向社会公众开放，并鼓励公众积极参与政府数据的开发和利用。政府在数据提供的过程中，还涉及对用户需求的识别，强调以用户需求为导向有针对性地提供数据；同时，数据服务提供也是数据提供的关键，能有效提高用户的使用体验及利用率。

（五）数据开放促进者

作为数据开放促进者，政府参与公众交流互动、数据开放评估等。

---

① 郑磊：《开放政府数据研究：概念辨析、关键因素及其互动关系》，《中国行政管理》2015年第11期。
② 《2020联合国电子政务调查报告》，http://www.echinagov.com/uploads/1/file/public/202007/20200731140020_xjcuqs2v38.pdf，2021年7月5日。

促进数据开放及利用是政府的重要职责之一。一方面，政府对 OGD 的宣传推广、政府与社会公众的交流反馈，可以促进数据需求方对政府数据资源的利用与创新；另一方面，政府对数据资产的质量、开放、使用、风险、价值等展开全方面的评估，可以全面考察和掌握 OGD 数据资产的现状及问题，为改善 OGD 找到依据，促进其快速发展。

二 政府数据开放的需求方

社会公众是 OGD 的需求方。关于社会公众在 OGD 中的角色，大多数学者将其分为组织公众和个体公众[1][2][3]。其中，组织层面包括社会团体、商业机构、技术提供方等；个体层面包括技术开发者、领域专家（学者、媒体从业者等）、一般公众。研究将社会公众作为 OGD 数据需求主体，其核心能力研究关注社会公众在开发和利用数据过程中通过哪些知识活动实现其任务及职能，动态能力则关注需求主体如何更新和改造其现有知识结构提升其使用 OGD 的能力。

研究将 OGD 中社会公众的角色划分为数据开发者、数据利用者和数据反馈者。

（一）数据开发者

作为数据开发者，社会公众的职能主要是对政府开放数据进行加工处理，通过进一步开发利用，产出相关数据产品、应用或报告等。

（二）数据利用者

作为数据利用者，社会公众的职能主要是对数据产品/服务的认识及

---

[1] 周志峰：《群体智慧视域下政府数据开放的管理研究》，武汉大学出版社 2020 年版，第 146 页。

[2] 沈晶、胡广伟：《利益相关者视角下政府数据开放价值生成机制研究》，《情报杂志》2016 年第 12 期。

[3] 郝文强：《政府数据开放中的利益相关者：界定、分类及管理策略》，《现代情报》2021 年第 7 期。

第三章 政府数据开放整体能力的识别及构成

使用。他们是开放数据的最终消费者。

（三）数据反馈者

作为数据反馈者，社会公众的职能主要是在政府数据资源使用过程中，向平台反馈其所遇到的问题、意见等。

本书分析了 OGD 供需双方的角色及职能：将作为 OGD 供给方的政府角色划分为数据开放政策制定者、数据开放掌控者、数据开放协调者、开放数据提供者以及数据开放促进者；将作为 OGD 需求方的社会公众角色划分为数据开发者、数据利用者以及数据反馈者。其角色和职能如表 3-1 所示。

表 3-1   OGD 供需双方角色及其职能

供需方	角色	职能
政府 （供给方）	数据开放政策制定者	制定政策法规、制定数据标准及规范等
	数据开放掌控者	制定组织架构、审计监管、人员培训考核等
	数据开放协调者	跨部门、跨层级协作及数据共享、连接和交换等
	开放数据提供者	提供数据集、调查用户需求、提供数据服务等
	数据开放促进者	宣传推广、公众交流互动、数据开放评估等
社会公众 （需求方）	数据开发者	数据产品开发、数据接口调用等
	数据利用者	数据浏览、统计、下载，数据产品/服务使用等
	数据反馈者	意见反馈、交流互动等

第三节　政府数据开放核心能力识别

如第二章所述，OGD 核心能力作用于 OGD 业务过程，形成于培育及利用知识资本的知识活动中。OGD 通过哪些知识活动推动 OGD 业务运行？在这些知识活动中又基于何种能力对知识资本进行培育和利用？本节将基于 OGD 供需双方的角色及职能，从 OGD 政策文本中提取与 OGD 供需双方职能对应的 OGD 知识活动，并利用扎根理论三级编码的方法，提炼和归纳 OGD 核心能力的范畴及构成要素。

一 样本选择及编码检验

(一) 样本选择

本书所指的 OGD 政策文本,包括国家及地方政府出台的 OGD 政策法规、工作计划、标准规范,以及各研究机构发布的 OGD 研究调查报告等。在政策样本选取时,根据扎根理论要求,样本应尽量满足代表性和丰富性,应选择多维度反映研究对象本质的事实资料[①]。为了使所选择的样本能够尽可能反映当前 OGD 的核心能力现状,最大限度地囊括研究中可能出现的各种情况,研究在样本选择时提出了以下三个原则:

(1) 所选对象开展 OGD 实践时间较长。开展 OGD 实践越长,实践经验越丰富,通常其政府出台的相关政策文本资料也越多,且政策文本中所包含的战略规划、标准条例、实践要求与指南等会更加完整和全面,更容易从中提取出 OGD 核心能力。

(2) 所选样本覆盖各个行政层级。尽量做到国家、地方层级全覆盖,从各层级政府发布的 OGD 政策文本作为样本,能体现不同层级 OGD 在理论和实践上的差异性,使所抽取的样本能够尽可能反映全面的情况[②]。

(3) 所选样本兼顾国内和国外。由于国内外在政治、经济及社会环境等方面有较大差异,且我国 OGD 发展晚于英美等国,因此,兼顾国内外 OGD 的政策,能体现国内外 OGD 在理论和实践上的差异性,使所抽取的样本能够尽可能反映全球的 OGD 能力现状。

---

① 李志刚:《扎根理论方法在科学研究中的运用分析》,《东方论坛》2007 年第 4 期。
② 赵需要:《基于扎根理论的政府信息公开保密审查体系构建》,《档案学研究》2015 年第 5 期。

第三章　政府数据开放整体能力的识别及构成

基于上述原则，研究首先根据目前较为权威的国际和国内 OGD 评估报告，对选择哪些国家（地区）、地方政府作为政策文本收集对象进行了筛选。

万维网基金会发布的"开放数据晴雨表（领导版）"（Open Data Barometer Leaders Edition）[①] 显示，英国作为 OGD 的引领者位列第一，处于世界领先水平，而美国作为早期数据开放的领导者，其排名虽较之前有所下降，但仍位于竞争者行列，拥有丰富的政府数据开放实践经验，二者都是最早实施 OGD 的国家。尽管中国目前尚未推出国家层面的 OGD 平台及服务，但我国较早就已经关注 OGD 发展，国家信息中心牵头的 OGD 建设也正在紧锣密鼓地筹建中，并已出台了相关的政策法规。因此，国家层面选择英国、美国和中国作为政策文本收集对象。

各国地方政府数据开放水平发展迅速，根据上海社会科学院信息研究所发布的《2021 全球重要城市开放数据指数》[②] 以及复旦大学联合国家信息中心数字中国研究院发布的《中国地方政府数据开放报告（2021 年上半年）：指标体系与省域标杆》[③]，中国与美国城市跻身于全球数据开放领导者行列，中国的上海、北京，以及美国的纽约、芝加哥等城市均位于前十，且中国的浙江省在 2021 上半年的全国开放数林标杆省域的指数分值综合表现最优。因此，在地方层面，选择中国的上海、北京、浙江以及美国的纽约、芝加哥作为政策文本收集对象。

据此，本研究将从国家层面选择英国、美国、中国的 OGD 政策文本

[①] "World Wide Web Foundation. Open Data Barometer Leaders Edition"，2021 - 05 - 08，https://opendatabarometer.org/doc/leadersEdition/ODB-leadersEdition-Report.pdf.

[②] 上海社会科学院绿色数字化发展研究中心：《2021 全球重要城市开放数据指数》，https://www.digitalelite.cn/h-nd-3278.html，2022 年，第 5 页。

[③] 复旦大学、国家信息中心数字中国研究院、复旦大学数字与移动治理实验室：《中国地方政府数据开放报告（2021 年上半年）：指标体系与省域标杆》，2021 年，第 20 页。

作为样本；从地方层面选择美国的纽约、芝加哥，以及中国的上海、北京、浙江等地的 OGD 政策文本作为样本。研究通过各国家和地方政府网站、OGD 平台、北大法宝等网络渠道，获得 8 个收集对象的共计 65 个政策样本（国家层面：美国 11 个，英国 13 个，中国 6 个；地方层面：芝加哥 2 个，纽约 7 个，北京 8 个，上海 11 个，浙江 7 个）。

（二）编码信度检验

由于原始资料较多，在开放性编码的贴标签阶段将产生大量标签，通过研究成员组内讨论将耗费过多时间。因此，为保证编码的信度，研究团队两名成员将同时对相同样本进行贴标签，并在每个样本贴完标签后进行信度检验，信度达到要求则继续下一样本的标签提取；否则由两位编码者进行讨论，直到信度合格为止。

内容分析法中的信度可认为是"不同编码员对内容归类的一致性"，由于研究由两名编码员对样本进行贴标签，因此，运用霍尔斯提公式进行信度计算：

$$R = \frac{2M}{N1 + N2} \qquad (3-1)$$

其中，M 为两位编码员相互同意的标签数量，N1、N2 则分别为编码员 1 和编码员 2 独立完成编码的标签数，R 为信度（即两位编码员的互相同意度）。一般情况，要求信度达到 90% 以上为合格。

在开放性编码的标签化阶段满足信度要求后，后续编码过程则由研究组成员共同讨论协商，最大限度规避主观性带来的偏差，保证编码信度。

二 政府数据开放核心能力数据编码

扎根理论的基本步骤：研究者直接对大量经验资料进行挖掘分析，归纳提取出新的概念；找出概念间的联系，将其整合起来；最后通过分析建构起符合实际的新理论。其重点在于对收集的资料进行逐级编码，

第三章 政府数据开放整体能力的识别及构成

一般包括开放式编码、主轴编码、选择性编码三级编码。

(一) 开放式编码

开放式编码为一级编码,在此过程中,研究者以 OGD 供需双方角色及其职能为依据,对 OGD 相关政策文本进行逐句编码,并逐步进行标签化、概念化和范畴化的过程。标签化即对政策文本的关键词或句进行提取编码;概念化即通过思考和对比将相同现象的标签赋予同一概念;范畴化即在编码化、概念化的基础上,将相同概念的类属进行提炼,赋予其新的命名。

在开放式编码阶段,分别对 8 个政策文本收集对象进行编号:A (美国)、E (英国)、C (中国)、Ch (芝加哥)、NY (纽约)、S (上海)、B (北京)、Z (浙江)。然后对每个分析对象的政策文本(即样本)进行编号:A1 即美国 OGD 第一个相关政策文本,A2 即代表第二个……最后对每个样本中进行逐词逐句编号:A1-1 即美国 OGD 第一个相关政策文本的第一条编码,A1-2 即第二条……以此类推。接下来,由两位编码员分别对原始资料进行贴标签,在经过讨论和检验后,所有政策文本的信度均达到 90% 以上,开放式编码过程(实例)如表 3-2 所示。

表 3-2 OGD 核心能力开放式编码过程(部分实例)

编号	原始资料示例	标签化	概念化	范畴化
A1-1	Executive departments and agencies should also solicit public feedback to identify information of greatest use to the public.	solicit public feedback	意见征集	互动交流
A1-2	Executive departments and agencies should use innovative tools, methods, and systems to cooperate among themselves, across all levels of Government, and with nonprofit organizations, businesses, and individuals in the private sector.	use innovative tools, methods, and systems to cooperate among themselves, across all levels of Government, and with nonprofit organizations, businesses, and individuals in the private sector	政企民合作	互动交流

续表

编号	原始资料示例	标签化	概念化	范畴化
A1-1	Executive departments and agencies should also solicit public feedback to identify information of greatest use to the public.	solicit public feedback	意见征集	互动交流
A2-1	Within 45 days, each agency shall identify and publish online in an open format at least three high-value data sets (see attachment section 3.a.i) and register those data sets via Data.gov.	open high-value data sets via Data.gov	通过统一平台提供数据集	数据集提供
……	……	……	……	……
Z1-1	第五条 省人民政府办公厅，设区的市、县（市、区）人民政府办公室（厅）或者设区的市、县（市、区）人民政府确定的部门是公共数据和电子政务的主管部门（以下统称公共数据和电子政务主管部门），负责指导、监督本行政区域内公共数据和电子政务管理工作。省人民政府办公厅所属的数据管理机构和设区的市、县（市、区）人民政府确定的有关机构（以下统称公共数据和电子政务工作机构），具体承担公共数据和电子政务管理工作。县级以上人民政府有关部门在各自职责范围内，做好公共数据和电子政务相关工作。省级行政机关应当指导、监督本系统公共数据和电子政务管理工作。	职责分工	组织架构	组织与协调
Z1-2	第十六条 公共数据资源实行统一目录管理。省公共数据和电子政务主管部门编制全省公共数据资源目录；设区的市、县（市、区）公共数据和电子政务主管部门可以编制公共数据资源补充目录（以下统称公共数据资源目录），并报省公共数据和电子政务主管部门备案。编制公共数据资源目录应当征求提供公共数据的机构的意见。公共管理和服务机构应当按照国家和省有关规定，将本单位公共数据在公共数据资源目录中编目。公共数据资源目录主要包括公共数据项目名称、共享和开放属性、更新频度等内容。	编制全省统一公共数据资源目录	数据目录管理	标准规范制定

续表

编号	原始资料示例	标签化	概念化	范畴化
Z1-3	各级公共管理和服务机构应当将公共数据资源目录中的数据归集到本级公共数据平台；设区的市、县（市、区）公共数据和电子政务工作机构应当将本级归集的公共数据汇集到上一级人民政府公共数据平台。公共数据归集的具体办法，由省、设区的市公共数据和电子政务主管部门制定。	数据归集、整合（市、区向上一级平台归集）	跨机构（层级）数据共享、协同	组织与协调
……	……	……	……	……

通过对OGD相关政策文本进行开放性编码，共得到了1136个编码，对应于具体的1136项OGD活动。通过对从政策文本中所提取的1136项OGD具体活动进行概念化，共得到45个初始概念（知识活动）；通过对这45项知识活动的梳理，最终将其归纳为13个初始范畴（对应的OGD能力），如表3-3所示。

表3-3　　　　OGD核心能力初始范畴

序号	初始概念	初始范畴
1	a1 数据目录管理、a2 数据质量管理、a3 数据标准管理、a4 元数据管理、a5 数据安全管理、a6 数据开放流程规范、a7 数据道德框架制定	标准规范制定
2	a8 意见征集、a9 政企（民）合作、a10 及时反馈公众（问题、意见）、a11 利用各类媒体与公众交流、a12 数据利用情况记录跟踪	互动交流
3	a13 建议提供、a14 提出数据需求、a15 数据评价、a16 数据纠错	数据反馈
4	a17 数据个性化功能、a18 数据成果展示、a19 场景构造服务、a20 数据可视化服务	数据服务提供
5	a21 多样化数据获取方式提供、a22 通过统一平台提供、a23 用户需求识别	数据集提供
6	a24 数据交易市场培育、a25 数据交易标准制定	数据交易生态培育
7	a26 产出数据成果、a27 数据成果提交、a28 业务数据回传	数据开发
8	a29 数据开放质量评估、a30 数据价值评估	数据开放评估

续表

序号	初始概念	初始范畴
9	a31 数据获取、a32 数据素养	数据利用
10	a33 数据确权	数据确权
11	a34 媒体宣传、a35 推动示范案例及应用展示、a36 数据创新大赛、创业孵化基地设立、a37 鼓励用户参与、a38 培训数据人才、a39 授权社会群体部分职能	宣传推广
12	a40 法规政策制定、a41 明确法律责任	政策法规制定
13	a42 组织架构、a43 审计监管、a44 人员培训考核、a45 跨机构（层级）数据共享、协同	组织与协调

（二）主轴编码

主轴编码为二级编码，主要任务是将各初始范畴联系起来。由于开放式编码都是独立分散的，初始范畴间的逻辑关系并未厘清，因此本小节将通过梳理各范畴间的相互关系和逻辑顺序，形成主范畴，厘清主范畴与初始范畴间的关系。同时，研究认为，初始范畴凝练出的13项OGD能力，蕴含在OGD发展中所关注的各类知识资本培育和利用中，而核心能力正是形成于这一过程中。因此，研究一方面将这13个初始范畴归纳到4个主范畴中，另一方面对各项知识活动所培育和利用的知识资本进行了映射。主轴编码结果如表3-4所示。

表 3-4　　　　OGD核心能力主范畴及其知识活动

序号	主范畴	初始范畴	内涵	知识资本的培育利用
1	OGD基础保障能力	政策法规制定	OGD供给方制定OGD相关政策法规的能力	结构资本 关系资本
		组织与协调	OGD供给方构建组织架构、审计监管、培训考核、组织协同等一系列制度体系的能力	人力资本 结构资本 关系资本

第三章 政府数据开放整体能力的识别及构成

续表

序号	主范畴	初始范畴	内涵	知识资本的培育利用
2	OGD 数据提供能力	标准规范制定	OGD 供给方在政府数据资源采集、处理、整合、存储、开放等整个数据生命周期过程中,制定相关数据标准和规范以实现数据有效管理的能力	结构资本
		数据确权	OGD 供给方明确数据资产所有权、管理权、隐私权、知情权、使用权等权属及权力运行边界的能力	结构资本
		数据集提供	OGD 供给方通过公共数据统一开放平台,向公众提供开放数据集的能力	人力资本 结构资本 关系资本
		数据服务提供	OGD 供给方根据需求方要求,制定相应的数据服务策略并提供服务功能的能力	人力资本 结构资本 关系资本
3	OGD 数据利用能力	数据开发	数据开发者对政府开放数据进行加工处理,通过进一步开发利用,产出相关数据产品、应用或报告等的能力	人力资本 关系资本
		数据使用	数据利用者对数据产品/服务的认识及使用能力	人力资本 结构资本 关系资本
		数据反馈	公众在政府数据资源使用过程中,向政府反馈问题、意见及需求的能力	人力资本 关系资本
		宣传推广	OGD 供给方为推动公众参与以及数据利用,所开展 OGD 宣传、服务/产品推广等工作的能力	人力资本 结构资本 关系资本
		互动交流	OGD 供给方主动与公众进行交流,及时对用户需求、提出的问题意见等进行处理和响应的能力	人力资本 关系资本
4	OGD 流通运营能力	数据开放评估	OGD 供给方对政府数据质量、开放、使用、风险、价值等展开全方面评估的能力	人力资本 结构资本 关系资本
		数据交易生态培育	OGD 供给方通过交易交换、租用流转等方式培育数据交易市场,建立政府数据资源交易流通标准规范,进而促进政府数据资源流通、增值的能力	人力资本 结构资本 关系资本

(三) 选择性编码

选择性编码为三级编码,主要任务是梳理主范畴之间的逻辑关系,并进一步提炼出核心范畴,整理出一条"故事线"。通过对 OGD 基础保障能力、OGD 数据提供能力、OGD 数据利用能力、OGD 流通运营能力这四大主范畴的剖析认为,这些能力是 OGD 培育和利用知识资本创造价值不可或缺的能

力,将其归纳为"OGD核心能力"范畴,并对其故事线进行了梳理:

OGD发展中,OGD基础保障能力为政府数据开放提供全局性基础保障,通过制定相关政策法规、建立组织架构等知识活动培育OGD结构资本,并通过跨机构(层级)数据共享、协同等知识活动促进人力资本、关系资本的利用,为政府数据开放的具体实施奠定基础;在具体运行实施中,OGD数据提供能力通过制定数据标准规范、提供个性化数据功能、识别用户需求、数据确权等知识活动,进一步培育和利用人力资本和结构资本,构建高质量的数据开放环境,支持数据的有效"提供";OGD数据利用能力通过征集公众意见、政企(民)合作、数据评价纠错、数据成果提交、举办数据创新大赛等知识活动,大力加强关系资本培育和利用,促进OGD政府与公众间的互动和交流,提升OGD的知晓度和利用率,推动数据的充分"利用";OGD流通运营能力则通过制定数据交易标准、建立数据流通市场、数据开放质量评估、价值评估等知识活动,强化结构资本利用,促进OGD的快速流通,实现数据的合规"运营"。可见,OGD基础保障能力提供全局支撑,OGD数据提供能力、OGD数据利用能力及OGD流通运营能力在重点支持具体业务过程实现,四者共同构成的OGD核心能力,通过对知识资本的培育和利用,助力OGD目标实现。

理论饱和度检验旨在验证当前所采集的数据是否能够完整反映核心范畴,只有当采集的样本数据不再产生新范畴时,才能认定为"饱和"。因此,研究在上述编码结果的基础上,随机选取6个OGD相关政策文本资料,再次进行标签化、概念化和范畴化等分析过程,通过反复对比验证后,发现新增的文本数据均不会产生新的范畴。因此,可以认为理论已饱和。

三 政府数据开放核心能力构成分析

在OGD供需双方的共同参与下,政府数据开放的战略目标主要通过"提供—利用—运营"三个阶段实现。

第三章 政府数据开放整体能力的识别及构成

研究从 OGD 供需双方的角色及职能出发，提取了各主体在 OGD 中的知识活动，识别了核心能力的四个范畴：OGD 基础保障能力、OGD 数据提供能力、OGD 数据利用能力和 OGD 流通运营能力，并对各范畴下具体的 OGD 能力进行了梳理，如图 3-1 所示。

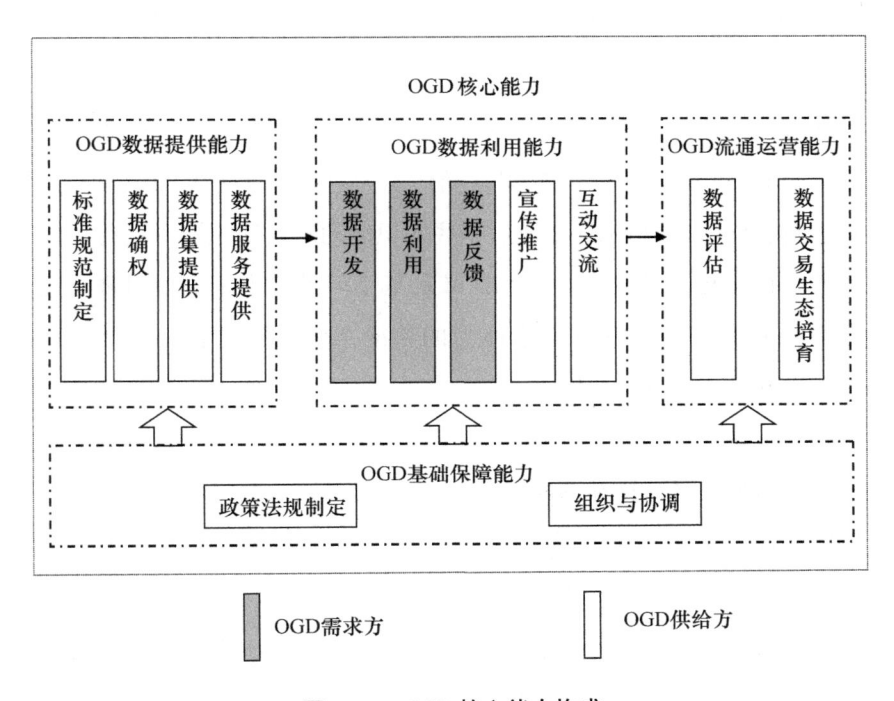

图 3-1 OGD 核心能力构成

OGD 基础保障能力，包括政策法规制定能力、组织与协调能力；

OGD 数据提供能力，包括标准规范制定能力、数据确权能力、数据集提供能力及数据服务提供能力；

OGD 数据利用能力，包括数据开发能力、数据使用能力、数据反馈能力、宣传推广能力及互动交流能力；

OGD 流通运营能力，包括数据评估能力及数据交易生态培育能力。

这一基于政策文本的分析结果，反映了各主体在 OGD 中的职能和定位，明确了 OGD 核心能力的构成框架。但 OGD 核心能力如何发挥作用，如何作用于知识资本实现业务增值，并最终助力于管理目标实现，研究将在后续对 OGD 核心能力作用过程的分析中进一步展开。

第四节 政府数据开放动态能力识别

通过第二章的分析可知，OGD 动态能力作用表现为对现有能力（特别是核心能力）的提升，其知识活动体现为对核心能力的知识资本内核进行更新、创造。而 OGD 是通过哪些知识活动对其知识资本进行更新和创造的？在这些知识活动中，OGD 又是基于何种能力来实现对现有能力提升的？本节将基于 OGD 动态能力的特征，从政策文本中提取出 OGD 动态能力的类型及其知识活动。

一 识别思路及样本选择

OGD 动态能力作用于对现有能力（特别是核心能力）的提升，其知识活动体现为更新了现有能力或创造了新能力。

由动态能力的内涵可知，动态能力具有受外部环境影响大的特点，不同地域的 OGD 所处环境不同、起点不同，其发展的侧重点也不同。为此，研究将从 OGD 不同层面的变化进行分析，对支撑准备层、平台层、数据层和利用层的 OGD 动态能力进行挖掘，以此更加全面地展现 OGD 动态能力的全貌。同时，要考察动态能力是否以及在哪一方面发挥了作用，还必须通过 OGD 发展的前后情况对比来呈现，其前后变化越大说明动态能力的作用越明显。

基于这一思想，本书借鉴 2020 年与 2022 年发布的《中国地方政府数据开放报告》（以下简称《报告》）评估结果，将 2020 年各地方 OGD 表现作为起点状态，2022 年表现作为改变后状态，从 OGD 准备层、平台层、数据层和利用层找到山东、四川、广西、海南、江苏和江西6个前后变化明显、表现突出的省级OGD，通过它们发布的相关政策文本，识别其OGD动态能力。

研究通过国家法律法规数据库、北大法宝并运用关键词"省名+数据开放""省名+数据共享""省名+信息开放"等在相关平台检索并收集相应政策文件，最终，共筛选出上述6个地方政府出台的4类政策文本共65份。在此基础上采用NVivo 11 plus软件作为辅助分析工具，根据扎根理论对上述政策文本进行提取编码并提炼概念，由此识别出OGD动态能力的类型。

OGD动态能力表现为OGD的多元主体对知识资本进行更新和创造，其目的是对OGD核心能力进行提升。结合上述分析，OGD动态能力作用的主体为OGD供需双方，对象为OGD知识资本，而过程主要体现为"更新"与"创造"两个方面。因此，本书从OGD供需双方（OGD动态能力主体）如何更新和创造（OGD动态能力关键词）知识资本（OGD动态能力对象）出发，对相应政策文本中的语句进行提取编码，分析框架如图3-2所示。

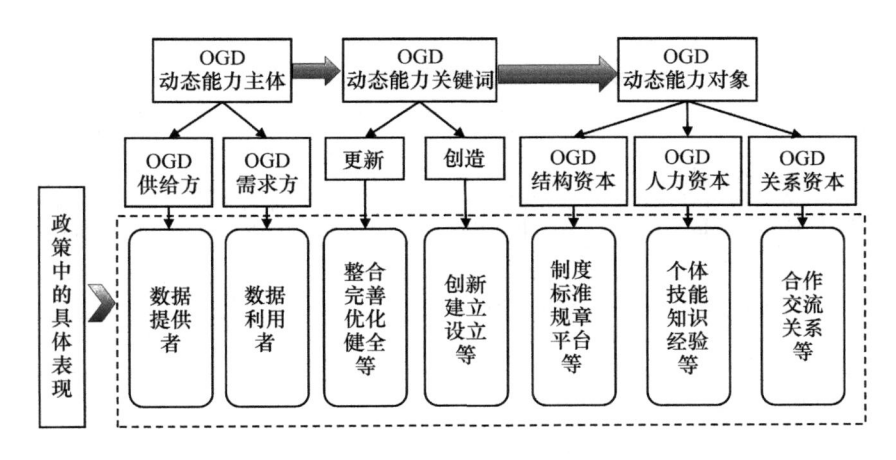

图3-2 OGD动态能力编码提取框架

研究将从以上三个方面对 OGD 动态能力在政策文本的语句进行提取编码,并对编码进行归纳统筹,以此识别出 OGD 动态能力的构成,并在分析过程中关注 OGD 动态能力对知识资本的作用,为后续 OGD 动态能力的作用机理分析提供基础。

二 政府数据开放动态能力数据编码

(一) 开放式编码

开放式编码是指通过对收集的数据与资料进行整理、分析与归纳进而提炼出概念化与范畴化的过程。本研究由两位编码者对收集到的政策文本进行处理,在开放式编码阶段,分别对山东 (SD)、四川 (SC)、广西 (GX)、海南 (HN)、江苏 (JS) 和江西 (JX) 6 个政策文本收集对象的政策文本进行编号:SD1 表示山东省的第一个相关政策文本,SD1 - 1 即为山东省第一个政策文本中的第一条编码,以此类推,形成标签。在此基础上,对意思相似的标签进行合并归类,提炼成初始概念;对初始概念进行归类合并,形成一系列初始范畴,两位编码者分析结果的一致性为 86%,实例如表 3 - 5 所示。

表 3 - 5　　OGD 动态能力开放式编码过程 (部分实例)

编号	原始资料示例	初始概念	初始范畴
SD1 - 1	在平台上提供分享传播功能,用户可将平台上的信息在微博、微信和 QQ 等社交媒体平台传播,有助于提升政府数据开放平台的热度和影响力,吸引更多的政府、企业、社会团体和公众参与其中	平台丰富用户参与方式	优化需求来源渠道
SD1 - 2	定期对数据开放工作相关机构工作人员开展培训,并纳入本市公务员培训工作体系	对数据开放工作相关人员进行培训	相关人员培训
……	……	……	……
JS1 - 1	公共数据开放主体应当根据本地区经济社会发展情况,重点和优先开放与民生紧密相关、社会迫切需要、商业增值潜力显著的高价值公共数据	优先开放公众迫切需要的数据	优化需求来源渠道

第三章 政府数据开放整体能力的识别及构成

续表

编号	原始资料示例	初始概念	初始范畴
JS1-2	加大公共数据活动宣传推广力度，开展线上线下数据应用培训活动	对数据开放工作相关人员进行培训	相关人员培训
JS1-3	数据开放平台开设建议反馈功能向用户采集建议，包括问卷调查和填写文字性的咨询建议等方式	建立政府—用户交流机制	政府—社会互动
……	……	……	……

通过对从政策文本的扎根提取，共得到36个初始概念；通过对这36项知识活动的梳理，最终将其归纳为11个初始范畴，如表3-6所示。

表3-6　　　　　OGD动态能力初始范畴

序号	初始概念	初始范畴
1	a1 平台丰富用户参与方式、a2 动态按需开放、a3 扩大开放数据来源（社会数据）、a4 更新需求目录、a5 扩大公众参与	优化需求来源渠道
2	a6 加强数据分类、a7 资源形式转化、a8 多数据融合、a9 分类数据资源、a10 数据质量要求	数据资源管理要求
3	a11 数据安全管理、a12 监测数据开放环境、a13 应急管理机制建设、a14 优化开放环境	数据环境监测
4	a15 政府机构资源统筹、a16 内部资源协调、a17 强调内外统筹协调	建立资源统筹协调机制
5	a18 加强人才培养、a19 加强人员培训、a20 开展数据技术研讨	相关人员培训
6	a21 加强外部交流合作、a22 鼓励多方合作	组织交流合作
7	a23 回应社会关切、a24 政策解读、a25 使用行为规范	政府—社会互动
8	a26 协调使用异议、a27 回复利用反馈	数据利用反馈
9	a28 加强内部交流衔接、a29 组织人员架构调整、a30 内部制度调整	组织学习交流
10	a31 吸引数据开发利用、a32 鼓励数据开发创新	创新开放数据价值
11	a33 维护平台支持能力、a34 建立平台创新机制、a35 数据支持服务、a36 开发数据产品服务	优化数据产品服务

(二) 主轴编码

主轴编码是对开放式编码进行进一步归纳提炼而成的概念,是根据各初始范畴间的逻辑次序、内在联系,归纳形成主范畴的过程。研究将相同目的、相似内容的初始范畴归属在同一主范畴下,共提炼出变化感知能力、吸收转化能力、沟通交流能力和重构创新能力四个主范畴,并将其对知识资本的创造更新进行了映射(如表3-7所示)。

表3-7　　　　OGD动态能力主范畴及其知识活动

序号	主范畴	初始范畴	概念化	知识资本的创造更新
1	变化感知能力	优化需求来源渠道/资源管理机制建设等	优化数据征集方式等	更新关系资本
			建立信息获取机制等	创造关系资本
2	吸收转化能力	建立资源统筹协调机制/相关人员培训等	建立资源统筹协调机制等	创造结构资本
			进行数据技能培训、研讨等	更新人力资本
3	沟通交流能力	政府—社会互动/数据利用反馈等	对数据申请及时答复等	更新关系资本
			建立数据反馈、合作机制等	创造关系资本
4	重构创新能力	创新开放数据价值/优化数据产品服务等	开放数据创新利用等	创造结构资本
			完善数据支持服务等	更新结构资本

(三) 选择性编码

选择性编码是对主轴编码进行再度归纳提炼出来的概念,挖掘出具有统领性的核心范畴,开发故事线。根据OGD动态能力的定义、OGD动态能力作用主体、作用对象及其知识活动,研究围绕核心范畴"政府数据开放的动态能力",从"感知变化—学习吸收—沟通交流—重构创新"的思路展开核心范畴的故事线:在政府数据开放中,OGD主体基于变化感知能力感知用户需求及外部环境变化,及时发现当前数据和服务与目标之间的知识缺口,在此基础上,不断从组织内外部获取知识,通过学习吸收形成对当前需求和问题的认知,并进一步通过沟通交流能力建立起主体间的互动响应机制，推动主体间知识的整合，实时反馈灵活修正，最终通过重构创新能力提出动态适应和能力提升的创新解决方案。

OGD 动态能力的构成及作用模型如图 3-3 所示。

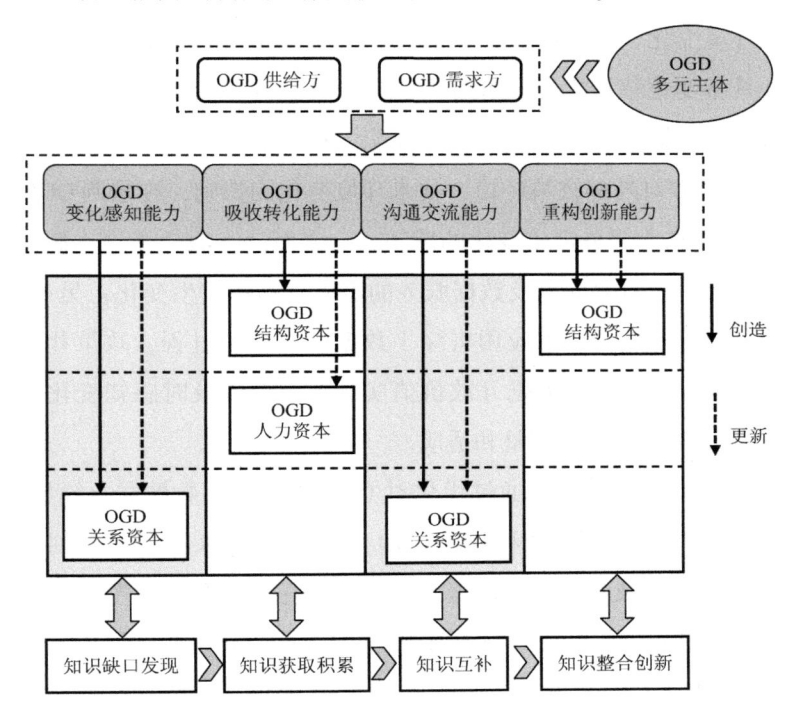

图 3-3　OGD 动态能力构成及作用模型

OGD 动态能力构成及作用模型反映了政策文本中各主体对 OGD 知识资本的作用。扎根理论要求在理论构建完成之后进行理论饱和度检验以验证是否还存在新的概念和范畴，研究对预留的 1/4 文本资料进行分析之后未发现新的概念和范畴，以上构建的概念和范畴已经饱和。

三　政府数据开放动态能力构成分析

通过对 OGD 政策文本中 OGD 动态能力的识别，本书形成了 OGD 动态能力初步构成框架，认为 OGD 动态能力由 OGD 变化感知能力、OGD 吸收转化能力、OGD 沟通交流能力以及 OGD 重构创新能力等构成。

(一) 变化感知能力

动态能力提出的前提就是环境的动态性特征,即组织必须动态地适应环境的变化。关于动态能力的研究,都会强调组织对环境的适应性,而感知环境变化,发现组织存在的问题是组织适应性的首要条件,即组织必须具备变化感知能力。OGD 组织适应环境变化的所有行为都是 OGD 组织对这类感知做出有效反应,这种能力在政府数据开放中不仅体现在 OGD 供需双方对外部政策环境、技术环境变化的识别,更强调 OGD 供给方对 OGD 需求方服务需求变化的感知。一方面,OGD 需求方在感知环境的变化过程中,对数据以及数据服务的需求会不断发生变化;另一方面,数据相关的政策以及技术应用贯穿于数据开放整个过程,政策和技术的变化在很大程度上影响数据开放价值实现。因此,及时感知变化有助于 OGD 供需主体及时进行调整和适应。

实践中,OGD 供给方通过优化对 OGD 需求方的数据需求征集方式、建立应急机制等知识活动来更新 OGD 原有的需求来源渠道,创造新的 OGD 内部机制,及时感知用户需求发生的变化并对数据政策以及技术环境的变化做出响应,以此发现 OGD 组织存在的问题以及知识缺口。

(二) 吸收转化能力

组织获得外部新知识、用现有知识融合新知识并创造新知识的能力是动态能力的一个重要因素。OGD 主体在感知用户需求变化、外部数据安全风险,发现 OGD 知识缺口的基础上,为缩小问题与实践解决方案之间的差距,需要对内外部新知识进行理解与吸收[1],并将其转化为自身的知识[2],有效完善个体以及组织的人力资本,由此实现 OGD 固有知识资本的更新,提升原有能力。吸收转化能力使 OGD 知识主体能够有效参

---

[1] Wesley M. Cohen, Daniel A. Levinthal, "Absorptive Capacity: A New Perspective on Learning and Innovation", *Administrative Science Quarterly*, Vol. 35, No. 1, March 1990, pp. 128 – 152.

[2] 王菁娜、冯素杰:《知识管理视角下的动态能力构成维度研究》,《科学管理研究》2009 年第 6 期。

与知识学习，确保其能够通过知识学习准确吸收内外部知识，并将之转化为组织及个体的知识，这一过程由 OGD 组织内的知识学习和转化的过程决定①。

实践中，OGD 供给双方共同推动 OGD 内部多数据融合及资源的统筹协调，强化 OGD 组织内外部资源形式的转换过程，在组织知识不断积累的基础上，将所感知到的问题明晰化，暴露出 OGD 组织当前的知识缺口，并通过个体以及群体成员之间的培训、研讨，广泛学习积累组织内外部的知识。

(三) 沟通交流能力

OGD 知识资源是解决 OGD 当前所面临的问题的关键要素，但其价值并不取决于知识资源的多少，而在于知识资源在多大程度上被有效地整合②。沟通交流能力正是知识被吸收后整合的前提，OGD 主体在更新自身知识资本的基础上通过沟通交流实现知识的整合③，推进数据开放相关政策、活动，对 OGD 组织原有知识进行更新并创造 OGD 组织内的新知识，它不仅要求 OGD 供给方通过整合 OGD 原有问题的显性知识实现对数据的有效利用，创造出新的数据产品与数据服务，更强调 OGD 供给方经过不断地资源整合将已有资源和新获取的资源根据组织的战略需求进行再次匹配，盘活组织的各类资源，形成组织其他能力再造的基础。

实践中，OGD 供给双方通过完善对 OGD 需求方数据申请的回复机制、建立 OGD 内部数据反馈以及 OGD 外部合作机制等方式，更新了 OGD 供给方与 OGD 需求方之间的互动关系，创造了良好的数据利用反馈

---

① Wesley M. Cohen, Daniel A. Levinthal, "Absorptive Capacity: A New Perspective on Learning and Innovation", *Administrative Science Quarterly*, Vol. 35, No. 1, March 1990, pp. 128–152.
② Spender J. C., Grant R. M., "Knowledge and the Firm: Overview", *Strategic Management Journal*, Vol. 17, No. S2, December 1996, pp. 3–9.
③ 袁莉、姚乐野：《政府数据开放的整体能力：概念、框架及演化机制》，《图书情报工作》2021 年第 19 期。

机制，在此基础上推动了 OGD 组织内部的知识流动，较好地实现了关于 OGD 所暴露出来的问题的相关知识的互补。

（四）重构创新能力

在知识整合的基础之上，OGD 主体已将外部知识与内部知识相结合，并将其转化为自身的知识资产，在更新 OGD 人力资本的同时实现了 OGD 新知识的创造，而在此过程中，如何将这类知识用于解决 OGD 实践中的问题，其中需要 OGD 重构创新能力为其提供方案。重构创新能力对于组织的演化和生存至关重要，在 OGD 发展中，它强调 OGD 供需双方对其拥有的内外部知识的实践运用，通过新的技术或流程将其价值化，即 OGD 供需双方在从内部或外部获取相关知识和技术，并对知识进行整合获得新创意的基础上，将这些创意与 OGD 资源组合运用起来[①]，解决 OGD 实践问题，通过调整战略创新导向实现组织机制以及数据价值创新。

实践中，OGD 供给方通过重构数据级联方案等方式，完善了开放数据利用的支持服务，优化了数据服务的方式；OGD 需求方通过数据创新大赛，对开放平台数据进行开发与创新，创造了新的数据产品，从优化数据服务到开放数据利用，都为 OGD 面临的问题提供了新的解决方案。

研究从 OGD 相关政策文本中识别出四种动态能力：OGD 变化感知能力、OGD 吸收转化能力、OGD 沟通交流能力以及 OGD 重构创新能力，它们分别通过发现知识缺口、知识获取与创新、知识互补以及知识整合创新等一系列知识活动，实现对 OGD 知识资本的更新与创造，以此突破核心刚性，提升原有能力。

---

① 王菁娜、冯素杰：《知识管理视角下的动态能力构成维度研究》，《科学管理研究》2009 年第 6 期。

第四章

政府数据开放整体能力的作用过程

政府数据开放整体能力的作用,体现在OGD供需主体通过其核心能力和动态能力对知识资本发挥作用的过程中。OGD核心能力作用于OGD具体业务运行中,促成其战略目标实现;OGD动态能力作用于OGD现有能力的提升,确保其动态环境适应。

本章将分别对OGD核心能力和动态能力的作用过程进行研究。提出两种能力作用过程的分析思路,并对这一过程中的具体作用场景及知识活动展开研究。

第一节 基于"目标—活动—知识"的政府数据开放核心能力作用过程

OGD核心能力的作用通过数据流转的增值来体现[1],数据流转过程中所涉及的一系列数据活动以及参与到活动中的利益相关者们共同形成了OGD价值链,是各参与主体将政府原始数据最终转换为OGD产品/服务的价值增值过程[2]。《公共数据资源价值开发利用白皮书(1.0版)》

---

[1] 赵需要、侯晓丽、徐堂杰、陈红梅:《政府开放数据生态链:概念、本质与类型》,《情报理论与实践》2019年第6期。
[2] 夏义堃:《开放数据开发利用的产业特征与价值链分析》,《电子政务》2016年第10期。

指出,"原始数据—数据资源—数据资产—数据资本"的形态演变过程,呈现了OGD数据的价值增值过程:原始数据通过加工处理成为可用的数据资源(提升使用价值)、数据资源通过确权定价等推动数据资源向资产转变(提升交换价值),数据资产通过市场化运营应用于社会、经济各领域产生增值效益,实现数据资产向数据资本转变[①]。在本书中,OGD知识资本即是推动这一数据转化增值的直接动力,而上述增值过程即是OGD核心能力的作用过程。

OGD核心能力通过有目的地培育及利用知识资本,支撑业务活动增值,实现管理目标。研究将OGD的"目的"对应于OGD管理目标,将其培育及利用知识资本的过程映射到OGD业务过程中,由此对OGD核心能力要素及其作用过程展开分析。研究按照"目标—活动(增值)—知识"的思路,首先分析OGD不同层次的管理目标及能力定位;然后对OGD业务过程进行分解,辨明实现OGD数据流转的知识活动;最后,结合OGD管理目标及知识活动,明确各项OGD核心能力通过对知识资本的培育及利用,支撑了哪些知识活动增值及管理目标实现。如图4-1所示。

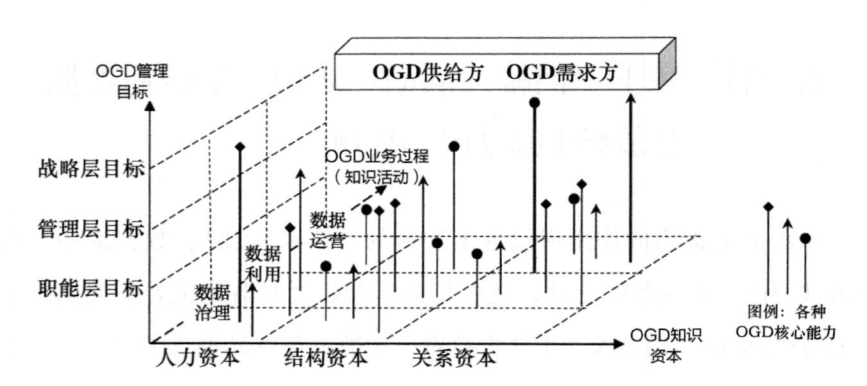

图4-1 基于"目标—知识活动—知识资本"的OGD核心能力作用过程

---

① 国脉研究院:《公共数据资源价值开发利用白皮书》,https://www.govmade.cn/viewpoint20211127/649272238805090304.html,2022年11月7日。

第四章 政府数据开放整体能力的作用过程

一 政府数据开放管理目标

能力体现为不同层级的管理绩效产出。魏江等（2001）从战略管理、组织管理和职能管理三个层次的管理目标出发，分析了组织所应当具备的能力[①]。三个层次的管理目标分别对应着不同层次的能力要求，能较为全面系统地展现能力的层级结构。本章借鉴这一思想，从战略管理、组织管理和职能管理三个层次出发，对 OGD 的管理目标进行了梳理。

（1）战略管理：OGD 对内外部环境的适应性，以及如何根据环境特征和变化来制定 OGD 整体规划。包括：

①战略规划，即根据市场及社会政治经济变化，及时有效地制定 OGD 战略发展的长期及短期目标并付诸行动；

②环境整合，即把握内外部环境，整合、优化 OGD 资源，不断实现 OGD 与内外部环境的动态平衡；

③市场驾驭，借用企业管理领域的市场驾驭这一概念，我们认为，OGD 的市场驾驭是指 OGD 对外部环境的变化以及 OGD 自身发展变化的适应和响应等。

（2）组织管理：政府及相关部门对 OGD 内部组织结构、组织网络（包括部门、分支机构等）的管理。包括：

①部门整合，即通过政府内部的整体架构、人员协调等，实现各职能部门之间的整合、共享及协同等；

②分支机构整合，即处理与协调政府各层级、各机构之间的关系，以实现数据协同合作等。

（3）职能管理：对 OGD 全业务流程的管理，是 OGD 管理绩效在具

---

① 魏江、叶学锋：《基于模糊方法的核心能力识别和评价系统》，《科研管理》2001 年第 2 期。

体业务中的直接体现。包括：

①数据提供，即政府数据资源的提供，包括政府数据资源采集、处理、整合、存储、开放等；

②数据产品开发及利用，即开放数据的获取、数据产品/服务的开发和利用等，主要解决数据再利用和增值的问题；

③市场营销，即满足市场用户的需求，同时实现组织目标的整体性经营活动过程。

对于 OGD 而言，是政府通过创造、提供、出售数据产品和价值以满足社会及政府自身需求的一种社会过程[①]。

OGD 核心能力服务于战略、组织和职能三个层次的管理目标，上文分析了 OGD 三个层次的管理目标，OGD 核心能力如何发挥作用以实现上述目标？下文将结合 OGD 业务过程展开进一步分析。

二 政府数据开放核心业务分析

OGD 核心能力形成于知识资本运动中，这一知识资本运动贯穿于 OGD 业务的规划、组织和运行，在 OGD 业务过程中发挥作用。知识资本转化和增值通过具体知识活动实现，包括：通过顶层设计为业务过程提供指导的相关知识活动，通过组织协调为业务过程提供支撑的相关知识活动，以及在具体 OGD 业务运行中各业务职能所对应的知识活动。上述知识活动中产生、积累和更新的知识最终形成 OGD 核心能力。

对于 OGD 的业务过程目前暂无权威的界定，但将政府数据作为一种资产进行管理已成为一种共识，OGD 开放利用所涉及的如何实现数据确权、授权、有序开放和利用等问题，都可以通过数据资产的管理找到解决方案。2013 年 5 月，美国首次在《开放数据政策——将信息作为资产管理》中使

---

① 傅浙铭：《营销学精要》，海天出版社 2000 年版，第 18 页。

第四章　政府数据开放整体能力的作用过程

用了数据资产（data assets）这一表述，提出将政府数据作为资产进行管理，挖掘其潜在的价值[1]。《贵州省政府数据资产管理登记暂行办法》将政府数据资产定义为"由政务服务实施机构建设、管理、使用的各类业务应用系统，以及利用业务应用系统依法依规直接或间接采集、使用、产生、管理的，具有经济、社会等方面价值，权属明晰、可量化、可控制、可交换的非涉密政府数据"[2]。OGD 在盘活政府数据，发挥其社会、政治、经济价值，实现用数据说话、用数据决策、用数据管理、用数据创新方面，与政府数据资产管理的战略目标上具有高度一致性。因此，从数据资产管理的视角对 OGD 的核心业务进行分析是可行的思路。

2018 年 7 月中国数据资产管理峰会上，"新炬网络"发布更新了"数据资产管理 AIGOV 五星模型"，从数据架构策略、数据集成共享、数据治理、数据运营管理、数据增值应用五个"管理域"，对数据资产管理的相关业务工作进行划分[3]。结合 OGD 相关政策文本中各部门的职责界定[4]，以及 OGD 相关研究中对于 OGD 生命周期的划分[5][6][7]，本书将 OGD 业务过程概括为数据治理、数据利用和数据运营三个业务域，并对

---

[1] "Open Data Policy-Managing Information as an Asset"，2013 - 05 - 09，https://obamawhitehouse.archives.gov/sites/default/files/omb/memoranda/2013/m-13-13.pdf.

[2] 《贵州省政府数据资产管理登记暂行办法》，https://www.sohu.com/a/157785105_779792，2021 年 3 月 25 日。

[3] 程永新、梁铭图、杨志洪：《数据资产管理"AIGOV 五星模型"》，《电子技术与软件工程》2018 年第 16 期。

[4] 《浙江省公共数据开放工作指引》，http://zjjcmspublic.oss-cn-hangzhou-zwynet-d01-a.internet.cloud.zj.gov.cn/jcms_files/jcms1/web3083/site/attach/0/b68a3c19ef974c7a8d5a9ce4ab56405d.pdf，2021 年 3 月 27 日。

[5] Judie Attard, Fabrizio Orlandi, Simon Scerri, Sören Auer, "A Systematic Review of Open Government Data Initiatives", *Government Information Quarterly*, Vol. 32, No. 4, October 2015, pp. 399 - 418.

[6] 黄如花、赖彤：《数据生命周期视角下我国政府数据开放的障碍研究》，《情报理论与实践》2018 年第 2 期。

[7] 段尧清、姜慧、汤弘昊：《政府开放数据全生命周期：概念、模型与结构——系统论视角》，《情报理论与实践》2019 年第 5 期。

各业务域中的知识活动进行了梳理。

（一）数据治理

数据治理专注于数据本身，目标是提高 OGD 数据质量、提升开放数据的价值，在确保数据安全和规范的同时，有序推进政府数据的整合与共享，为数据利用和流通奠定基础[①]。政府数据治理不仅可以提高政府管理和决策社会事务的科学性、有效性和针对性，还可以改善政府的公众服务并增强公众的决策参与。其涉及与以下业务相关的知识活动[②]：

（1）数据源界定。政府数据资产的重要来源有政府内部的数据、企业数据以及社会各领域数据，推动三者有效融合，能够形成多元化的治理主体和多维化的治理视角[③]。有效的数据来源是政府数据治理的前提。

（2）数据确权。将政府开放数据作为一种资产进行管理，应当明确所有权、管理权、隐私权、知情权、使用权等权属及权力运行边界[④]。政府数据资产权属关系的明晰能够有效避免政务数据在利用和交易过程中的重复采集、滥用数据，以及侵犯个人隐私等问题，是数据开放利用的重要前提。

（3）汇集政府数据。汇集政府数据包括将采集到的政府数据进行清洗、组织、整理和存储，并且及时对其进行更新，构建起可利用的政府数据集资源库。同时，数据开放过程中还需要考虑政府数据资产的安全问题以及隐私保护等问题。数据汇集是政府数据开放的基础。

（4）平台建设。平台是打通 OGD 数据跨政府跨部门现状的基础，平台作为整合分散的数据资源，降低数据资产管理运营成本，推动数据价

[①] 胡海波：《理解整体性政府数据治理：政府与社会的互动》，《情报杂志》2021 年第 3 期。

[②] 刘江荣、刘亚男、肖明：《开放数据背景下政府数据资产治理研究》，《情报探索》2019 年第 11 期。

[③] 夏义堃：《政府数据治理的国际经验与启示》，《信息资源管理学报》2018 年第 3 期。

[④] 宋晶晶：《政府治理视域下的政府数据资产管理体系及实施路径》，《图书馆》2020 年第 9 期。

值实现的载体，应建立"统一开放平台，以开放为常态、不开放为例外"①。通过平台提供可视化分析及挖掘工具、数据订阅、数据评价、数据纠错以及数据 API 等在线平台服务功能，支持用户利用。

政府数据治理为 OGD 提供透明、可读以及高质量的数据环境②，确保数据的有效发布及共享，使数据利用方能够及时、准确地获取到原始数据及服务，实现数据的有效流通，是政府数据得到有效利用的基础。

（二）数据利用

数据利用是在政府数据资源向社会开放后，由社会公众进行共享及开发利用的过程，是实现 OGD 增值的重要环节。其涉及与以下业务相关的知识活动：

（1）数据开发。开发者可根据需求依法进行政务数据资产开发利用，创造出服务于社会的应用产品/服务，并及时向政务数据管理相关部门登记备案；同时，可通过对数据进行获取、整理、挖掘以及数据可视化、数据统计、机器学习等数据分析方法，找到政府数据中可能存在的规律及内在联系，并向社会产出有价值的信息。

（2）数据产品或服务使用。普通公众参与 OGD 主要体现在使用开发者二次开发后所提供的数据产品或服务，进一步发挥数据价值、提升产出效益。

（3）数据反馈。数据利用主体在利用过程中，应及时向数据供给方报告反馈数据开放和使用中所发现的数据安全风险问题、质量问题以及需求反馈等③。而 OGD 平台则应及时对用户需求、提出的问题意见等进

---

① 张鹏、蒋余浩：《政务数据资产化管理的基础理论研究：资产属性、数据权属及定价方法》，《电子政务》2020 年第 9 期。

② 程永新、梁铭图、杨志洪：《数据资产管理"AIGOV 五星模型"》，《电子技术与软件工程》2018 年第 16 期。

③ 《浙江省公共数据开放工作指引》，http:// zjjcmspublic. oss-cn-hangzhou-zwynet-d01-a. internet. cloud. zj. gov. cn/jcms_files/jcms1/web3083/site/attach/0/b68a3c19ef974c7a8d5a9ce4ab56405d. pdf，2021 年 3 月 27 日。

行处理和响应。

政府数据利用环节，实现了数据与用户需求的对接，这一过程应充分鼓励社会对政府数据资源的利用，并在此基础上实现产品、技术和服务创新，是盘活政府数据的关键步骤。

(三) 数据运营

数据运营是在明确数据产权和主体利益的基础之上，数据供给方为需求方提供的额外增值服务/活动，通过各种措施鼓励和推动社会组织/机构进一步应用开放数据，以促进数据资产的流通。例如，政府会培育和引导相关技术企业，利用开放数据开发出更多的新型数据产品/工具，推动企业和公众的"数据消费"。政府数据运营通过开放数据驱动新的商业模式，促进经济增长和创新，实现其商业价值和经济价值[①]。其涉及与以下业务相关的知识活动[②]：

(1) 数据评估。对政府数据资产的质量、应用、风险、价值等各维度进行全面的评估，掌握 OGD 现状及问题，为改进提供依据。

(2) 数据流通服务。为满足用户对政府数据的需求，建立数据流通体系规则，提供多样化的流通服务，提升对政府数据的利用效果。同时，政府鼓励、支持通过数据交易等方式依法利用政府数据资产，培育数据交易市场。

政府数据运营管理在构建良好的数据流通环境、营造积极的数据开放共享氛围、加快政府数据资产化进程等方面将起到极大的推动作用，是释放政府数据价值的重要手段。

通过对相关政策及文献整理和分析，研究将政府数据开放业务概括为数据治理、数据利用、数据运营三个业务域及九项知识活动，如图 4-2 所示。

---

① 武琳、刘珺：《数据消费与孵化创新——开放政府数据商业应用发展趋势》，《情报资料工作》2016 年第 3 期。

② 李雨霏、刘海燕、闫树：《面向价值实现的数据资产管理体系构建》，《大数据》2020 年第 3 期。

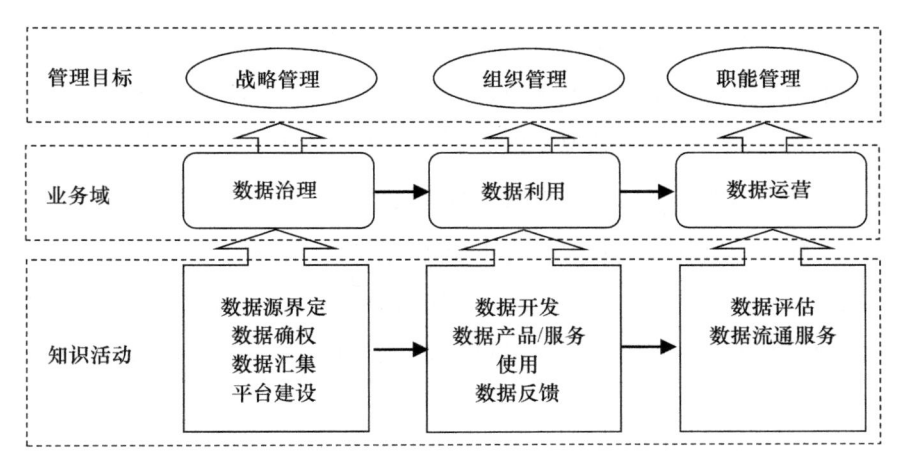

第四章　政府数据开放整体能力的作用过程

```
管理目标  ┌─────────────────────────────────────────┐
         │    (战略管理)      (组织管理)      (职能管理)    │
         └──────↑──────────────↑──────────────↑──────┘
                │              │              │
业务域   ┌──────┴──────────────┴──────────────┴──────┐
         │   ┌─────┐      ┌─────┐      ┌─────┐      │
         │   │数据治理│ ──→ │数据利用│ ──→ │数据运营│     │
         │   └──┬──┘      └──┬──┘      └──┬──┘      │
         └──────┼────────────┼────────────┼─────────┘
                │            │            │
知识活动 ┌──────┴──────┐ ┌──┴─────────┐ ┌─┴──────────┐
         │ 数据源界定    │ │ 数据开发     │ │ 数据评估    │
         │ 数据确权     │→│ 数据产品/服务 │→│ 数据流通服务 │
         │ 数据汇集     │ │ 使用        │ │            │
         │ 平台建设     │ │ 数据反馈     │ │            │
         └────────────┘ └────────────┘ └────────────┘
```

图 4-2　数据资产管理视角下政府数据开放关键业务及活动

核心能力与知识资本紧密相关，知识资本的概念将产生于组织运行过程中的无形资产与有形资产整合起来，并将组织业务活动整合到知识资本运动中，构成了事实上的核心能力[①]。因此，有必要将 OGD 核心能力研究融入 OGD 业务运行的场景和知识活动中。

第二节　政府数据开放核心能力的作用场景及知识活动

OGD 核心能力如何通过对知识资本的培育及利用实现业务活动增值，达成管理目标？如前文所述，OGD 知识资本包括人力资本、结构资本和关系资本。人力资本是政府数据开放供需双方所拥有的各种技能、知识、经验、技巧等；结构资本是约束政府数据开放的相关政策法规、制度规范，以及支撑 OGD 运行的开放平台、开放共享协作生态文化等；关系资本则是政府部门间、政府与公众间的往来关系，具体表现包括政

---
① 范徵：《论企业知识资本与核心能力的整合》，《经济管理》2001 年第 22 期。

府对外展开的一系列合作、授权以及公众的积极参与等。

本书已通过典型国家及地方的 OGD 政策文本，对 OGD 核心能力进行提取和分析，包括基础保障能力、数据提供能力、数据利用能力、流通运营能力。那么，这些核心能力如何发挥作用？

研究基于所收集的大量国内外 OGD 相关政策文本、研究文献及网络实践，从知识资本的视角，具体分析实践 OGD 核心能力在哪些场景的知识活动中发挥作用，培育和利用知识资本，支撑知识活动增值以促成管理目标实现。

一　基础保障能力的作用场景及知识活动

基础保障能力是为 OGD 提供全局支撑，通过顶层设计明确 OGD 实施战略及整体规划，作用于 OGD 数据治理、数据利用和数据运营的整个业务过程。

（一）政策法规制定能力

政策法规制定能力是以政府为代表的 OGD 供给方制定 OGD 相关政策法规、保障 OGD 有序运行的能力。其通常作用于整个 OGD 业务过程或者某一类业务活动，能够从顶层为 OGD 提供整体规划，创造一个覆盖 OGD 全过程业务增值的基础环境，使数据开放在此环境中通过知识资本转化增值，服务于 OGD 战略规划目标。使 OGD 主导者能够根据社会、政治、经济环境的变化，及时有效地制定 OGD 战略发展的长期及短期目标并付诸行动。

结合相关 OGD 研究和实践，分析发现政策法规制定能力体现于 OGD 全业务过程的相关知识活动中：

（1）制定政策法规保障 OGD 有序推进。自 OGD 兴起以来，各国家和地方政府推出了系列政策法规，如《开放数据指令》《开放数据宪章》《贵州省政府数据共享开放条例》《山东省公共数据开放办法》等，对政府数据管理、共享、开放等业务过程中的原则、办法、流程及限制进行了详细的规定和说明，并且明确各级部门的职责以及 OGD 实施过程中的法律责任等。《中华人民共和国数据安全法》则针对国家机关在 OGD 数据采集、开放和使用中的权利及义务进行了规定，对于确保个人、国家数据安全及开放有重要意义。可以看出，OGD 推动者在其 OGD 战略规划活动中，注重政策法规的行政约束力，通过政策法规自顶而下为 OGD 建立正式的制度体系，以整合结构资本。

（2）关注持续对话的合法性。我国《促进大数据发展行动纲要》提出应"建立政府和社会互动的大数据采集形成机制"，英国也重视与企业、第三部门、民间社会和数据用户的持续对话，将民众的观点和关注的内容纳入《数字宪章》中[①]。上海、浙江、四川等地都在其年度工作计划中，将政府与企业、社会组织及公众之间互动联系作为一项重要工作；山东省由大数据局牵头，在各地市发布"公共数据开放'问需于您'"问卷，征集公众对公共数据的需求。可以看出，各国及地方政府均以较为正式的条文或官方活动确保政府与社会之间的互动，实现对关系资本的转化。

上述知识活动对 OGD 结构资本和关系资本的培育与利用，促使战略规划活动实现增值发挥了重要作用。政府与用户间的关系得以盘活，确保政府能够以包容性和参与性的方式制定政府数据开放战略；同时，OGD 相关政策及条文的制定，使 OGD 规划落实更具权威性、指导性和规范性，促使 OGD 供需双方能够按照规范、流程参与到数据开放运动中。

政策法规制定能力是实现战略规划部署的关键步骤，是促使战略实施达到预期目的的重要保障，其促进了各项知识资本的培育及利用，支撑相关战略规划活动增值，以实现战略管理目标。

---

① "UK National Action Plan for Open Government 2019–2021"，2019–06–12，https://www.gov.uk/government/publications/uk-national-action-plan-for-open-government-2019-2021/uk-national-action-plan-for-open-government-2019-2021.

(二) 组织与协调能力

组织与协调能力即 OGD 供给方构建组织架构、审计监管、培训考核、组织协同等一系列制度体系的能力。该能力保障 OGD 的整体运行，从构建政府组织结构、人员配置及协同合作等方面来实现 OGD 全过程保障，服务于 OGD 组织管理目标——政府各职能部门、各层级、各机构间的整合、共享及协同等。

结合相关 OGD 研究和实践，分析发现组织与协调能力体现于 OGD 全业务过程的相关知识活动中：

(1) 设立专门的组织架构及人员管理制度。美国在 OGD 推进中，采用层级式、平行式和区域间合作三种形式，在地方、州和联邦之间展开合作[①]。中国的 OGD 推进主要是由国家/地方信息化领导小组、国家/地方政府数据开放综合管理机构、各业务部门负责，承担了多重角色[②]：作为数据决策者，主要负责宏观上 OGD 的战略目标及决策指导；作为数据管理者，主要负责 OGD 的统筹规划、政策及标准制定、协调、指导及监督各业务部门的实施情况；作为数据开放的主体，负责具体编目、开放和安全等数据开放相关的工作，并按照上级机构的指导和要求与其他部门协调配合工作。OGD 组织架构制定活动侧重于灵活合理的组织结构体系和岗位职能设置，并通过构建在线数据共享系统、在线协作系统等，实现跨机构合作与协同。相关知识活动重在整合结构资本。

(2) 设立专门的科研机构或知识库。英国先后于 2013 年和 2020 年发布的《数据能力发展战略规划》和《国家数据战略》，均强调政府内部人员应当接受数据素养技能培训以提高国家的数据能力，其设立的开放数据研究所（Open Data Institute），旨在研究并分享使用开放数据方面

---

① 黄如花、陈闯：《美国政府数据开放共享的合作模式》，《图书情报工作》2016 年第 19 期。

② 沈亚平、许博雅：《"大数据"时代政府数据开放制度建设路径研究》，《四川大学学报》(哲学社会科学版) 2014 年第 5 期。

第四章 政府数据开放整体能力的作用过程

的知识和应用等①；美国将建立知识库的做法纳入 OGD 战略规划和行动计划中②，OGD 知识资源库（https：//resources.data.gov/）鼓励政府部门/层级间的在线协作以及专家的知识共享，收集整理与 OGD 相关的规范标准、数据工具、最佳实践和案例等各类资源，并在线提供给用户使用，鼓励参与者不断学习提高自身能力。可以看出，英国的人员配置活动关注人员的成长及数据科学家的培养，注重对人力资本的培育与转化，通过培训提升政府内部人员的数据开放技能；美国的 OGD 知识库关注人员知识的共享与提升，通过实现各部门在线协作共享，解决政府职能碎片化问题③，实现人力资本培育和转化。

（3）建立数据共享机制促进协作。浙江、上海等多地推进"一网通办"，即由省/市政府办公厅、大数据中心、经济信息化部门、其他行政机关以及区域行政部门共同协作，通过梳理事项清单，整合 OGD 公共数据资源，建立全流程一体化在线政务服务平台和线下办事窗口，"让数据多跑路，群众少跑腿"，实现"最多跑一次"④⑤；疫情期间，以深圳市为代表的地方政府及时通过 OGD 平台公开并向其他省市共享当地确诊患者病历等数据，不仅有助于当地疫情防控并缓解公众焦虑，而且有助于有效控制疫情蔓延⑥。浙江、上海和深圳的 OGD 跨部门/跨层级数据协同思想，通过在各个政府机构间建立合作伙伴关系，实现数据和知识共享，共同解决社会问题、提升政

---

① "Open Data Institute"，2021-08-5，https://theodi.org/.
② "Federal Data Strategy & 2020 Action Plan"，2021-06-30，https://strategy.data.gov/assets/docs/2020-federal-data-strategy-action-plan.pdf.
③ 陈国权、皇甫鑫：《在线协作、数据共享与整体性政府——基于浙江省"最多跑一次改革"的分析》，《国家行政学院学报》2018 年第 3 期。
④ 《浙江省公共数据开放工作指引》，http://zjjcmspublic.oss-cn-hangzhou-zwynet-d01-a.internet.cloud.zj.gov.cn/jcms_files/jcms1/web3083/site/attach/0/b68a3c19ef974c7a8d5a9ce4ab56405d.pdf，2021 年 3 月 27 日。
⑤ 《上海市公共数据和一网通办管理办法》，https://www.shanghai.gov.cn/nw44148/20200824/0001-44148_57561.html，2021 年 6 月 30 日。
⑥ 周林兴、徐承来、宋大成：《重大疫情灾害中政府数据开放模式研究——以新型冠状病毒肺炎疫情为实证分析》，《现代情报》2020 年第 6 期。

府效能，是对关系资本的充分利用。

上述知识活动通过对人力资本、关系资本、结构资本的转化，促使组织架构、人员配置及跨部门/机构/层级数据协同等活动实现增值。层级清晰、权责分明的组织结构体系，确保了 OGD 相关工作推进中的权力归属及责任落实；数据技能及工作绩效评估体系，确保了 OGD 的问题发现、改进及持续成长；开放数据研究所、知识库的设立为 OGD 参与者提供了知识学习的途径和场所，数据素养及技能培训为 OGD 参与者提供了线上/线下课程教学、优秀部门/员工经验分享、案例分析等多途径学习机会，完成了 OGD 参与者的知识能力培育提升；"一网通办"等举措有效放大了 OGD 数据共享的效用，通过政府跨部门/跨层级的合作互通，极大减轻了政府负担，方便了民众，提升了办事效率。

组织与协调能力不仅保障了专门的 OGD 组织结构和人员配置[1]，还能够在整个 OGD 业务过程中，为 OGD 参与者提供能力提升的通道，为政府跨部门/跨层级的协作和反馈提供有利环境[2]。组织与协调能力促进了各项知识资本的培育及利用，支撑着 OGD 组织架构、人员配置及跨部门/机构/层级的数据协同等活动增值，以实现组织管理目标。

二 数据提供能力的作用场景及知识活动

（一）标准规范制定能力、数据确权能力

标准规范制定能力是 OGD 供给方在政府数据资源采集、处理、整合、存储、开放等整个数据生命周期过程中，制定相关数据标准和规范，以明确数据来源、有效管理数据的能力；数据确权能力即 OGD 供给方明确数据资产所有权、管理权、隐私权、知情权、使用权等权属及权力运行边界的

---

[1] 赵玉林:《创新经济学》，中国经济出版社 2006 年版，第 191 页。
[2] 王建伟、王小建:《电子商务物流信息系统分析与设计》，首都经济贸易大学出版社 2008 年版，第 11 页。

第四章 政府数据开放整体能力的作用过程

能力。这两个能力是通过相关数据标准和规范的制定[①]、数据权属的界定[②]提高数据质量和价值、确保数据安全和规范,以提供一个透明可读以及高质量的数据环境[③],使数据治理活动通过知识资本转化增值,服务于 OGD 的职能管理目标,作用于政府原始数据资源的有效提供。

结合相关 OGD 研究和实践,分析发现标准规范制定能力、数据确权能力体现于数据治理的以下相关知识活动中:

(1) 制定数据治理相关的制度规范。山东省出台的《公共数据开放数据管理规范》《公共数据开放元数据规范》《山东省公共数据开放技术规范》等一系列规范文件,对 OGD 数据标准、元数据标准、数据质量管理办法,以及数据技术规范等进行了详细规定和说明,以有效规范政府数据开放共享过程中所涉及的数据资源采集、处理、整合、存储、开放等业务活动。出台相关制度规范正是从结构资本培育的角度对 OGD 数据的有效治理。

(2) 以新技术保障 OGD 数据确权。为确保 OGD 数据的有效流转,在保障个人数据权和隐私权的前提下实现数据确权,相关学者提出将区块链技术应用于数据溯源、解决数据流通、清晰数据权属关系并实施监管,这也是 OGD 数据确权需要思考的新方向。在规范及标准基础上将新技术应用于 OGD 数据安全保障,也是强化结构资本效用培育 OGD 健康生态的有力举措。

上述知识活动为保障结构资本转化,实现数据治理活动增值发挥了关键作用,OGD 相关规范及标准的制定,使数据治理活动规范化,能够

[①] 彭秋平:《广东省地级市开放政府数据平台组织与建设现状调研》,《图书馆学研究》2019 年第 12 期。
[②] 袁莉、姚乐野:《政府数据开放的整体能力:概念、框架及演化机制》,《图书情报工作》2021 年第 19 期。
[③] 程永新、梁铭图、杨志洪:《数据资产管理"AIGOV 五星模型"》,《电子技术与软件工程》2018 年第 16 期。

保障 OGD 工作的有据、可行、可控；将区块链等新技术应用于数据治理中，对于有效避免政府数据的重复采集、数据滥用以及个人隐私保护等起到了重要作用。

标准规范制定能力、数据确权能力促进了结构资本的培育及利用，支撑了数据治理活动的增值并推动了其职能管理中数据提供目标的实现。

（二）数据集提供能力、数据服务提供能力

数据集提供能力是 OGD 供给方通过公共数据统一开放平台，向公众提供开放数据集的能力；数据服务提供能力即 OGD 供给方根据需求方的要求，制定相应的数据服务策略并提供服务功能的能力。这些能力建立在用户需求基础上，及时准确地为用户提供原始数据及数据服务/产品，有效推进数据的发布及共享①，使数据治理活动通过知识资本转化实现增值，服务于 OGD 的职能管理目标，作用于政府数据资源的有效提供。

结合相关 OGD 研究和实践，分析发现数据集提供能力、数据服务提供能力体现于数据治理的以下相关知识活动中：

（1）以用户需求为中心提供 OGD 数据及服务。美国政府通过对政府业务数据及用户相关数据（个人信息、行为数据等）展开跟踪，及时获取用户的个性化需求，且在提供数据订阅、评价、纠错以及 API 等基本服务的基础上，提供有针对性的场景化服务和数据可视化服务，积极通过在线政府客服等其他多媒体途径，为用户提供智能化精准推送、智能化决策等服务②。美国政府通过需求跟踪、支持创新等，提升开放数据及数据服务的提供质量，为人力资本转化营造良好氛围。

（2）打造面向多用户类型、多服务渠道的 OGD 平台。北京市政府各

---

① 胡海波：《理解整体性政府数据治理：政府与社会的互动》，《情报杂志》2021 年第 3 期。

② "Federal Data Strategy & 2020 Action Plan", 2022 - 04 - 14, https://strategy.data.gov/assets/docs/2020-federal-data-strategy-action-plan.pdf.

部门利用公共数据统一开放平台，向自然人、法人和其他组织提供公共数据，同时提供在线预览、下载、API 接口访问等多种数据获取方式。可以看出，北京市在数据治理活动中注重通过平台建设整合结构资本。

（3）建立良好的供需协作关系。英国政府通过积极与数据用户互动，了解其对 OGD 的需求，将 OGD 工作的重点放在社会最关注的数据上，明确数据源范围，规划数据开放次序，实现以用户需求为导向的政府数据开放[1]。英国在数据治理活动中关注政府与公众的关系，对公众需求给予足够的重视，通过构建政府与公众的互利合作双赢关系，充分发挥关系资本的作用。

上述知识活动体现了数据集提供能力和数据服务提供能力在对人力资本、结构资本、关系资本转化中的作用，其促使数据治理活动实现增值。政府为公众提供了便捷多样的数据获取渠道和数据获取方式，打造了满足用户个性化需求和习惯的平台功能和服务等。

政府数据开放平台是政府数据资源汇集的重要载体，也是用户利用政府数据及服务的应用平台。提供什么样的数据集及平台服务，是由数据集提供能力、数据服务提供能力所保障的，上述知识互动中，两种能力发挥其作用促进各项知识资本的培育及利用，支撑数据治理活动增值以实现其职能管理中的数据提供目标。

三　数据利用能力的作用场景及知识活动

（一）数据开发能力、使用能力及反馈能力

数据开发能力是开发者对政府开放的数据进行加工处理，产出相关数据产品、应用或报告等的能力；数据使用能力是使用者对数据产品/服

---

[1] "UK Open Government National Action Plan 2016-18"，2022-04-14，https://www.gov.uk/government/publications/uk-open-government-national-action-plan-2016-18/uk-open-government-national-action-plan-2016-18.

务的使用渠道、方法、技术应用等能力；数据反馈能力是公众在OGD使用过程中，向政府反馈问题、意见及需求的能力。这些能力确保开发者和使用者通过其对政府数据的利用，将"低价值"原始数据增值为"高价值"的数据服务/产品，并通过其使用发挥数据价值、产生效益，促进知识资本在数据开发、利用、反馈活动中实现增值，达成职能管理中的数据产品开发及利用目标。

结合相关OGD研究和实践，分析发现数据开发能力、数据使用能力及数据反馈能力体现于数据利用的以下相关知识活动中：

（1）举办开放数据应用大赛。自OGD运动兴起，各国各地方政府通过举办开放数据大赛，促进对政府数据的开发利用。美国、英国，以及中国的浙江、上海、成都等国家和地区举办了各类主题的开放数据创新应用大赛，数据开发者们通过参与大赛或与政府合作的形式，利用自身的知识、经验和技能开发出创新的数据产品，解决社会需求，实现开发者人力资本在OGD数据利用中的增值。

（2）鼓励OGD数据利用中的支持与协作。为帮助OGD用户突破数据开发利用中的障碍，美国OGD平台为开发者提供了直接跳转到Github网站上获取技术支持的链接，中国上海OGD平台为开发者提供了"数据使用之路""接口调用详解"等帮助指南。同时，浙江省在OGD工作指引中，也要求用户及时向OGD供给主体报告数据利用中发现的各类数据安全风险和质量问题，切实履行数据安全保护义务①。四川省OGD平台上提供了操作指南、常见问题、动态资讯、数据评价、数据请求、数据纠错等栏目，为公众学习、反馈提供了途径②。可以看出，数据开发者和使用者在数据开发利用及反馈等活动中，充分利用自身的知识和技能，

---

① 《浙江省公共数据开放工作指引》，http://www.zj.gov.cn/art/2020/8/31/art_12295 14438_59098082.html，2022年4月14日。

② 《四川省公共数据开放网》，http://www.scdata.gov.cn/，2022年3月9日。

通过密切加强政府及OGD用户的合作，充分培育和利用人力资本与关系资本。而在这一过程中，对平台交互功能设计的关注等，不仅促进了需求方对开放数据的使用和反馈，同时也对平台功能优化、整合结构资本发挥了作用。

（3）推动OGD数据成果的汇集和再利用。以浙江省为代表的多个OGD管理者，都要求OGD开发者及时向OGD平台上传/发布其所开发的数据成果（产品、服务或报告等形式），并且将开放应用过程中所产生的业务数据及时回传至OGD平台，用以完善提升OGD数据质量和加强数据开放应用成效评估。在这一数据成果的交互过程中，既实现了OGD数据的再利用，又推动了OGD开发者与政府和其他用户间的知识交流共享，实现了关系资本培育利用。

上述知识活动通过对人力资本、结构资本、关系资本的转化，促使数据开发活动实现增值。数据创新大赛的举办等能够确保开发者和利用者们不断实现知识提升和创新；各OGD平台针对用户需求所设计的成果上传、操作指南、数据评价、数据纠错等功能模块，能够促使社会公众利用OGD平台学习OGD相关知识、技能，了解OGD的最新动态，并获取所需要的数据集，以解决自身问题。

开放的政府数据为开发者们提供了创新的"原材料"，而利用者们对数据产品或服务的利用能够进一步发挥数据价值、产生效益。数据开发能力、数据利用能力、数据反馈能力促进了各项知识资本的培育及利用，支撑数据利用活动增值，以实现职能管理中的数据产品开发及利用目标。

（二）宣传推广能力

宣传推广能力是OGD供给方为推动公众参与数据利用，所开展的OGD宣传、服务/产品推广等工作的能力。宣传推广能力决定了OGD能否通过合理的宣传推广方案，实施OGD品牌宣传与推广，使数据利用活动通过知识资本转化增值，实现 OGD 市场营销目标——将社会需求和政府需求转化为"商机"，满足社会需求的同时实现社会效益，提高社会关注度和用户参与率。

结合相关 OGD 研究和实践，分析发现宣传推广能力体现于数据利用的以下知识活动中：

（1）借助各类媒体开展宣传和培训。政府通过微信公众号、微博、抖音等各类自媒体、印制宣传手册海报，以及工作人员上门宣传等方式进行 OGD 推广[①]。针对重点培养对象，例如，以"慧源共享"为代表的针对高校学生的开放数据创新研究大赛，在长达半年的赛期内，会组织若干次线上/线下学术训练营，培育高校学生的数据思维与开发能力，提升高校学生对 OGD 的认知[②]。各 OGD 平台设置有专门的栏目，对大赛的优秀作品及使用效益进行宣传，同时还通过设立创业孵化基地等方式为优秀的参赛者提供成果孵化支持。相关宣传和培训为充分培育和利用人力资本创造了条件。

（2）培育良好的 OGD 生态文化。以民生需求为出发点，进行 OGD 宣传推广。四川省大数据中心推出的《大数据会说话》专题，以社会关注的热点民生问题为主题，通过几分钟的视频动画向公众讲述生活中的数据故事。该专题设置于四川公共数据开放平台的互动交流栏目中，其极高的点击率，为推动社会公众的 OGD 利用，打造良好的 OGD 生态文化，整合结构资本发挥了作用。

（3）授权以促进深度参与。英国政府将 OGD 实施过程中部分权力授予社会群体，通过赋予公民更多权力以实现其对 OGD 的深度参与，如授权公众参与拟议的 OGD 法律修改等。这一授权盘活了数据利用活动中政

---

① 陈朝兵、简婷婷：《政府数据开放中的公众参与模式：理论构建与案例实证》，《图书情报工作》2020 年第 22 期。

② 《慧源共享全国高校开放数据创新研究大赛》，https://i-huiyuan.shec.edu.cn/competition/，2021 年 10 月 1 日。

府与社会公众之间关系,提高了社会公众参与的积极性,通过授权、培训、激励等方式,促进公众参与,充分利用关系资本。

上述知识活动在确保人力资本、结构资本、关系资本转化,促使数据利用活动实现增值方面起到了重要作用。线上/线下宣传活动的展开、专题栏目的设置等为社会公众了解、参与及反馈 OGD 提供了途径;同时,政府与公众间通过建立合作共赢的互动关系,极大地促进了开放数据的利用。

政府的数据开放,有一个被社会公众认知、接受和使用的过程,政府的宣传推广有助于促进公众对 OGD 的开发和利用,并提升 OGD 的知晓度和利用率。宣传推广能力发挥其作用促进各项知识资本的培育及利用,支撑数据利用活动增值,以实现职能管理中的数据产品开发及利用目标。

(三) 互动交流能力

互动交流能力强调 OGD 供需双方的交流,供给方及时处理和响应需求方意见反馈的能力。互动交流可以发生在 OGD 数据提供和数据运营阶段,但更多情况下是在数据利用阶段由用户主动发起的,因此其作用贯穿于 OGD 全业务过程,致力于实现 OGD 战略管理层的环境整合目标——把握内外部需求,整合、优化 OGD 资源,实现 OGD 与内外部环境的动态平衡,其关键在于如何处理、协调与合作伙伴及用户之间的关系以适应动态环境。

结合相关 OGD 研究和实践,分析发现互动交流能力体现于全业务过程的相关知识活动中:

(1) 征集公众意见建议、汇集群体智慧。美国 OGD 平台设置"CHALLENGE"栏目,公开向公众征集 OGD 创新方案,并由政府与公众合作参与方案的设计、开发及实现[①]。2016 年,纽约市市长数据分

---

① 黄如花、陈闯:《美国政府数据开放共享的合作模式》,《图书情报工作》2016 年第 19 期。

析办公室充分征询当地开放数据用户和地理信息系统（GIS）专家的意见，众包开发出了开放数据地理空间标准，充分实现了公众群体智慧的转化[①]。OGD利用中，引入外部专家或用户知识并将其与政府现有资源整合，缓解了政府及专门机构人力资源紧张的难题，促进了人力资本的有效利用。

（2）借助各类媒体进行对话。利用网站、博客、邮箱、论坛、圆桌会议等各类媒体，英国政府实现了与公众的多渠道对话，在有效的互动交流中及时对公众反馈进行整理、分析和回复[②]。对话不仅体现了对公众参与的重视，也实现了基于公众需求的OGD资源整合和工作改进，是盘活关系资本的有效举措。

（3）设立互动交流栏目实现多渠道协作。多数国家和地方的OGD平台上设置了"互动交流"栏目，OGD提供方通过数据需求、内容建议、问题反馈、咨询提问等途径为用户提供反馈通道，通过问卷调查等形式主动了解用户的意见建议，通过常见问题、举报入口、权益保护等途径帮助用户知晓自己的合法权益。处于相对弱势的数据需求用户，能够通过互动交流从不同渠道与数据供给方进行沟通，使供需双方的互动协作关系不断加强。

上述知识活动通过对人力资本、关系资本的培育及利用，助力于内外部资源整合活动的增值。众包和合作等方式使得OGD用户及外部专家的知识，被充分引入并应用到OGD标准制定、数据服务设计与开发等重要活动中，确保内外部资源得到充分利用；此外，OGD供需双方的关系通过互动反馈和持续改进得以加强，用户积极性、参与度及用户黏性得以提升。

政府与公众之间的交流与合作，极大缓解了OGD发展过程中资源不

[①] "NYC Data at Work: 2018 Open Data for All Report"，2021-10-05，https://opendata.cityofnewyork.us/wp-content/uploads/2018/09/2018-OD4A-report-complete-DIGITAL.pdf.

[②] "Putting the Frontline First: smarter government"，2022-04-12，https://assets.publishing.service.gov.uk/government/uploads/system/uploads/attachment_data/file/228889/7753.pdf.

第四章　政府数据开放整体能力的作用过程

足的压力。互动交流能力促进了人力资本和关系资本的培育及利用，为OGD发展所需的资源流动营造良好环境，以实现战略管理中的环境整合目标。

四　流通运营能力的作用场景及知识活动

（一）数据评估能力

数据评估能力是OGD主导者或第三方对政府数据的质量、开放、使用、风险、价值等展开全方位评估，发现问题并及时反馈的能力。其目的是为OGD创造一个健康有序的大环境，使OGD能充分实现其战略构想，以高质量的政府数据满足多元主体的数据需求，并通过OGD全业务过程的知识资本转化增值，实现OGD战略管理中的市场驾驭目标——对外部环境的变化以及OGD自身发展变化的适应和响应等。

结合相关OGD研究和实践，分析发现数据评估能力体现于数据运营的以下相关知识活动中：

（1）综合专家意见构建评估体系。《开放数据晴雨表》[1]《中国开放树林指数》[2] 等OGD评估指标体系，均学习、借鉴了国内外优秀案例，并综合了多轮专家意见，以"系统、多维、科学、可行"为原则，从准备度、平台层、数据层、利用层等各个维度建立OGD评估框架。OGD的评估建立在科学、合理的前提下，通过现有知识经验的学习以及专家的知识碰撞，实现了人力资本及关系资本的盘活与转化。

（2）实施评估并持续改进。《开放数据晴雨表》《全球开放数据指数》《中国开放树林指数》《四川数据开放指数报告》等国内外OGD评估体系，为评估各国、各地方政府数据开放水平提供了依据。不论是从

---

[1] "Open Data Barometer"，2021－06－19，https：//opendatabarometer.org/doc/leaders Edition/ODB-leadersEdition-Report.pdf.
[2] 复旦大学、国家信息中心数字中国研究院、复旦大学数字与移动治理实验室：《2018中国地方政府数据开放报告（上半年）》，2018年，第8页。

第三方还是从政府供给方视角开展的评估，都关注构建科学合理的评估体系框架，关注 OGD 市场效益和用户反馈，并通过持续评估推动 OGD 持续改进，加速了 OGD 生态的形成，有助于整合结构资本，体现 OGD 的市场价值。

上述知识活动在人力资本、结构资本、关系资本转化，通过 OGD 评估活动实现增值方面起到了关键性作用。专家意见的引入，使知识和观点得以碰撞、创新，在借鉴国际上优秀案例的同时，结合我国发展实际，使得评估更具科学性和合理性；同时，OGD 评估指标体系的建立和完善，使得 OGD 评估具备了规范性和可操作性，有助于持续关注 OGD 生态发展与变化。

数据评估帮助 OGD 主体客观、全面、科学地认识 OGD 现状，适应环境的变化并及时进行调整，数据评估确保了各项知识资本转化的合理性和规范性。数据评估能力确保了各项知识资本的培育及利用，支撑评估活动增值以实现战略管理层的市场驾驭目标。

（二）数据交易生态培育能力

数据交易生态培育能力是 OGD 主导者通过交易交换、租用流转等方式培育数据交易市场，政府在数据资源交易中，通过建立流通标准规范，推动政府数据资源的流通增值能力。数据交易生态培育通过打造良好的数据流通环境，加快政府数据资产化进程，提升数据资产交易效率，使数据流通服务通过知识资本转化实现增值，以实现 OGD 市场营销目标——政府通过创造、提供、出售产品和价值以满足社会及政府自身需求。

结合相关 OGD 研究和实践，分析发现数据交易生态培育能力体现于数据运营的以下相关知识活动中：

（1）建立专门的数据交易市场。贵阳市建立了我国第一个大数据交易所，通过会员制吸纳全国各地政府、企业参与到数据资产交易中，实

第四章 政府数据开放整体能力的作用过程

现了对全国所有政府及企业公开数据的链接，促进了数据流通。贵阳市政府在数据运营活动中，关注政府如何通过学习国内外的优秀实践，与政府、企业等合作，利用交易交换、租用流转等方式共同促进政府数据资产的增值和变现，提升数据资产交易效率，培育数据交易市场，较好地实现了人力资本和关系资本的有效利用。

（2）制定数据交易规范引导市场有序运行。各地方政府在数据运营活动中，以正式的条文明确数据交易平台建设的规范性以及数据流通标准的必要性。《广东省公共数据管理办法》明确提出政府将推动建立数据交易平台，引导市场主体通过数据交易平台进行数据交易[1]；北京市政府强调健全数据确权、数据资产、数据服务等交易标准，完善数据交易流通的定价、结算等服务体系[2]；《上海市数据条例》提出建立公共数据授权运营机制，以市场化方式运营公共数据，通过签订合同，实施数据交易和加工等[3]。相关制度确保了数据交易的规范化，有助于培育和优化结构资本。

上述知识活动在人力资本、结构资本、关系资本转化，促使数据流通服务实现增值方面起到了重要作用。政府与企业、高校、社会组织等之间的关系得以盘活，确保数据运营过程中的多方参与，共同构建交易生态；数据交易平台及数据交易流通、跨境传输和安全保护等基础制度和标准规范的建立，确保了OGD数据运营的导向和规范性，促使交易双方能够在指定平台，按照标准和规范参与到数据交易和流通中；数据产品权属的进一步界定也保障了数据交易的可持续性。

---

[1] 《广东省公共数据管理办法》，http://www.gd.gov.cn/zwgk/wjk/qbwj/yfl/content/post_3584932.html，2022年3月9日。

[2] 《北京市大数据和云计算发展行动计划（2016—2020年）》，http://www.beijing.gov.cn/zhengce/zhengcefagui/201905/t20190522_59364.html，2022年4月14日。

[3] 《〈上海市数据条例〉全文发布！详解上海数据交易"10+"模式｜附全文》，https://mp.weixin.qq.com/s/i0Plmdhl5tyZfMpKeE_MBQ.，2022年3月9日。

数据交易生态培育能力保障了数据交易市场中各 OGD 参与主体的合法权益，通过规范、合理、形式多样的数据流通服务，助力数据资产的转化，培育数据交易生态，支撑数据流通服务活动增值，实现职能管理层的市场营销目标。

五 政府数据开放核心能力作用过程小结

研究结合 OGD 管理目标、业务过程（知识活动），分析了 OGD 核心能力培育和利用知识资本的具体路径，由此对 OGD 核心能力如何发挥作用有了更清晰的认识。

政策法规制定能力、互动交流能力、数据评估能力通过对人力资本、结构资本及关系资本的培育及利用，制定并发布 OGD 相关政策法规、实现政府与公众之间的交流与合作、构建并实施 OGD 评估指标体系等，创造了一个覆盖 OGD 全过程业务增值的大环境，使数据开放在此环境中通过知识资本转化实现增值，最终达成战略管理目标——快速适应内外部环境，并依据内外部环境特征和变化制定 OGD 整体规划。

组织与协调能力通过对人力资本、结构资本及关系资本的培育及利用，构建适合 OGD 发展的组织结构体、明确政府成员的培训考核制度、构建政府跨部门/机构/层级之间的协同共享机制等，实现了 OGD 全过程的业务活动增值，最终达成组织管理目标——对政府内部组织结构、组织网络及人员的有效管理。

标准规范制定能力、数据确权能力、数据交易生态培育能力等其他 OGD 核心能力通过对人力资本、结构资本及关系资本的整合、转化及利用，制定并发布 OGD 相关数据标准和规范、明确数据权属及边界、构建数据交易流通平台、建立数据交易流通等基础制度和标准规范等，实现了 OGD 数据治理、数据利用及数据运营业务过程中数据确权、数据汇集、数据开发、数据利用等各项活动的增值，最终达成职能管理目标——满足 OGD 供需双方需求，实现政府数据资源的提供、开发、利用、反馈、交易等。

OGD 核心能力作用过程如图 4-3 所示。

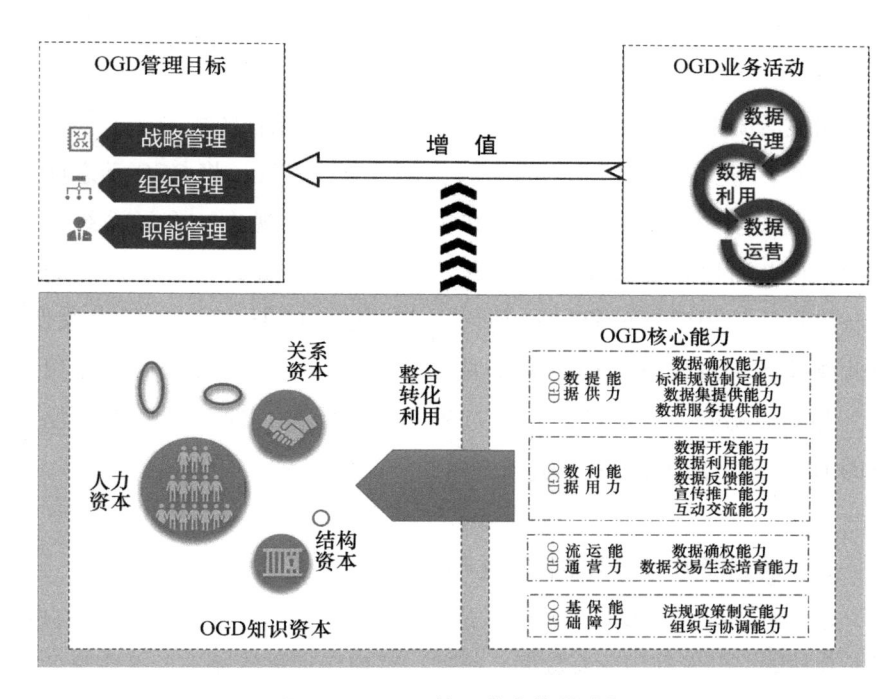

图 4-3 OGD 核心能力作用过程

第三节 基于知识创新的政府数据开放
动态能力作用过程

第三章从政策文本中识别出了 OGD 动态能力的构成，同时，分析表明，四种 OGD 动态能力通过一系列知识活动对 OGD 知识资本进行创造和更新，那么，各种 OGD 动态能力如何在这一过程中发挥作用，具体作用方式和场景如何？

不同于 OGD 核心能力直接作用于具体业务场景中，OGD 动态能力是以现有能力为作用对象,通过知识创造和更新实现对现有能力的提升,其作用过程是一个相对抽象的过程。借鉴复杂适应系统理论的思想,将OGD动态能力系统作为一个复杂适应性系统,其作用过程由作用主体、作用行为以及作用环境构成。OGD动态能力作用主体是OGD的供需双方,作用行为体现在动态能力克服核心刚性所实施的知识资本更新与创造的相关活动中,作用环境即为OGD知识活动所依赖的场景。

因此,下文从OGD动态能力的复杂适应性出发,将OGD动态能力在突破核心刚性过程中的每一个知识转化阶段均视为一个子系统,每种知识创新阶段作为知识资本更新与创造的一部分,均通过一定的流程、由具体知识活动的路径推动,以实现相应的OGD知识资本改变,由此阐述各子系统内的OGD动态能力作用主体、行为过程以及作用场景,并从动态能力理论的路径、过程和位势出发,深入分析不同场景下的OGD动态能力作用行为。

一 动态能力与知识创新的过程关联

相关研究认为,OGD知识创造是创新主体为满足社会需求,运用自身经验和技能,开发利用政府数据,通过一系列活动最终输出创造成果的过程,在这一过程中,有不同主体的参与,他们输出不同创造水平的结果,且其创造过程会受到自身及环境的影响[1]。组织知识和动态能力的演变遵循"产生变异—内部选择—传播—保持"的路径[2],在这一过程中,动态能力作为提升和改造现有知识的能力[3],是通过对现有知识的感知、吸收、

---

[1] 袁莉、徐丽新、姚乐野:《政府数据开放的知识创造机理研究》,《情报理论与实践》2022年第2期。
[2] 董俊武、黄江圳、陈震红:《基于知识的动态能力演化模型研究》,《中国工业经济》2004年第2期。
[3] 辛晴:《动态能力的测度与功效:知识观视角的实证研究》,《中国科技论坛》2011年第8期。

第四章 政府数据开放整体能力的作用过程

交流及在此基础上的知识创造，实现知识的重构和创新[①]，体现为一系列知识的运动[②]。

知识是能够创造价值的战略资源。诸多研究表明，新知识的创造在组织成功中具有重要作用，组织拥有完善的知识创造流程则能够科学有效地将已有的知识与新知识以独特的方法联系起来，继而推动组织的发展。

1995 年，日本学者野中郁次郎提出并系统阐述了知识创新的 SECI 模型[③]。SECI 将知识创造的过程看作一个连续的周期性循环，知识在社会化、外部化、组合化以及内部化的过程中完成知识创新，并周而复始不断循环。野中在 SECI 模型中，不但从存在论的角度，阐释了知识如何通过"个体—群组—组织（跨组织）—个体"实现知识流动加工；还从认识论的角度，分析了知识所经历的"隐性—显性—隐性"的形态变化，提出隐性知识的作用更为关键。野中认为，每一次知识的流动和形态变化，都是一次知识的提升，个体或者组织通过干中学、交流互动、经验总结和实践应用等，不断进行知识学习和知识加工，使知识在不同载体、不同形态的流动变化中实现创造更新，组织能力也同步得以提升。

SECI 模型系统阐述了组织知识创造如何经由隐性与显性知识的互相转换，创造出个人知识、群体（团队）知识、组织知识、跨组织的知识，还详细分析了知识主体如何在此过程中扩展隐性与显性知识的质与量，如图 4-4 所示。

[①] 孙红霞、生帆、李军：《基于动态能力视角的知识流动过程模型构建》，《图书情报工作》2016 年第 14 期。

[②] 江积海、宣国良：《企业知识传导与动态能力研究》，《情报科学》2005 年第 4 期。

[③] Ikujiro Nonaka and Hirotaka Takeuchi, *The Knowledge-Creating Company*: *How Japanese Companies Create the Dynamics of Innovation*, New York: Oxford University Press, 1995, p. 77.

	隐性知识 (Tacit Knowledge)	隐性知识 (Tacit Knowledge)	
隐性知识 (TK)	Socialization 社会化 (Originating Ba 原始场)	Externalization 外部化 (Interacting Ba 对话场)	显性知识 (EK)
隐性知识 (TK)	Internalization 内部化 (Exercising Ba 实践场)	Combination 组合化 (Cyber Ba 系统场)	显性知识 (EK)
	显性知识 (Explicit Knowledge)	显性知识 (Explicit Knowledge)	

图 4-4　知识创造的 SECI 过程

知识的创造和更新需要一定的环境，SECI 模型通过"场"对此进行了系统阐释。在知识创新中，"场"可以理解为创新的场所或环境，为 SECI 的每一个知识创新过程提供外部条件支持，而创新主体只能在特定环境中才能有效地实施创新活动，如提供具体的学习场所、设立专门的沟通交流机制、建立跨组织的协同联盟等，都是为知识创新提供的场景环境。因此，SECI 所提出的"场"并不仅仅是物理场所，也可以是虚拟的网络空间，甚至还包括为支持创新所制定的各种制度规范、激励机制等，其目的是为主体营造良好的创新氛围，激发主体充分释放潜能、鼓励主体开展知识交流，实现个体和组织间的知识飞跃。

SECI 的"场"包括四种类型：支持社会化过程的原始场，支持外部化过程的对话场，支持组合化过程的系统场，以及支持内部化过程的实践场，每个过程在不同的"场"中进行。从知识创造的"场"出发，能更清楚地辨析不同过程中知识活动主体的行为及其场景，突出动态能力对知识的作用方式。

二　基于 SECI 的政府数据开放动态能力作用过程

动态能力的本质是通过对组织知识资本的更新创造来突破核心刚性以提升组织现有能力，而知识创新的 SECI 模型体现了知识在组织中的激活

第四章 政府数据开放整体能力的作用过程

过程[1]，反映了不同环境条件下，组织内部个人和组织之间的知识是如何转化更新的。使个体和组织现有能力得到改变的行为归因于组织的动态能力，OGD 动态能力促成这一转化、实现对现有能力的提升。

SECI 模型描绘了组织中个体、群体及组织的显性和隐性知识的转化，突出了知识创新的流程以及个人知识与组织知识之间的关系，为组织内知识的流动以及创造的分析提供了有力的分析框架。以知识创新理论为框架研究 OGD 动态能力，有助于进一步探究动态能力作用过程中的知识主体、具体知识活动、相应的知识场景及这一过程中的影响因素。

具体地，可将动态能力"产生变异—内部选择—传播—保持"的四个作用过程，对应于知识的创新转化，其促成"知识变异—知识选择—知识传播—知识保持"，实现对现有能力的提升。动态能力的四个作用过程与 SECI 通过更新或创造知识使知识资源获得提升的四个过程高度耦合[2]，充分呈现了其有效地促进知识的更新与匹配[3]并持续推动组织获得创新资源[4]。

知识创新的 SECI 模型通过社会化（S）、外部化（E）、组合化（C）和内部化（I）四个过程中的隐性知识和显性知识转换，较好地呈现了知识更新、创造和利用的过程。为此，本书将 OGD 动态能力映射到知识创新过程中，将 OGD 动态能力与 SECI 模型结合，对 OGD 动态能力形成的情境进行刻画，并基于具体场景对能力进行映射，如图 4-5 所示。

---

[1] 储节旺、是沁：《基于SECI模型的开放式创新机制研究》，《新世纪图书馆》2016 年第 10 期。
[2] Hongyi Mao, Shan Liu and Jinlong Zhang, "How the Effects of IT and Knowledge Capability on Organizational Agility Are Contingent on Environmental Uncertainty and Information Intensity", *Information Development*, Vol. 31, No. 4, January 2015, pp. 358–382.
[3] Lei-Yu Wu, "Applicability of the Resource-Based and Dynamic-capability Views under Environmental Volatility", *Journal of Business Research*, Vol. 63, No. 1, January 2010, pp. 27–31.
[4] 唐彬、卢艳秋、叶英平：《大数据能力视角下平台企业知识创造模型研究》，《情报理论与实践》2020 年第 7 期。

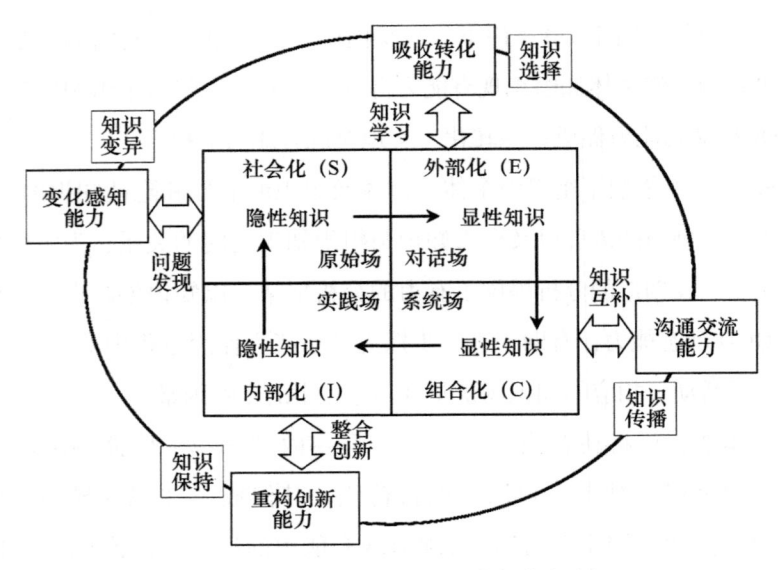

图4-5 基于 SECI 的 OGD 动态能力分析

第四节 政府数据开放动态能力的作用场景及知识活动

一 政府数据开放知识创新的四种场景

研究结合 SECI 四个场的特点，分析 OGD 动态能力作用的四种场景。

（1）原始场。服务于知识创造个体，提供经验分享、感情表达和思想交流的场所，主要为知识的社会化提供场所。原始场为 OGD 变化感知能力的作用过程提供了一个非正式的场所，使 OGD 组织内的成员个体通过面对面的互动沟通，彼此分享自身对 OGD 的理解，探索 OGD 用户的需求变化，分享对用户以及数据风险的意见、感觉、经验和认知等隐性知识，从而形成对 OGD 政策环境、数据技术环境、数据服务需求的共同感知，发现 OGD 组织的知识缺口。这种彼此间隐性知识的互动和分享，有助于帮助个体实现知识资本的自我更新，推动 OGD 的知识社会化过程。

第四章 政府数据开放整体能力的作用过程

（2）对话场。为 OGD 吸收转化能力作用过程中的 OGD 群体成员提供自由对话的空间，OGD 组织通常会围绕某种数据业务或数据活动形成相应的群体团队，让团队成员针对某个具体的主题通过跨部门协作、研讨会等形式分享彼此所得数据信息等，运用辩证、隐喻等方式外化解决问题的概念和方法，逐渐形成对需求和差距的概念化表述，即在对话场中，群体成员通过彼此相互的对话，把隐性知识吸收并外化为可表达、可理解的、更具分享价值的概念性知识，以支持 OGD 隐性知识的显性化过程。

（3）系统场。为 OGD 沟通交流能力的作用过程提供了系统的空间，支持 OGD 成员通过交流互动实现组织内的知识共享与知识转移，从而组合或创造出所需要的知识，实现知识创造的知识整合化过程。OGD 供需双方借助正式或非正式的网络，通过各种方式将显性知识传递给组织中的其他人，对各自提出的改进 OGD 原有问题的显性知识进行连接，如 OGD 供需双方通过 OGD 平台的数据反馈功能进行沟通交流，对不同的问题、知识进行整理、分类、结合，在分享和交流中达成一致并催生新的知识内容。

（4）实践场。是 OGD 重构创新能力创造价值的行动场所，为 OGD 组织提供一个空间，在 OGD 成员通过前面三个过程的体验，将外部知识与个体内部知识整合的基础上，通过实践不断地思考、反省和训练，逐渐将这类显性知识消化并转化为个体有价值的知识资产，并将这些有价值的隐性知识用于解决 OGD 实践中所面临的各种问题，探索新的解决方案，从而实现知识创造的内部化过程。

表 4－1 总结了 OGD 知识创新过程中四个场所支持的知识活动目的、知识创新过程、参与主体及互动方式。

· 139 ·

表4-1　　　　　　　　　知识创新场景分析

	原始场	对话场	系统场	实践场
知识活动目的	个体之间通过隐性知识的互动发现组织知识缺口	通过隐性知识的吸收与外化,形成问题的概念化表述	通过沟通交流对原有问题的显性知识进行连接	个体通过实践实现显性知识的内化,并由此探索新的问题解决方案
知识创新过程	知识的社会化	知识的外部化	知识的组合化	知识的内部化
参与主体	OGD个体	OGD群体成员	OGD个体和群体	以OGD个体为主
互动方式	面对面的互动	群体内对话	通过平台等互动	个体与环境的互动

二　政府数据开放动态能力的路径—流程—位势

在上述 OGD 动态能力对知识资本进行更新创造的过程中,其具体作用方式如何？又促使何种知识资本发生变化？

为更清晰地阐述动态能力与组织竞争优势之间的关系,本书以提斯等（1997）构建动态能力 3P 框架为基础,从路径（Path）、流程（Process）和位势（Position）来论证动态能力的功效逻辑。

动态能力的 3P 框架指出,能力的演化是遵循一定的路径的,组织对这类路径的选择不仅会影响其组织的"位势",也构成了基本能力提升的路径依赖。而路径的依赖通过对组织内部资源的建立、整合以及重组等流程,形成对组织位势的改变。这里的位势对应于不同 OGD 资源组合的结构和存量,尤其是知识资本等稀缺性资源,这类位势决定了组织整体性结构资源,并为组织能力的演化的目标界定了范围。

动态能力遵循"产生变异—内部选择—传播—保持"的路径,通过"知识变异—知识选择—知识传播—知识保持",推动着知识动态管理流程的优化、改进或重构,实现组织资源的调整,促进动态能力的形成和演变[1]。而动态能力的"3P"框架从过程、位势和路径描述了动态能力

---

[1] 黄江圳、董俊武：《动态能力的建立与演化机制研究》,《科技管理研究》2007年第8期。

第四章　政府数据开放整体能力的作用过程

的知识活动路径及作用效果，对于解释 OGD 的何种动态能力以何种方式推动 OGD 知识创新过程，又促使 OGD 知识资本发生怎样的变化，具有较好的适用性。

（一）路径

动态能力作为一种集体的学习模式，其作用过程遵循组织知识学习中知识演化的路径。OGD 动态能力发挥作用时，这类学习模式表现为 OGD 知识资本的更新与创造，其路径则体现在实现 OGD 知识资本更新创造过程中具体的知识活动方式。

（二）流程

OGD 动态能力的"流程"本质上是组织的知识行为①，融合在 OGD 知识资本的更新与创造过程中，通过知识创新来表现，以知识资本为基础，以组织内知识的社会化、外部化、组合化以及内部化为过程，主要体现在组织内显性知识与隐性知识的共享、转移、整合、吸收等活动中。OGD 知识演化的具体活动推动 OGD 内不同业务单位、不同部门、不同个体等共享其所需要的知识，实现知识在组织内的转移，在此基础上整合组织内知识，增大组织知识库存，实现某种程度上的组织知识创新②，以此推动组织内外新旧资源及知识的重新组合及配置，以响应外部的动态变化。

（三）位势

OGD 动态能力创造和更新知识资本的过程是追寻新的知识，其结果是建立新的知识结构③，不仅实现 OGD 知识的资产化，而且同步提升 OGD 核心能力。在这一过程中，知识创新带来的知识资本的变化，体现在 OGD 组织内个人经历与技能、OGD 供需双方以及 OGD 供给者内部关

---

① 江积海：《动态能力是"皇帝的新装"吗？——构成、功效及理论基础》，《经济管理》2012 年第 12 期。
② 江积海、宜国良：《企业知识传导与动态能力研究》，《情报科学》2005 年第 4 期。
③ 黄江圳、董俊武：《动态能力的建立与演化机制研究》，《科技管理研究》2007 年第 8 期。

· 141 ·

系、OGD 的组织结构等的更新与创造。

研究结合 OGD 动态能力复杂适应性的基础之上运用 SECI 模型，能较好地解释知识创造过程中 OGD 动态能力的作用主体之间的知识转化行为及其发生的场景，而在以上行为中，"3P"理论能够阐释其具体的 OGD 知识活动方式、流程以及 OGD 知识资本的变化，描述组织内隐性和显性知识在不同场景是如何转化、整合以形成新知识的，因此，下文将从动态能力理论的路径、过程和位势出发，深入分析不同场景下的 OGD 动态能力作用行为（知识活动）。

三 政府数据开放动态能力的知识活动

OGD 动态能力是一种复杂适应系统，在 OGD 动态能力通过不同的活动方式作用于隐性知识、显性知识及其之间的活动实现知识的更新、创造，在克服核心刚性的过程中，不同维度的动态能力在不同的知识活动中发挥着不同的作用，每一类知识活动都是由不同的 OGD 动态能力作用主体在相应的场景中进行的，其活动过程如图 4-6 所示。

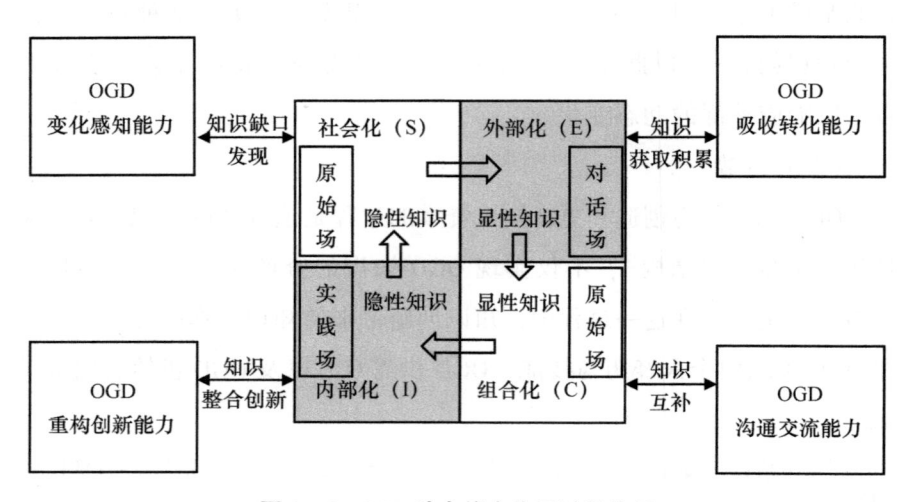

图 4-6　OGD 动态能力作用过程分析

第四章 政府数据开放整体能力的作用过程

研究从知识创新的四个过程对 OGD 动态能力作用展开分析。将四个过程视为 OGD 动态能力复杂适应系统下的四个子系统，每个子系统均包括 OGD 动态能力作用主体、作用环境及相应的知识行为。

OGD 核心能力是支撑 OGD 业务和管理目标实现的能力，基于数据提供、数据利用、流通运营等不同的业务活动和管理目标，OGD 供给方和需求方主体承担了不同角色，其知识活动的具体内容也有较大差异，因此在核心能力研究中区分了供需主体的不同能力。而 OGD 动态能力作为提升 OGD 核心能力等一系列基础能力的能力，在各类组织活动中具有一定的共性[①]，OGD 供需双方均需通过变化感知能力、吸收转化能力、沟通交流能力以及重构创新能力，实现对其原有基础性能力特别是核心能力的提升，因此，对动态能力作用过程的研究不再区分供需主体。

OGD 四种动态能力通过对 OGD 知识资本的更新与创造，推动组织知识流程的变化。在发现知识缺口（知识变异）、知识获取与积累（知识编码）、知识互补（知识传播）以及知识整合创新（知识保持）的 SECI 循环中，实现对各类 OGD 核心能力的提升，体现在 OGD 动态能力作用的不同场景中，下文将着重分析每个场景中 OGD 动态能力作用主体涉及的知识活动（作用行为）。

（一）原始场中的知识社会化活动

OGD 变化感知能力通常发生在社会化阶段，始于原始场的构建，这个场能促进成员彼此之间共享经验和心智模式，强调个体之间通过同感、共鸣把自己的隐性知识转化为他人的隐性知识，形成新的隐性知识，实现组织内已有隐性知识的共享[②]。

[①] Kathleen M. Eisenhardt, Jeffrey A. Martin, "Dynamic Capabilities: What Are They?", *Strategic Management Journal*, Vol. 21, No. 10-11, October 2000, pp. 1105-1121.

[②] ［日］野中郁次郎、竹内弘高：《创造知识的企业：日美企业持续创新的动力》，李萌、高飞译，知识产权出版社 2006 年版，第 77 页。

(1) 路径

社会化阶段，OGD 个体成员作为 OGD 变化感知能力的作用主体，通过非正式的交流在成员间形成对 OGD 的共有体验，感知 OGD 政策环境、技术环境以及服务需求的变化，这类体验即为 OGD 主体感知变化的隐性知识，其具体知识活动主要包括经典的"师徒模式"、浏览新闻动向以及闲谈工作动态等非正式交流方式。

(2) 流程

在浏览、闲谈以及师徒模式等方式中，OGD 个体成员之间的隐性知识在原始场中实现了共享，OGD 个体成员间形成了对 OGD 政策、技术以及内外部需求变化感知的体验，推动了 OGD 个体成员的隐性知识的交换、积累，包括各类社会信息的收集和相应工作环境的建立等[1]。

(3) 位势

而在以上 OGD 个体通过非正式交流实现知识转移的流程中，非正式讨论为 OGD 个体成员之间的知识社会化提供了原始场所，在原始场中，工作闲谈讨论以及师徒一带一等模式扩大了 OGD 主体的信息渠道，完善了组织内部的人员架构以及协调，并为数据集及其服务的提供奠定了基础，推动了 OGD 主体之间对于共有体验的共享。一方面丰富了 OGD 需求方在数据利用前对技术、政策等环境的认知；另一方面有利于 OGD 供需双方之间的互动，促进对 OGD 供给方对数据质量、价值的评估。

原始场中的知识活动在优化 OGD 主体之间的关系资本的同时，促进了其隐性知识的转移，提升了 OGD 主体的经验，使 OGD 主体能及时感知当前数据和服务与目标之间的知识缺口。因此，OGD 变化感知能力在原始场中最终表现为提升 OGD 个体成员自身在数据开放方面的相关业务

---

[1] Huff A. S., Eden C., "Preface: Managerial and Organizational Cognition", *International Studies of Management & Organization*, Vol. 39, No. 1, January 2009, pp. 3-8.

第四章 政府数据开放整体能力的作用过程

技能，扩大用户信息来源等，对OGD组织内部的人力资本以及关系资本进行更新与创造，以此实现OGD组织对OGD政策环境、技术环境、服务需求的共同感知，并形成对数据及其服务的预测，发现OGD组织的知识缺口。而上述过程为OGD组织基础协调、数据资源和服务提供以及用户数据利用等方面的核心能力提升做好了铺垫，为各类型OGD核心能力的整体性提升打好了基础。

如美国在数据需求团队中将数据推广员设置为"导师"角色，专门负责在政府内部的OGD引导以及面向公众的推广和需求分析，以团队内部这一原始场为基础，通过数据推广员以及个体成员的经验共享以及信息积累，及时发现OGD供给方所存在的数据需求、数据服务方面的问题，优化了OGD用户需求的来源渠道，明确了用户对数据资源以及数据质量的需求，在一定程度上提升了OGD在数据集提供、数据质量评估等方面的核心能力。在此过程中，OGD供需双方的数据技能以及数据经验都得到了提升。

以原始场中的知识社会化阶段为OGD动态能力复杂适应系统的子系统之一，其系统构成如图4-7所示。

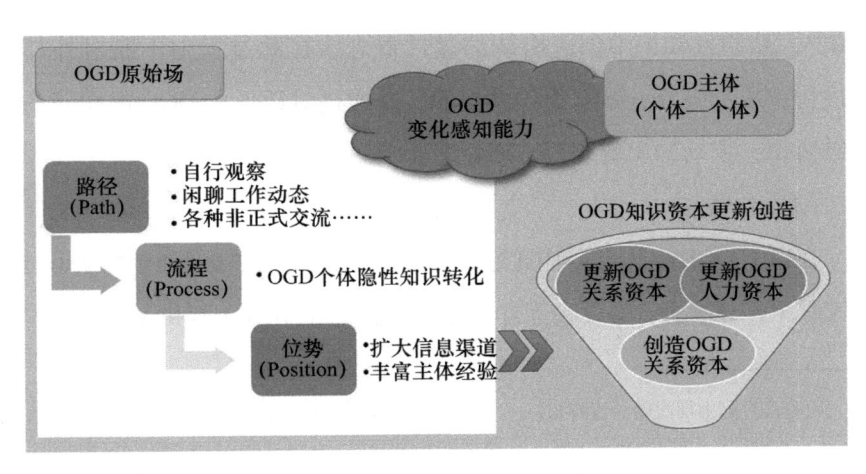

图4-7 OGD变化感知能力作用过程分析

(二) 对话场中的知识外部化活动

OGD 转化吸收能力从外部化过程出发，通常是由有意义的"对话或集体反思"场景来触发的，因此被称为对话场，群体成员通过知识的吸收与转化，将那些隐藏的、难以言传的隐性知识表达出来[①]。

(1) 路径

外部化阶段，OGD 群体作为 OGD 吸收转化能力的作用主体，在感知变化、发现组织知识缺口的基础上，为缩小这种缺口、提升原有能力，需要对 OGD 组织的知识缺口进行概念化表达，通过对话以文字、图像等方式将难以表述的隐性知识转化为显性知识，体现为 OGD 群体成员的知识外化活动。具体活动形式主要包括定期或不定期的数据问题复盘、经验分享会等，而知识挖掘系统、专家问答系统等，也属于事先对知识进行外化的一种知识管理办法，以此加强组织间的经验积累、建立相应的资源统筹机制。

(2) 流程

在这类复盘与经验分享的过程中，OGD 个体通过与群体中其他个体之间的对话，将个体及群体内部的隐性知识统筹转化为便于理解的显性知识[②]，从隐性知识中创造出新的显性概念，在此过程中不断对外部知识进行获取和吸收，丰富组织的知识，并通过对话形成 OGD 组织间的跨层级协作，推动知识的统筹与转化。

(3) 位势

在以上 OGD 个体与群体通过经验分享等进行隐性知识到显性知识转化的流程中，分享会、专题会等方式为 OGD 吸收转化能力提供了对话场，在

[①] [日] 野中郁次郎、竹内弘高：《创造知识的企业：日美企业持续创新的动力》，李萌、高飞译，知识产权出版社 2006 年版，第 78 页。

[②] Ikujiro Nonaka, Ryoko Toyama, Noboru Konno, "Ba and Leadership: A Unified Model of Dynamic Knowledge Creation", *Long Range Planning*, Vol. 33, No. 1, February 2000, pp. 5 – 34.

第四章　政府数据开放整体能力的作用过程

鼓励 OGD 知识分享并学习、推动 OGD 成员经验等人力资本更新的同时，丰富了 OGD 主体对数据集及其服务提供、数据利用反馈、数据风险等方面的认知。结合跨部门统筹协调机制，推动组织间知识经验的形式转换，强化 OGD 主体之间的互动，实现组织之间的资源协调，创造 OGD 结构资本。因此，OGD 吸收转化能力表现为对 OGD 主体的知识经验提升以及 OGD 组织统筹机制的建设，实现 OGD 人力资本的更新以及 OGD 结构资本的创造，以此推动 OGD 内部个体经验的外化，为群体知识的积累做好铺垫，并明晰化组织目前的知识缺口。上述过程完善了 OGD 在数据与服务提供、数据利用反馈、风险评估以及 OGD 主体间互动与协调等方面的核心能力，是 OGD 核心能力整体性提升的进一步推进。

如美国在建立数字服务创新中心的基础上，通过成立跨部门工作组这一跨部门间统筹协作机制，推动了 OGD 供给者组织内针对 OGD 创新的对话，在协同学习中实现 OGD 成员对组织中跨部门知识的吸收与转化，优化了组织架构以及人员协调；山东省举办的数字强省建设专题研讨班，广东省召开的省"数字政府"改革建设工作领导小组会议，则通过组织 OGD 供给侧的相关部门对数字政府这一专题进行对话，通过会议中的对话，群体成员不断地进行学习与吸收，将以往数字工作经验并外化为可以分享的知识，形成经验手册。通过 OGD 供给方在数据组织及服务提供方面的经验获取与积累，推动了组织内外知识资源的统筹协调，促进知识资源的形式转化，在一定程度上实现了 OGD 在数据提供、组织协调等方面的核心能力提升。

以研讨会等为对话场的知识外部化作为 OGD 动态能力复杂适应系统的子系统之一，其系统构成如图 4-8 所示。

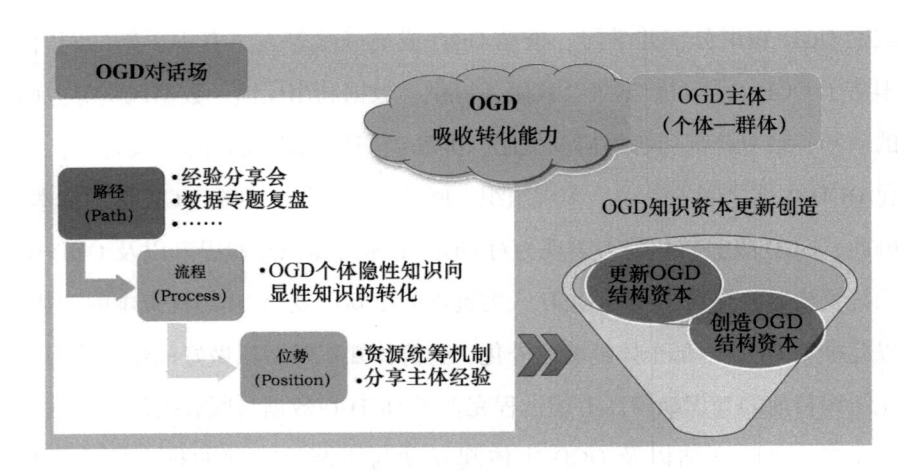

图 4-8　OGD 吸收转化能力作用过程分析

（三）系统场中的知识组合化活动

OGD 沟通交流能力的作用过程体现在组合化阶段，通过把新创造出来的知识与来自组织内部既有的知识进行系统的"连接"来触发，即将显性知识的各个成分或系统相互交叉、结合，形成更为系统或更为复杂以及新的显性知识①，从而把这些知识固化到新的产品、新的服务或者管理体系中的过程②。

（1）路径

组合化阶段，以明晰问题为基础，OGD 群体成员在现有组织知识库的基础上，收集整理外部知识，并将它们以某种方式进行组合、编辑，进而形成新的显性知识③，此为知识的组合化过程。OGD 供给双方所具备的显性知识的组合离不开 OGD 群体内部的有效交流，因此，组合化知

---

① 张春辉、陈继祥：《基于知识创造的核心刚性治理机理研究》，《科学学与科学技术管理》2009 年第 8 期。

② [日] 野中郁次郎、竹内弘高：《创造知识的企业：日美企业持续创新的动力》，李萌、高飞译，知识产权出版社 2006 年版，第 78 页。

③ 袁天波、白思俊、宫晓华：《组织知识创造过程及能力开发模型研究》，《科学学与科学技术管理》2007 年第 12 期。

第四章 政府数据开放整体能力的作用过程

识活动过程强调组织为员工提供良好的沟通交流渠道，这些渠道包括数据专题会议、开放一体化平台、数据仓库等。

（2）流程

在这类会议、平台中，OGD 主体从 OGD 组织内部或外部搜集已公开的资料等外化知识，对各自提出的改进 OGD 原有问题的显性知识进行连接，对不同知识进行整理、分类、结合，在分享和交流中达成一致，并加以整合成新的显性知识[①]。

（3）位势

在 OGD 群体通过会议交流等方式实现显性知识互补的过程中，通常借助组织的线上线下一体化平台等为组合化提供系统场。OGD 群体成员通过会议、网络平台等线上线下渠道，将整合而成的新知识传播给组织成员，实现了 OGD 内部监督以及资源协同，也为用户对数据的利用反馈提供了渠道，有利于对数据发布等进行评估，并由此改善数据及其服务提供功能；强化 OGD 供需双方的联系及各自内部的合作关系，保障 OGD 供需双方的互动交流，更新了 OGD 关系资本。因此，OGD 沟通交流能力在系统场中最终表现为对 OGD 主体之间合作关系的建立、对申请反馈内容的及时回复等，通过对 OGD 关系资本的更新与创造，实现 OGD 主体内部、群体之间知识的互补。而上述过程推动了 OGD 在组织监管与资源协同、用户反馈以及数据提供与评估等方面的核心能力，强化了 OGD 核心能力的整体性。

如欧盟理事会与"比利时开放知识"等四个非政府组织合作，通过 Diplo-hack 活动平台，提出欧盟数据开放的相关数据合作计划，通过建立国际的数据开放合作关系，提升数据及服务提供的一致性，在一定程度上丰富了 OGD 在数据供给方面的核心能力。除此之外，新西兰成立了开

---

① 袁莉、姚乐野：《政府数据开放的整体能力：概念、框架及演化机制》，《图书情报工作》2021 年第 19 期。

放数字故事在线分享社区,以在线共享社区平台为系统场,关注政府与公众、OGD项目负责人与公众、公众之间的共享与交流,以此来收集与数据产品、数据服务以及用户反馈相关的知识,实现了OGD供需双方的积极互动,优化了数据利用的反馈机制,提升了OGD需求方在数据利用方面的核心能力。

以网络平台等系统场中的知识组合化为OGD动态能力复杂适应系统的子系统之一,其系统构成如图4-9所示。

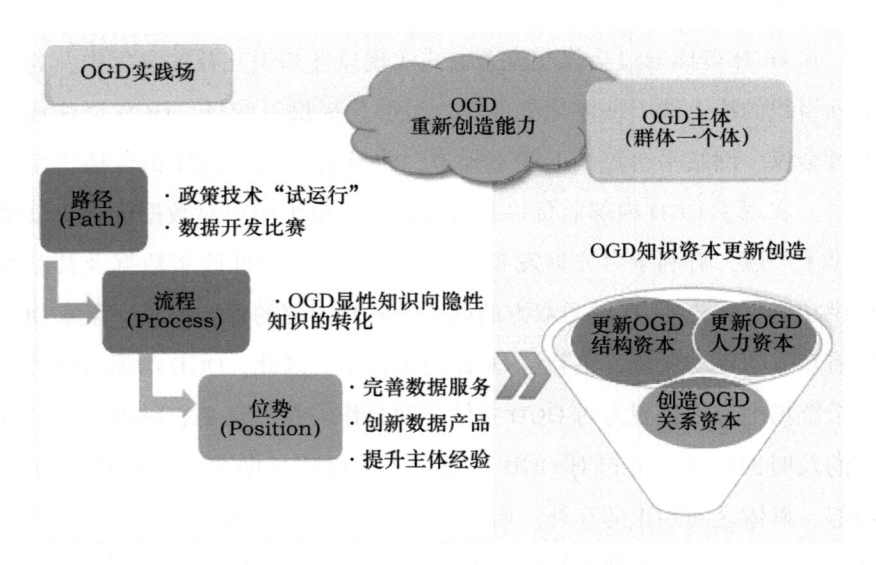

图4-9 OGD沟通交流能力作用过程分析

(四) 实践场中的知识内部化活动

OGD重构创新能力作用在内部化阶段,其体现为将共有的显性知识形象化和具体化的过程[①],这一过程不仅充分体现个体的创造性,同时也为组织知识的创造奠定了基础,它与"做中学"密切相关,即这一过

---

① 张春辉、陈继祥:《基于知识创造的核心刚性治理机理研究》,《科学学与科学技术管理》2009年第8期。

第四章　政府数据开放整体能力的作用过程

程离不开实践与练习①。

（1）路径

内部化阶段，OGD 主体的主要任务是将组织整合而成的新知识用于解决 OGD 在实践中所面临的各种问题，OGD 个体成员需要对组织新的显性知识进行实践以转化为自身的知识，形成新的问题解决方案，这一过程体现为 OGD 供需双方个体成员的知识内部化，主要方式包括创新大赛实例、新政策"试运行"、技术结合业务运用、用户反馈"再体验"等具体实践活动。

（2）流程

在"技术运用""再体验"等方式中，OGD 个体成员通过前面三个过程的体验，将新的显性知识用于数据开放的工作中，推动外部知识与个体内部知识相结合，促进其个体成员对显性知识的内化，逐渐将其转化为个体有价值的知识资产，使之成为 OGD 个体在新的条件下内在化了的隐性知识。

（3）位势

而在以上 OGD 个体成员通过实践实现显性知识内化的流程中，组织的培训、数据大赛等实践为成员知识内部化提供了实践场所，在实践场中，OGD 主体主要通过数据创新利用实践，开发出创新型数据利用产品以及方案，关注对 OGD 问题的解决方案，结合社会化、外部化以及组合化的知识积累，OGD 供给方更强调在"政策试运行""新方案试点"等的基础上，对 OGD 的规章、标准以及数据运行权力等方面进行完善与重构，形成相应政策标准体系，保障 OGD 基础与数据提供的能力，并通过"再体验"、针对性宣传推广等实践方式，培育良好的数据运营生态，推动数据的利用与流通；

---

① ［日］野中郁次郎、竹内弘高：《创造知识的企业：日美企业持续创新的动力》，李萌、高飞译，知识产权出版社 2006 年版，第 78 页。

OGD需求方则注重前期知识积累对数据开发能力的提升，并由此形成数据开放相关报告、计划等。在实践场中，OGD主体在数据开放上的领悟、经验等得到了拓宽、延伸和重构，创新性地提升了OGD应对环境变化的实际能力。因此，OGD重构创新能力最终表现为OGD主体开发数据形成数据产品与方案、完善数据支持服务以及提升OGD主体数据利用技能等，以此对OGD结构资本与人力资本进行更新与创造，并在此基础上实现OGD问题的方案。而上述过程提升了OGD在政策标准制定、数据价值开发、宣传推广以及生态构建等方面的核心能力。

如上海市SODA比赛中，OGD需求者依托数据挖掘分析平台（www.wayhe.com）实现对开放数据的利用创新，在实践中针对"食品安全"这一策略方案构思出相应的实施办法，为精确监管食品安全的动态提供了可行方案，推动了用户对开放数据的开发，在一定程度上提升了OGD在数据利用方面的核心能力。除此之外，四川省积极推动各市（州）以及OGD组织员工参与数据要素市场实践，在获取用户关注度的基础上，从内外两方面实行开放数据流通运营的推广[1]，并帮助OGD成员在实践过程中学习相关的数据运营观念、标准等知识，在一定程度上提升了OGD在宣传推广以及标准制定等方面的核心能力。

以培训、创新大赛等实践场中的知识内部化为OGD动态能力复杂适应系统的子系统之一，其系统构成如图4-10所示。

---

[1] 《四川数据开放指数报告（2022）》，http://www.scdsjzx.cn/scdsjzx/zhongxinxingdong/2023/4/4/8cba8406a38448b3b9ff5552463513dd/files/2022四川数据开放指数报告.pdf，2023年4月15日。

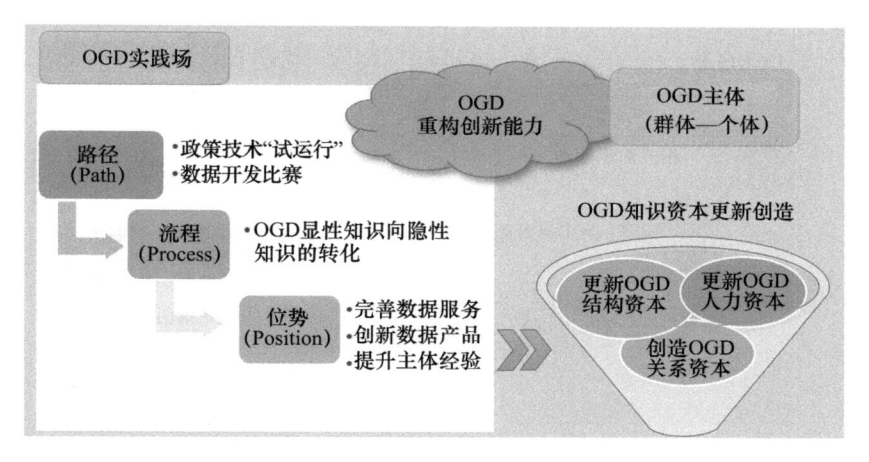

图 4-10　OGD 重构创新能力作用过程分析

四　政府数据开放动态能力作用过程小结

研究基于 SECI 模型对 OGD 动态能力的作用过程进行了分析，发现四种动态能力在知识创新的不同阶段，发挥的作用及相关知识活动各有侧重。

总的来看，OGD 动态能力在发挥作用的过程中，首先通过 OGD 个体成员之间的经验、知识共享形成对外部变化的感知，发现组织知识缺口与问题所在；然后通过不断吸收学习知识，将问题明晰化；在此基础上通过 OGD 多元主体之间的沟通交流，实现组织内外部的知识互补；最终通过知识创造和更新形成对问题的创新解决方案。

研究分别对各类型 OGD 动态能力及其发挥作用的场景出发，详细阐述了各类型 OGD 动态能力的作用方式与作用过程，并就动态能力如何实现对各类 OGD 核心能力的提升进行了分析。

OGD 动态能力作用过程如图 4-11 所示。

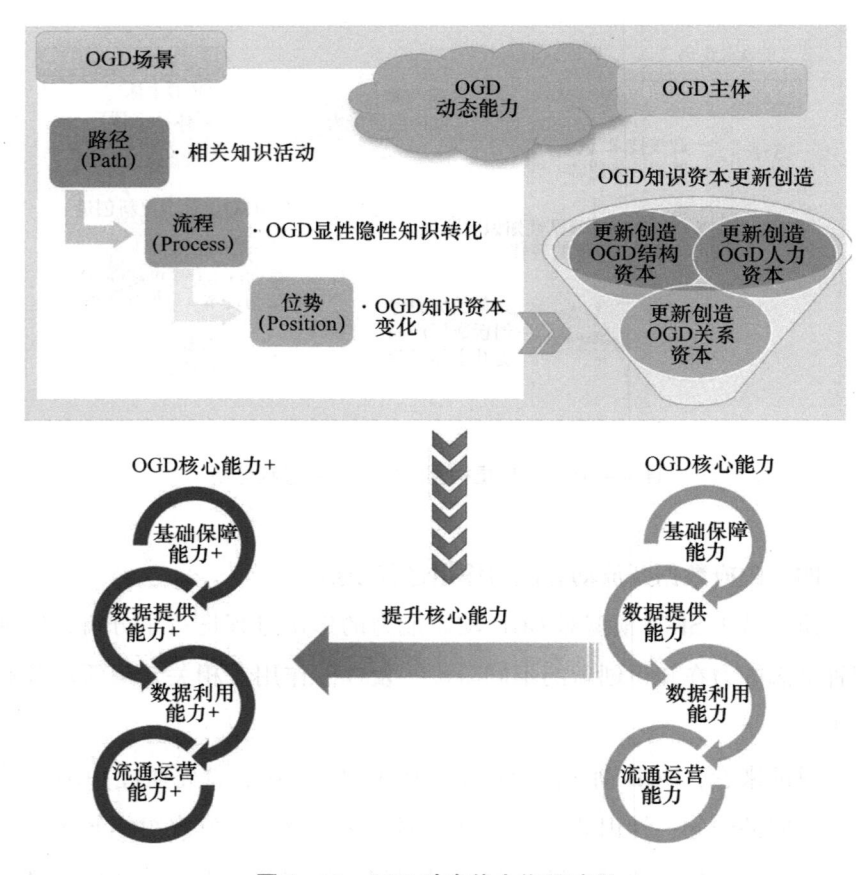

图 4-11　OGD 动态能力作用过程

第五节　动态能力作用下的政府数据开放核心能力提升

OGD 核心能力在发展中，受到四种 OGD 动态能力（变化感知能力、吸收转化能力、互动交流能力和重构创新能力）的影响，其在不同作用场景下通过不同的动态能力实现提升，经过一次或多次的 SECI 循环之后实现整体性提升。以下对四种 OGD 核心能力（基础保障能力、数据提供能力、数据利用能力和运营流通能力）如何在动态能力作用下实现提升

第四章　政府数据开放整体能力的作用过程

进行简要概括。

对于 OGD 基础保障能力而言，其组织与协调能力、政策法规制定能力，首先建立在 OGD 主体对政策、技术等环境的感知基础上（变化感知能力），并通过吸收转化、沟通交流过程中的统筹协调机制以及一体化平台（吸收转化能力、沟通交流能力），实现对 OGD 基础人员架构的调整，以及 OGD 资源的协同与监管，以此推动 OGD 组织与协调能力的提升。在此基础上，结合前期知识积累，通过实践运行等方式，对 OGD 政策法规实行试点创新，优化 OGD 政策法规制定能力（重构创新能力）。由此从组织与协调能力和政策法规制定能力两方面，实现了 OGD 基础保障能力的整体性提升。

对于 OGD 数据提供能力而言，OGD 供给方对用户数据需求及服务的感知，是 OGD 数据集提供能力与数据服务提供能力提升的前提（变化感知能力），经验学习与数据资源再配置是形成数据服务提供能力的基础（吸收转化能力），而通过互动反馈明确内外部需求（沟通交流能力），实现数据以及服务提供方式、内容等方面的优化，有助于提升数据集以及数据服务提供能力。在此基础上，通过对新方法新内容进行"试运行"等方式，明确各类数据的隐私权、管理权等，并改善数据服务提供、发布等方面的标准，强化 OGD 标准制定能力与数据确权能力（重构创新能力）。由此从 OGD 数据集与数据服务提供、OGD 标准制定、数据确权等方面，实现 OGD 数据提供能力的整体性提升。

对于 OGD 数据利用能力而言，OGD 提供主体通过对用户服务、数据需求等方面的感知（变化感知能力），形成 OGD 供需双方互动交流的前提，并结合主体间的经验吸收、沟通交流等过程（吸收转化能力），实现 OGD 供给方互动交流能力的提升，形成对 OGD 的推广，推进 OGD 供给方的宣传推广能力（沟通交流能力）。OGD 需求主体通过对数据技术、服务的感知，形成对新兴数据产品、技术的理解，优化其数据利用能力，

· 155 ·

结合 OGD 组织内的经验共享吸收，以及沟通交流等过程，完善对技术、服务变化的认知，强化其数据利用与反馈能力，在此基础上通过对新兴技术等的运用实践，实现 OGD 数据开发能力的提升（重构创新能力）。由此从 OGD 供需双方实现 OGD 数据利用能力的整体性提升。

对于 OGD 流通运营能力而言，其数据开放评估能力和交易生态培育能力，首先建立在 OGD 供给方对用户数据使用情况等方面的感知基础上，掌握现状形成开放数据评估的前提（变化感知能力）；进而通过数据经验分享、内部沟通等方式，形成评估数据质量、风险以及价值等方面的认知，优化数据开放评估能力，释放开放数据流通效能（吸收转化能力、沟通交流能力）；最终结合数据流通运营实践，培育 OGD 的数据交易生态，提升数据交易生态培育能力（重构创新能力）。由此从数据开放评估和交易生态培育两方面，实现 OGD 流通运营能力的整体性提升。

第五章

政府数据开放核心能力的生成研究

OGD 整体能力的作用过程呈现了 OGD 核心能力和动态能力对 OGD 知识资本的培育、利用、更新和创造过程。在此过程中,核心能力是一种"赋能"能力,确保 OGD 战略目标和业务运行的实现,而动态能力作为一种"使能"能力,在 OGD 核心能力的生成和演化过程中,引导 OGD 通过知识创新实现转型跨越。

那么,OGD 能力应如何构建?如前文所述,能力是一种知识,是知识学习和知识创新的结果,研究不仅关注 OGD 主体如何通过知识学习发展其核心能力,同时也关注 OGD 主体如何通过动态能力实现知识创新,推动现有能力的演化。OGD 整体能力的生成演化过程如图 5 – 1 所示。

构建 OGD 整体能力不仅要掌握整体能力的构成要素,还需要找到能力构建的关键着力点和发力方向,因此,有必要进一步对 OGD 整体能力的生成演化过程及其影响因素进行探索。本章重点探讨 OGD 核心能力的生成问题,下一章将探讨 OGD 动态能力的演化作用。

第一节 政府数据开放核心能力的知识学习

核心能力是通过知识学习实现对不同资源的整合与协调,因此,核

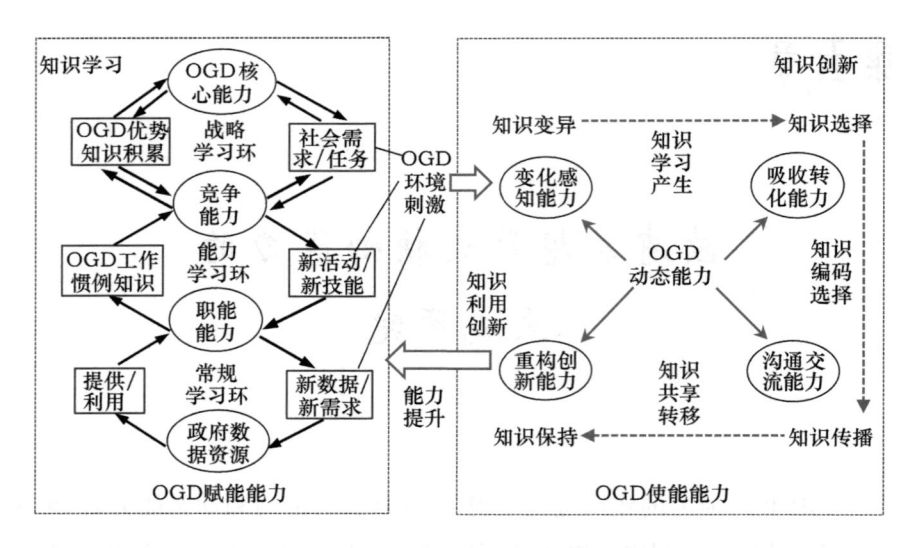

图 5-1 OGD 整体能力的生成演化过程

心能力的生成过程是一个不断学习的过程。

一 政府数据开放核心能力的学习过程

能力的形成首先是通过有意识有组织的学习，而能力的发展则是通过实践过程的积累和改进。在组织成员的共同参与和学习交流过程中，通过传递经验惯例和价值观，实现组织成员的知识学习和进化，进而形成核心能力[1]。

正如本书第二章所述，核心能力的学习经历了"资源—职能能力—竞争能力—核心能力"的发展过程。

政府数据是 OGD 最重要的资源基础。这些数据是政府和相关部门掌握的独特资源，具有稀缺性。同时由于这部分资源尚未被充分利用，因此多元主体参与对于挖掘其价值潜力具有重要意义。数据资源本身和多

---

① 叶克林：《企业竞争战略理论的发展与创新——综论80年代以来的三大主要理论流派》，《江海学刊》1998 年第 6 期。

元主体参与，已经决定了 OGD 与其他公共信息服务的边界，管理和开发运用这些数据资源的知识是 OGD 能力形成的基础。

在此基础上，OGD 参与者将逐步掌握提供数据和利用数据的能力，相关研究中也称其为技能（Skill）[1]，这些技能性知识的掌握和运用将促使参与者在 OGD 参与中逐渐形成习惯性的活动模式，本书称其为 OGD 职能能力。

随着 OGD 的逐步规范化，数据提供能力、平台服务能力不断提升，与社会需求的对接不断深入，支持跨专业跨领域协作的知识逐渐形成，成为展现 OGD 优势的竞争能力。

最后，OGD 通过不断学习积累，发展出显著区别于其他公共信息服务的核心能力，形成一套不易为外界模仿和获取的知识体系，充分体现 OGD 核心能力的稀缺性、价值性、难以模仿性和不可替代性。

OGD 功能和服务都围绕政府数据的提供和利用展开，其核心能力作为区别于其他公共信息服务的异质性能力，应凸显其在提供原始数据、引导公众利用、创造数据价值方面的独特优势。

二 政府数据开放核心能力的学习环

本书将通过常规学习环、能力学习环和战略学习环描绘从政府数据资源到 OGD 核心能力的生成过程。

（一）常规学习环

常规学习环对应于 OGD 职能能力的形成过程，各参与者均处于开始接触和了解如何提供数据、利用数据和使用数据产品/服务的状态。一方面，各参与者学习如何利用 OGD 并逐渐形成工作常规，包括具体可操作性的发布数据、利用数据和使用数据产品/服务的技能；另一方

---

[1] Mitrovic Z, "Building Open Data Capacity through eSkills Acquisition", 2015 - 05 - 29, https://www.researchgate.net/publication/276288202.

面,各参与者在学习过程中发现新的数据需求,包括对政府数据资源的内容、提供形式、使用方法等,这促使政府数据提供者对提供的资源不断进行完善和更新。常规学习的结果是使参与者掌握OGD的使用技能,形成OGD职能能力。

(二) 能力学习环

能力学习环对应于OGD竞争能力的形成过程。随着OGD各参与者职能能力的提升,逐渐形成OGD工作惯例(即在常规学习基础上逐渐形成的一套固有做事方式,根植于各参与者通过学习获得的知识),表达的是OGD擅长做什么以及如何去做,如政府数据提供者在学习中总结摸索出数据提供规范。同时,政策、技术等变化(如新技术在OGD中的应用),也会对原有职能能力提出新的要求,这些要求推动各参与者提升原有职能能力,形成新的工作惯例。职能能力与工作惯例逐渐稳定并结合转化为OGD的服务优势,形成OGD竞争能力。

(三) 战略学习环

战略学习环对应于OGD核心能力的形成过程。战略学习环受OGD所处的战略环境影响,在建设开放政府、透明政府的大背景下,OGD的目标是透明、参与、协作。这一战略背景不仅指引着OGD将竞争能力培育转化为OGD优势产品和服务,而且帮助参与者在使用这些产品和服务的过程中,进一步明确OGD能做什么、如何去做以及为什么需要它们,由此,OGD的核心能力才能得以确认。同时,在这样一个清晰的战略背景下,OGD也处于一个动态效能之中,当原有社会需求和任务发生变化时,会促使参与者重新检验和校准原有核心能力是否需要放弃或更新。

由此可见,OGD核心能力的发展是一个循序渐进的学习过程。OGD参与者在参与过程中逐渐掌握提供数据和利用数据的能力,这些技能性知识的掌握和运用,使参与者形成了参与OGD的基本业务活动模式,即

OGD职能能力。伴随着OGD的规范化，OGD参与者的数据提供、利用和服务运营能力不断提升，OGD优势日益显著，跨专业和跨领域的协作知识逐渐形成，即OGD竞争能力。最后，OGD通过不断学习积累，形成一套不易为其他公共信息服务模仿和获取的知识体系，发展出显著区别于其他公共信息服务的核心能力。

第二节 知识发酵模型及其适用性

一 知识发酵模型及假设

核心能力产生于组织学习，组织学习是组织竞争优势的根本来源。拉斐尔和克劳迪奥[1]强调了组织如何通过组织学习将资源转化为核心能力；和金生、唐建生等[2][3]通过知识发酵模型对核心能力的生成进行了阐释，认为其是将旧的知识、技能、资源等转化为新知识，形成竞争优势的学习过程。知识发酵形象描绘了知识如何由"生"到"熟"，应用于组织管理的各个方面，经受市场考验并最终形成核心能力，这一过程同样能够反映OGD主体如何通过学习，利用现有资源，从满足基本业务职能要求，到占据竞争优势，最终形成核心能力的过程[4]。因此，本书试图从知识发酵的视角，对OGD核心能力生成过程及其关键因素展开剖析。知识发酵模型如图5-2所示。

---

[1] Rafael Andreu, Claudio Ciborra, "Organisational Learning and Core Capabilities Development: The Role of IT", *Journal of Strategic Information Systems*, Vol. 5, No. 2, June 1996, pp. 111–127.
[2] 和金生：《知识管理与知识发酵》，《科学学与科学技术管理》2002年第3期。
[3] 唐建生、和金生、熊德勇：《基于知识发酵理论的组织核心能力研究》，《科学管理研究》2006年第5期。
[4] 袁莉、姚乐野：《政府数据开放的整体能力：概念、框架及演化机制》，《图书情报工作》2021年第19期。

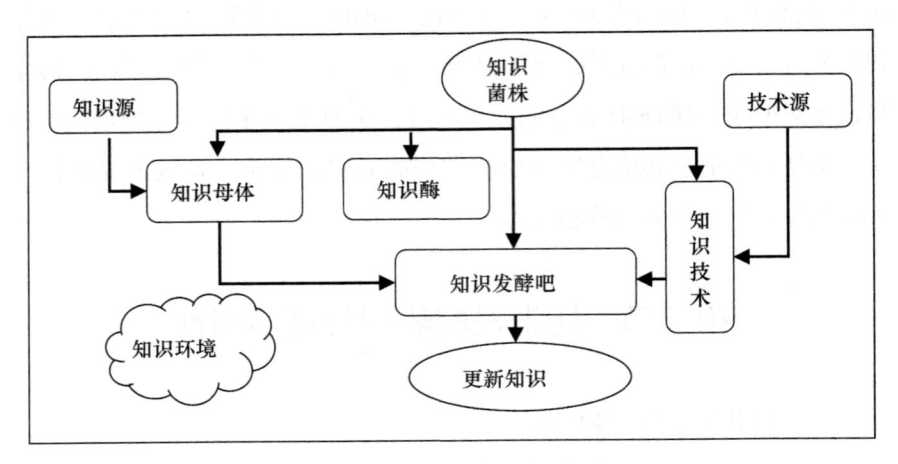

图5-2 知识发酵模型

(一) 知识发酵模型

知识发酵模型由学者刘洪伟等①于2003年首次提出,他将知识发酵定义为"为了实现知识的有效应用而进行的知识的传播或演变"②。他认为,新知识的产生过程即个体或组织在具备一定知识基础的情况下,借助特定的技术工具,通过模仿、推理、讨论等一系列积极创造性思维活动,将所吸收和消化的新知识与已有的旧知识进行融合利用,从而产生更新的知识。这一过程与生物发酵过程具有很高的相似度:生物发酵过程中,菌株在一定营养物质(母体)的条件下,借助一定的设施与工具,在生物酶的作用下,通过发酵,从而生成一种新的产物。因此,在生物发酵原理的基础上,刘洪伟等提出了组织学习的知识发酵模型。

生物发酵与知识发酵两个模型的各个要素有其对应性,如表5-1

---

① 刘洪伟、和金生、马丽丽:《知识发酵——知识管理的仿生学理论初探》,《科学学研究》2003年第5期。

② 和金生:《知识管理与知识发酵》,《科学学与科学技术管理》2002年第3期。

第五章　政府数据开放核心能力的生成研究

所示。

知识发酵模型给出了新知识产生的组织（或个体）学习过程及与该过程密切相关的要素。在不同的知识发酵过程中，涉及的要素并非一成不变的。而组织学习过程中，可能包含着无数个知识发酵的过程，如组织在战略规划（"知识菌株"）指导下，已有的知识或资源通过个体或团体的讨论、模仿、推理、演绎等过程，产生了新的制度规范或实践；而新的制度规范或实践通过不断地学习和发展，又可能作为新一轮知识发酵过程中的"知识母体"，继续进入发酵过程……

知识发酵模型用于解释知识的生成过程及要素，而从本质上讲，OGD 核心能力也是知识，知识发酵模型明确提出，核心能力是六要素共同作用、周而复始、长期沉淀形成的[1]，能够反映 OGD 核心能力生成演化中的知识基础、参与主体、作用对象，以及环境等因素对知识主体活动结果的作用，为阐释 OGD 核心能力的内外部知识作用过程及因果联系提供了依据。因此，知识发酵模型对于 OGD 核心能力的生成过程分析具有重要指导意义。

表 5-1　　　　　　　生物发酵模型与知识发酵模型要素对比

生物发酵模型	知识发酵模型
菌株：菌株决定了发酵的最终产物，不同基因的菌株将对最终产物的种类和产量产生影响	战略（知识菌株）："战略"对应着生物发酵模型中的"菌株"，因此在知识发酵模型中，"战略"也称"知识菌株"，指的是促使组织学习发生的初始思想指导，即战略目标、规划等。"知识菌株"决定了组织学习的方向、目标和结果
发酵底物：用于参与生化反应的初始物质	知识母体："知识母体"对应着生物发酵模型中的"发酵底物"，指的是参与组织学习的个体或团体已有的知识、经验和技能等，包括内部的知识以及从外部获取到的知识，即开展组织学习时已有的知识

---

[1] 唐建生、和金生、熊德勇：《基于知识发酵理论的组织核心能力研究》，《科学管理研究》2006 年第 5 期。

续表

生物发酵模型	知识发酵模型
酶：指的是具有高效特异催化作用的蛋白质，能够有效加快和促进发酵的过程	组织协同："组织协同"对应着生物发酵模型中的"酶"，指的是促进个体、团体及组织之间积极共享知识、相互协同的中介力量，能够促进知识的获取、共享、转移、利用创新等一系列过程。如正确的领导、适当的激励以及协调机制的建立等
发酵设施：指的是发酵反应产生的场所，一般为培养皿或其他容器	知识发酵吧："知识发酵吧"对应着生物发酵模型中的"发酵设施"，指的是组织学习发生的场所。可以是现实场景如办公室、小组讨论会、面对面交流等，也可以是虚拟场所如网络
工具技术：指的是发酵过程中可能用到一些仪器设备或技术等，如冷却设备、高温设备等	知识技术："知识技术"对应着生物发酵模型中的"工具技术"，指的是支持组织学习的各种技术手段，包括网络、知识地图、专家黄页等
发酵生成物：指的是生物发酵过程结束后所产生的产物	更新知识："更新知识"对应着生物发酵模型中的"发酵生成物"，指的是通过知识的获取、共享、转移、利用创新等一系列组织学习过程后，所产生的新的知识
外界环境：指的是生物发酵过程中的温度、酸碱度等外界条件	知识环境："知识环境"对应着生物发酵模型中"外界环境"，指的是个体或团体参与组织学习过程中所处的外界环境，如企业文化、人际关系、竞争、社会、政治、经济环境等内外部因素

（二）知识发酵模型的前提假设

知识发酵模型能否展现OGD核心能力的生成过程？和金生在提出知识发酵时做出了三个假设[①]，本书将其看作该模型的前提条件，并由此出发对其适用性进行分析。研究发现，三个假设与本书对OGD能力的相关论述高度契合。

假设一，知识发酵中的知识并非凭空产生，其发展具有延续性，需要一定的知识基础，即知识菌株。在OGD能力发展过程中，知识菌株触发了政府和社会公众对OGD的关注，并引导其整合现有人力资本、结构资本和关系资本，输入知识发酵过程。这些知识资本通过发

---

① 和金生：《知识管理与知识发酵》，《科学学与科学技术管理》2002年第3期。

酵过程，从满足 OGD 基本业务需求，到逐渐形成 OGD 区别于其他公共信息服务的独特优势，是 OGD 各参与主体利用自身及政府组织资源，通过一系列知识活动形成其独有知识体系和能力的过程。知识菌株作为每一次 OGD 知识发酵的触发器，引导着 OGD 知识发酵的迭代循环。

假设二，知识发酵要求知识的使用至少包括一个主体和一个客体。本书对 OGD 主客体定位清晰，认为 OGD 主体多元化，并将其划分为 OGD 供给者和 OGD 需求者，它们在 OGD 发展中通过提供数据和利用数据发挥不同的作用。OGD 客体则是以政府为主体的数据供给者所提供的政府数据资源，是 OGD 主体知识发挥作用的对象，OGD 主体将其掌握的各种知识资本应用于客体数据资源的开发利用及更新创造中，通过知识的传播和演变实现增值。

假设三，知识发酵是知识主体活动的结果，其有效性和效率会受到组织文化、管理和外界环境所左右。如前文所述，本书认为 OGD 核心能力形成于对知识资本培育和利用的知识活动中，且这一过程中，与组织和环境相关的结构资本（组织结构、文化、生态等）、关系资本（内外协作、互动交流等）都将影响 OGD 核心能力的形成。

由此，本书认为，知识发酵适用于对 OGD 核心能力形成发展的进一步研究。在 OGD 知识发酵中，知识资本是 OGD 生态中的基础知识资源，OGD 主体提供和利用 OGD 知识资本，并经过组织协同、知识技术应用等学习手段将其发展成为新的知识和技能，更新的知识经过无数次知识发酵，被成功应用于数据治理、利用和运营等业务过程，实现知识活动增值，最终形成 OGD 基础保障能力、OGD 数据提供能力、OGD 数据利用能力及 OGD 流通运营能力。

二　知识发酵模型的适用性

知识发酵模型能否展现 OGD 核心能力的生成过程？本书从 OGD 核

心能力的四个特征对其进行了分析。如前文所述，OGD核心能力具有价值性、异质性、延展性及难以模仿性特征，那么知识发酵过程中，如何形成具有这四个特征的能力？

知识发酵过程体现了OGD核心能力的价值性。知识发酵过程是以"知识菌株"（即OGD的战略和规范）为出发点的，与OGD政治、经济、社会价值发展需求相吻合。OGD核心能力是通过知识发酵，将个体或团体的资源、知识、技能等转化为一系列能力的集合，从而发挥出竞争优势。在这个过程中，OGD各参与主体利用自身及政府组织的资源，通过一系列知识活动最终产出了各类复杂问题的解决方案，如制定数据规范、创新数据开发利用方法、输出数据产品和服务等。这类解决方案通过数据的价值转化实现了OGD在经济、政治及社会等各方面的价值发展要求，与OGD核心能力的价值性特征相契合。因此，通过知识发酵有目的地培育OGD核心能力，能够在公共信息服务市场竞争中体现出它的价值性。

知识发酵过程体现了OGD核心能力的异质性。OGD核心能力是在知识发酵过程中各个要素的共同作用下形成的。这些要素包括知识菌株、知识母体、知识技术、知识酶以及知识环境等与其他公共信息服务有着较大差异。而在核心能力生成演化过程中，差异化的个体知识、技术支持及文化氛围将会限制公共信息服务的业务范围和边界，这也决定了OGD知识发酵的最终产物（即OGD核心能力）与其他公共信息服务的核心能力有所不同，具有独特性。因此，通过知识发酵有目的地培育OGD核心能力，能够在公共信息服务市场竞争中体现出它的异质性。

知识发酵过程体现了OGD核心能力的延展性。OGD核心能力是OGD生态中所有参与主体所共有的知识。在OGD知识发酵的过程中，参与到OGD中的个体、部门、机构等借助互联网、知识地图、专家网络、知识仓库等一系列技术手段，实现不同个体、业务部门、机构间的知识获取、共享、转移、利用和创新等。因此，知识发酵能够使个体、局部的能力扩散到更大范围的团体、组织中，转化为 OGD 生态所共有的能力，从而实现关键能力的转移和共享。因此，通过知识发酵有目的地培育 OGD 核心能力，能够在公共信息服务市场竞争中体现出它的延展性。

知识发酵过程体现了 OGD 核心能力的难以模仿性。OGD 核心能力的形成受到知识发酵过程中诸多因素的影响。它需要在 OGD 特有的社会环境中，在明确清晰的 OGD 战略目标指导下，通过特定的知识技术及资源经过多轮发酵而成。那么，其他公共信息服务若想要模仿，必须使其知识发酵过程中的各个要素均与 OGD 完全相同，这几乎是不可能的，因此使其难以模仿。并且，这一系列关键能力往往多为难以用文字语言表示的隐性知识，隐性知识的特征决定了知识发酵具有很强的路径依赖性。因此，通过知识发酵有目的地培育 OGD 核心能力，能够在公共信息服务市场竞争中体现出它的难以模仿性。

知识发酵过程能够体现 OGD 核心能力的价值性、异质性、延展性及难以模仿性特征。那么，OGD 知识发酵的类型有哪些？OGD 基础保障能力、OGD 数据提供能力、OGD 数据利用能力及 OGD 流通运营能力等一系列 OGD 核心能力是通过哪些知识发酵过程生成的？

第三节　政府数据开放核心能力的知识发酵类型

OGD 核心能力的形成往往不是一次知识发酵完成的，会经历多次的知识发酵，而随着多次知识发酵过程的迭代，OGD 主体的知识水平在不断提升，知识发酵活动的类型和应用范围也在产生变化。根据不同的场景以及政府和社会公众的知识水平，可能存在以下几种不同的知识发酵类型[①]：

[①] 和金生：《知识管理与知识发酵》，《科学学与科学技术管理》2002 年第 3 期。

（1）消化型发酵：即采用简单复制、模仿的方法，吸收其他个体或组织的知识、经验或方法，进行采纳、应用。但"消化型发酵"应用的场景较少，只适用于除了知识运用主体，其余因素（政治、经济、社会环境等）均不发生变化时的情况。

（2）适应型发酵：即学习利用其他个体或组织的优秀实践时，进行吸收、归纳和总结，然后与政府或公众自身的知识结构和体系相融合，结合自身实际的管理体系或环境，加以"消化"，最终形成适合自身的做法或实践规范等。弥补了消化型发酵的缺点。

（3）会战型发酵：指聚集组织内外部的专家知识，共同创造解决问题的新方案。会战型发酵的应用范围比消化型发酵和适应型发酵更广，能够适用于绝大多数的场景。

一 基础保障能力的知识发酵

OGD 知识资本通过知识发酵形成新知识，被应用到 OGD 数据资产管理业务运行中，生成并发展政策法规制定、组织与协调等一系列 OGD 基础保障能力。在这个过程中，主要通过适应型发酵、会战型发酵实现知识学习。

（一）政策法规制定能力

数据供给方（政府）政策法规制定能力的培育和利用，主要通过确定如何制定 OGD 相关的政策法规等，多采用适应型发酵和会战型发酵。

适应型发酵的应用，即在学习利用别国或地方的优秀政策法规时，结合自身实际的管理体系或环境加以"消化"，最终形成适合本国的政策体系。例如，美国和英国等作为 OGD 水平位于世界领先的国家，到目前为止已出台了多部 OGD 政策法规，包括美国《信息自由法》（2016 年第五次修订）、《开放政府国家行动计划》（2011）、《联邦数据战略与 2020 年行动计划》（2020）等，英国《公共部门信息再利用指令》（2003）、《开放数据——创新、增长和透明治理的引擎》（2011）、《数据治理法案》（2020）等。然而在实践中，美国、英国的政治、经济及社会环境等与我国存在较大差异，因此简单模仿、套用并不适用，需要吸纳美英两国的优秀实践案例，并结合我国自身国情和 OGD 发展情况，制定适合我国的 OGD 政策、法规及标准规范。例如，我国陆续出台的《促进大数据发展行动纲要》（2015）、《政务信息资源共享管理暂行办法》（2016）、《加快推进"互联网＋政务服务"工作的指导意见》（2016）、《公共信息资源开放试点工作方案》（2018）等，都充分考虑了我国国情。

会战型发酵的应用。在政策制定和规范制定之前，向广大社会群众征集意见，在收集各个领域的专家和社会公民的反馈后进行修改完善，形成最终版本。例如，《北京市公共数据管理办法（征求意见稿）》（2019）、《四川省政务数据资源管理办法》（征求意见稿）（2021）等政策管理办法在制定过程中都充分听取了民众意见。

（二）组织与协调能力

数据供给方（政府）组织与协调能力的培育和利用，主要通过知识发酵确定如何建立政府组织架构、开展 OGD 审计监管与人员培训考核，以及实现跨政府机构（层级）间的数据共享与协同等。如何建立政府内部独特的组织架构及审计、监管、培训考核、协作模式，在很大程度上需要依靠组织内外成员间的沟通交流，实现知识的碰撞。因此，此类能力的培育多采用会战型发酵。

通过会战型发酵，政府组织内外部成员利用一系列在线交流和沟通技术以及协同技术实现彼此之间知识的交流与共享。在具体工作中，可通过政策文本分析了解各国的最新举措以推动本国学习。例如，英国通过成立跨政府联系数据工作组、开放数据用户组、建立数据分析员和行为科学家组成的小组、任命政府首席数据干事、设立数据咨询委员会、创建中央专家团队、开放数据研究所等多种举措，分享使用开放数据方面的知识和应用，提供开放和关联数据技术方面的培训和学习；同时，与其他国家政府合作，共享 OGD 经验知识，为制定数字服务和技术的全球标准而努力。上述经验为我国 OGD 组织协调发展提供了参考。

二　数据提供能力的知识发酵

OGD 知识资本通过知识发酵形成新知识，应用于数据治理过程中，生成并发展标准规范制定、数据确权、数据集提供、数据服务提供等一系列 OGD 数据提供能力。此过程主要通过适应型发酵和会战型发酵实现知识学习。

（一）标准规范制定能力

数据供给方（政府）的标准规范制定能力的培育和利用，主要为通过知识发酵确定如何制定 OGD 数据标准规范等，与政策规范制定类似，多采用适应型发酵和会战型发酵。

适应型发酵帮助数据供给方一边学习其他政府机构的优秀标准规范，一边结合实际情况，融合创新形成适合自己的标准规范。会战型发酵则帮助政府通过持续征集公众及专家意见，不断完善和修正现有标准规范。

（二）数据确权能力

数据供给方（政府）数据确权能力的培育和利用，主要通过知识发酵确定如何明确数据所有权、管理权、隐私权、知情权、使用权等权属及权力运行边界等。知识发酵类型多采用适应型发酵和会战型发酵。

数据确权是数据资产化的重要前提，通过适应型发酵，可学习国内外的优秀实践，如美国的《开放政府数据法案》、欧盟的《通用数据保护条例》及我国的《中华人民共和国数据安全法》等。会战型发酵则可聚集政府内外部专家知识，探讨区块链技术利用的新思路，以实现数据溯源、解决数据流通、清晰数据权属关系并实施监管等。

第五章　政府数据开放核心能力的生成研究

（三）数据集提供能力

数据供给方（政府）数据集提供能力的培育和利用，主要通过知识发酵确定如何识别用户需求，进而提供满足用户需求的数据集，多采用会战型发酵。

OGD 是以用户需求为导向的数据开放，单靠政府自身的知识是无法推动其良性发展的，为此，需要政府部门通过学习，采取一系列调查手段，了解社会公众需要的数据主题、数据格式、数据类型等，并结合政府自身的知识与经验，通过会战型发酵识别出公众的数据需求，为公众提供满足其需求的数据集。

（四）数据服务提供能力

数据供给方（政府）数据服务能力的培育和利用，是数据供给方（政府）通过知识发酵确定如何为用户提供更高质量的平台服务等，多采用会战型发酵。

通过会战型发酵，集聚政府内部成员、高校 OGD 学术专家以及社会公众的知识，来共同挖掘 OGD 服务质量提升问题的解决方案。一方面，可对用户在 OGD 平台的个人信息及行为数据等展开跟踪与分析，深入挖掘用户自身尚未意识到的需求，探索用户相关数据所带来的经济效益[1]；另一方面，可主动与用户沟通访谈等，直接获取用户需求；同时还可通过科研人员的学术成果中识别出 OGD 服务质量的提升路径。以此为用户提供智能化精准推送、智能化决策、场景化等服务。

三　数据利用能力的知识发酵

OGD 知识资本通过知识发酵形成新知识，应用到数据利用过程中，生成并发展数据开发、数据利用、数据反馈、宣传推广、互动交流等一

---

[1] 莫祖英、丁怡雅：《政府数据开放公众反馈机制构建研究》，《情报杂志》2021 年第 3 期。

系列 OGD 数据利用能力。在这个过程中，主要通过消化型发酵、适应型发酵及会战型发酵实现知识学习。

（一）数据开发、利用及反馈能力

数据需求方（社会公众）数据开发、利用及反馈能力的培育和利用，是通过知识发酵确定如何进行数据开发、数据利用和数据反馈等，多采用消化型发酵及会战型发酵。

消化型发酵包括公众利用书籍资料、网络在线等，通过学习模仿的方式完善自身的知识结构及数字技能，了解社会亟待解决的现实问题、数据开发所需的编程技术及环境知识、数据开发的完整流程等，并有意识地将业务数据回传，实现高价值数据的再次利用。

会战型发酵则涉及公众与其他用户之间通过平台、社交媒体等的知识交流与合作，以及公众通过政府提供培训、宣传及合作等进行知识的吸收和利用等。通过团体学习，公众能够向政府提出有价值的意见和建议，开发出创新的数据产品/服务等。

（二）宣传推广及互动交流能力

数据供给方（政府）宣传推广及互动交流能力的培育和利用，主要是通过知识发酵学习先进经验，明确如何与公众沟通交流及开展 OGD 宣传工作以提升公众数据素养及技能、提高用户参与度等。在此过程中，消化型发酵、适应型发酵及会战型发酵具有采用。

通过消化型发酵，OGD 提供部门模仿其他国家及地方的优秀实践，利用社交媒体、设立数据创新大赛、设立创业孵化基地等方式展开宣传。

通过适应型发酵，结合自身政府的实际情况，对高校、社会等特定人群展开数据培训，授予其部分 OGD 职能等，以提升其数据技能及 OGD 参与度。例如，英国通过在大学设立相应的数据科学课程以实现数据人才的培养；美国为大学生创业者举办关于如何利用开放数据建立业务的培训班；中国立足新时代世情、国情及民情，把提升全民数字素养与技能作为国家战略，制定了《提升全民数字素养与技能行动纲要》，致力于丰富公众的数字生活场景、开展数字助老助残行动、提升农民、妇女、军人、领导干部等特定人群的数字技能，以及完善高校数字教育水平；等等。

通过会战型发酵，政府创造大量与公众沟通、共享知识的机会，如举行数据圆桌会议、建立协作网站、与学术团队及企业合作等，吸纳公众意见并将其应用到 OGD 实际的发展中，这不仅有助于及时有效地反馈，而且在提高 OGD 服务质量的同时增加了用户黏性。

四 流通运营能力的知识发酵

OGD 知识资本通过知识发酵形成新知识，应用于数据运营过程中，生成并发展数据开放评估、数据交易生态培育等一系列 OGD 流通运营能力。在这个过程中，主要通过消化型发酵、适应型发酵及会战型发酵实现知识学习。

（一）数据开放评估能力

数据供给方（政府）数据开放评估能力的培育和利用，主要是通过知识发酵确定如何对 OGD 的质量及发展展开评估等，多采用消化型发酵及适应型发酵。

当政府所拥有的知识资本不足时，模仿、借鉴国内外具有代表性的评估框架是最常用的方式，例如，借鉴万维网基金的"开放数据晴雨表"、开放知识基金的"全球开放数据指数"，以及我国"中国开放树林指数"等进行评估；而当政府拥有较多知识资本时，则往往倾向于构建适合自身发展的系统科学、多维度、可操作的 OGD 评估标准和体系（即适应型发酵），以获得竞争优势。例如，四川省大数据中心参照上述各指标体系设置，以及我国国家标准《信息技术 大数据 政务数据开放共享 第 3 部分：开放程度评价》（GB/T 38664.3—2020），结合四川省的实际情况从平台建设、数据发布、安全保障、数据利用、管理评价五个维度对该省的 OGD 展开了评估并形成了年度评估报告,对有效提升该省数据开放水平提供了可行参考。

(二) 数据交易生态培育能力

数据供给方(政府)数据交易生态培育能力的发展,主要是通过知识发酵确定如何建立数据交易市场等,多采用适应型发酵及会战型发酵。

数据交易市场的培育需要依靠政府与其他政府机构、企业等展开合作。通过学习国内外优秀实践(如贵阳大数据交易所等),建立切合自身政府实际的数据交易流通传输及安全保护制度和标准,利用交易交换、租用流转等方式共同推进数据资产化建设。

第四节 政府数据开放核心能力的知识发酵过程

一 核心能力知识发酵的构成要素

知识发酵模型是基于知识演化过程与生物发酵过程的相似性而提出的[1],相关研究以此模型对能力的知识学习过程进行了研究。认为能力的知识学习过程包含知识菌株、知识母体、知识酶、知识环境、知识技术以及知识发酵吧六个要素。知识发酵是在知识菌株(战略及创意)引领和指导之下,依托特定的知识环境(组织制度、文化),知识母体(个体和组织的知识)基于知识酶(组织协同机制)的作用,借助相关知识技术(知识地图、知识库等),融合组织内外各种知识在知识发酵吧(知识场景)内进行发酵,输出知识产物——更新的知识[2],它反映了如何将现有知识资本(人力资本、结构资本、关系资本等)转化为新知识并创造价值的过程。

---

[1] 刘洪伟、和金生、马丽丽:《知识发酵——知识管理的仿生学理论初探》,《科学学研究》2003 年第 5 期。

[2] 石芝玲、和金生:《基于知识发酵理论的知识转移研究》,《科技进步与对策》2010 年第 14 期。

第五章 政府数据开放核心能力的生成研究

研究 OGD 核心能力的生成,首先要掌握其组织学习过程涉及的关键要素。对应于知识发酵模型的六要素,OGD 能力的知识学习也包括六要素:

知识菌株——OGD 战略规划及管理目标。指促使政府组织及社会公众开展个体学习及组织学习的初始动机,如 OGD 战略目标及规划,亟待通过 OGD 解决的个人及社会需求等,"知识菌株"决定了 OGD 组织学习的方向、目标和结果,并直接影响知识母体的知识整合、知识酶的组织协同、知识技术的选择应用以及知识环境的形成。

知识母体——OGD 多元主体的知识经验。指参与 OGD 知识学习的政府部门个体、组织或社会公众及团体所拥有的知识经验、学历背景和技能水平等,同时也包括从组织外部获取到的知识,即人力资本。

知识酶——OGD 组织协同机制。指能够促进 OGD 参与主体(政府、社会公众)之间,积极共享知识、共同协作,进而实现知识获取、共享、转移、利用创新等过程的中介力量,包括一系列 OGD 制度规范、激励机制、反馈机制等结构资本。

知识技术——OGD 平台、技术和工具。指支持 OGD 参与主体之间进行知识学习的 OGD 服务平台、社交媒体技术、知识地图、知识库等,是帮助 OGD 供需双方有效获取知识并实现共享和创新的结构资本。

知识环境——OGD 环境。指 OGD 参与主体在知识学习过程中所处的环境,如适应 OGD 发展的政策法规、社会认同、经济支持等,是一系列能够对知识学习过程进行优化的结构资本和关系资本。

知识发酵吧——OGD 知识学习场景。指 OGD 参与主体知识学习发生的现实或虚拟场景,表现为知识发酵中的各项知识活动,如政府内部通过小组讨论、案例分析的形式进行的知识和经验分享会,提供 OGD 供需双方互动交流的社交平台等结构资本。

在 OGD 知识发酵过程中,上述各类因素共同发挥作用,激活知识资本并促成 OGD 核心能力的形成。

二 核心能力的生成过程

OGD 能力的生成过程，是一个将旧知识转化为新知识，通过知识进化逐渐形成"职能能力—竞争能力—核心能力"的知识发酵过程。政府及社会公众在 OGD 知识学习过程中，受到社会、经济、政治环境（知识环境）的影响，其现有知识经验（知识母体）以 OGD 战略规划、社会需求等外部动机（知识菌株）为指导，在激励机制和协同机制（知识酶）的催化作用下，借助社交媒体、知识地图等技术工具（知识技术），通过线上或线下多种形式的交流学习、协作共享等知识活动（知识发酵吧），实现对知识资本的激活。

知识发酵是一个迭代循环的过程，每经过一次知识发酵，OGD 生态中的知识状态就发生一次变化，知识的存量、结构、分布、水平和流动等都将发生改变[①]。而随着 OGD 生态系统中的知识状态改变，将趋向于使 OGD 生态系统中各主客体之间的匹配更加合理有序，使 OGD 生态系统中的知识状态向更高的层次演化。

研究将 OGD 知识发酵过程分为三个阶段：发酵准备、发酵进行和发酵沉淀。通常，每个知识发酵过程的发酵沉淀阶段，都会进行知识检验，以判断是否需要进入下一次知识发酵。多次的知识发酵循环结束后，知识资本将得以充分培育和利用，OGD 能力得到不断提升，并最终形成 OGD 核心能力。OGD 核心能力生成过程如图 5-3 所示。

（一）发酵准备

OGD 核心能力的发酵准备阶段，也是 OGD 的启动阶段。OGD 第一次启动时，政府和社会公众对 OGD 的认知有限，不具备系统、专业的能

---

① 曹兴、易文华、郭然：《企业知识状态属性的内涵、结构及其相互作用关系》，《中国软科学》2008 年第 5 期。

第五章 政府数据开放核心能力的生成研究

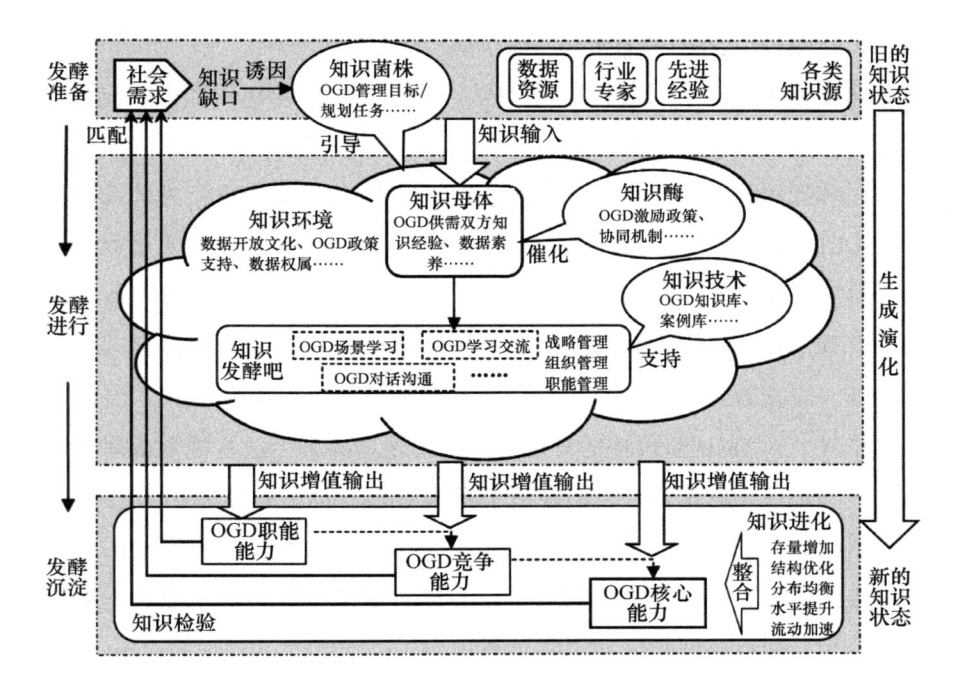

图 5-3 OGD 核心能力的生成过程

力，但各 OGD 参与主体将可能与之相关的、来自多个知识源的知识汇集起来，实现人力资本、结构资本和关系资本的初始积累，为 OGD 知识发酵做好初始知识资源的输入准备。如确定参与 OGD 的政府职能和业务部门、制定基本的 OGD 开放和使用规则、整理现有可开放的数据资源、搭建 OGD 平台等。

每完成一次 OGD 知识发酵，知识就实现一次增值，增值的知识在发酵沉淀阶段，经过积累进化使 OGD 具备了相应层次的能力，而这些知识又会作为下一轮知识发酵准备阶段的知识资本，输入到下一次知识发酵过程中，实现再增值，如此往复使得 OGD 能力不断提升。

知识菌株对于 OGD 知识发酵过程的其他要素具有引领和指导作用，选择与 OGD 发展相匹配的优良菌株，才能保障后续知识发酵过程的高质

· 177 ·

量运行。OGD知识菌株通常指实施OGD的战略规划和管理目标[①]，能否制定清晰准确的战略规划和管理目标，往往决定了OGD生态系统中知识状态的变化方向是否正确，系统中知识存量、知识结构、知识分布、知识水平和知识流动的变化要求是否合理，OGD知识菌株将作为外部动机促使OGD参与主体学习行为的发生。例如，在我国"强化高质量数据要素供给""加快数据要素市场化流通"的要求下[②]，OGD以发挥数据决策和管理的作用，实现政府数字化转型和有效治理，推动数据利用及赋能创新，丰富数据应用场景，推动数字经济增长等社会、政治、经济目标为指导，对OGD阶段性的管理目标进行规划部署，这些规划部署是实施相应知识活动的依据，它们在带来新思想的同时，也将对OGD参与主体在政府数据的开放、共享与利用过程中提出新的要求，激发他们学习和参与的意愿，促使他们不断提升自身能力水平，加速知识流动，促成旧的知识状态开始向新的知识状态演化。

（二）发酵进行

OGD核心能力的发酵进行阶段，也是OGD快速发展的阶段。这一阶段，在知识发酵六要素的共同作用下，OGD进入知识增值的关键过程。

知识环境是知识发酵所处的大环境。OGD发展能否得到相应的政策法规、社会认同和经济方面的支持，是OGD知识发酵能否顺利进行的重要保障。例如，我国在《促进大数据发展行动纲要》《中华人民共和国国民经济和社会发展第十四个五年规划和2035年远景目标纲要》等重要规划和行动纲要中，明确了OGD发展的重要意义和政策导向，各地设立了以大数据局为代表的专门机构负责OGD实施，并通过组织OGD创新应用大赛等活动对其进行宣传推广，这些外部条件为OGD知识发酵创造

[①] 胡峰、温志强：《面向重大疫情防控的应急情报生成机理及效能提升策略研究——基于融知发酵模型》，《情报资料工作》2021年第4期。

[②] 《国务院关于印发"十四五"数字经济发展规划的通知》，http://www.gov.cn/zhengce/content/2022-01/12/content_5667817.htm，2022年2月20日。

第五章　政府数据开放核心能力的生成研究

了良好的环境。

在知识菌株的刺激下，OGD 参与者将准备阶段所聚集的知识母体作为发酵底物，在公共数据开放的分级分类制度、元数据规范等一系列制度规范，以及激励反馈机制的知识酶催化作用下，通过知识发酵吧中具体的 OGD 知识活动开始进行发酵，知识仓库、知识地图和机器学习等知识技术的应用加速了 OGD 各参与主体间的协同合作，同时加剧了新旧知识在知识发酵吧内的扩散及利用，OGD 知识状态不断提升，知识在活动中实现增值，推动 OGD 生态系统中知识状态持续向更高层次进化。

（三）发酵沉淀

OGD 核心能力的发酵沉淀阶段，完成新知识的积累沉淀，使之生成符合当前知识环境和管理目标的 OGD 能力。这一阶段，通过知识进化整合现有知识形成 OGD 能力，通过知识检验触发新的知识发酵需求。

知识进化通过对增值知识的整合，形成新的 OGD 能力。增值的知识在状态上的改变体现在知识的存量增加、结构优化、分布均衡、水平提升、流动加速等，这些知识经过整合，形成所有 OGD 主体所认同的共有经验、惯例、常规、竞争优势或异质性能力。OGD 主体从掌握基本的数据提供、利用及服务技能，到学习跨领域跨行业的数据协作，再到最终形成独具特色的核心能力，是在发酵沉淀阶段通过知识进化整合完成的。

然而，OGD 系统所处的动态环境决定了，现有能力并不总是能够满足当前需求。知识检验即通过对当前知识状态的感知，检验现有能力能否满足内外部环境及社会需求的变化。当满足时，OGD 系统处于一个动态平衡状态，可以以现有能力维持 OGD 正常运行。但不满足时，引发新一轮知识发酵的诱因就会出现[1]，在新需求刺激下，产生新

---

[1] 李宇佳、张向先：《学术虚拟社区知识增长的关键影响因素识别——基于融知发酵理论视角》，《情报杂志》2016 年第 10 期。

的知识菌株,并整合新的知识源输入到下一轮知识发酵,完成知识的再增值和能力的再提升。知识检验能确保 OGD 生态系统中,知识状态与当前知识环境和管理目标保持一致,并最终形成匹配需求的 OGD 核心能力。

第五节 政府数据开放核心能力生成的影响因素

OGD 能力的形成是一个知识发酵的过程,每一次发酵都经历了发酵准备、发酵进行和发酵沉淀三个阶段。在"知识菌株""知识母体""知识酶""知识技术""知识环境"和"知识发酵吧"的协同作用下,从宏观环境到具体业务、从知识主体到知识资源、从组织协调到技术选择等各个方面对 OGD 核心能力的生成演化造成影响。而由于 OGD 主体在参与中的定位和职能不同,其核心能力构成及能力生成演化所受的影响也必然存在差异,上一节已经对供需双方的能力构成进行了梳理,这一节即围绕知识发酵的六个要素,重点对 OGD 能力形成中的影响因素进行研究。

一 知识菌株

OGD 知识发酵中,知识菌株是触发 OGD 参与者进行个体学习、团体学习及组织学习的初始思想,如战略目标、规划、问题、观点或创新点等,知识菌株决定了学习的方向。

对于 OGD 供给方而言,知识菌株是激发 OGD 相关政府部门及工作人员开展学习的外部动机,通常表现为政府组织的战略规划及任务等。对 OGD 发展进行规划、组织管理和控制是形成核心能力的根本要求[1]。

---

[1] 余伟萍、陈维政、任佩瑜:《中国企业核心竞争力要素实证研究》,《社会科学战线》2003 年第 5 期。

而战略目标及规划的可行性会影响到组织成员及其能力的发挥程度，同时还会影响 OGD 知识活动的整体运作[1]。工作任务的复杂性、不确定性等因素会对供给方的组织与协调能力产生影响。因此，战略任务及规划是否对 OGD 数据资产管理过程中的知识活动具有指导作用？战略任务及规划的可执行度如何？政府成员对战略任务及规划的理解和支持度如何？这些都将影响战略规划实施和落地过程中知识获取、共享与创新等活动的进行。

对于 OGD 需求方而言，开展知识学习的外部动机更多是利用开放数据所带来的价值。将数据开放工作的重点放在社会关注的数据上，为公众提供便捷的数据获取渠道和多样化的数据获取方式，将有助于公众的参与。相关研究认为，知识菌株的质量、数量及外化形式等决定了公众学习（OGD 核心能力生成演化）的方向、目标和结果[2]。因此，知识菌株的质量在本书中体现为 OGD 的价值，用户对 OGD 价值的感知将影响其使用意愿；社会认同动机、利他动机等影响公众的学习意愿，若开放的数据能够支持将更多现实问题转化为数据可解决的问题，产生更多贴近民众需求的知识菌株，则能够吸引来自各领域的专家和用户参与[3]；知识菌株的外化形式影响用户接触和使用 OGD，开放数据的呈现形式越多样化，数据越容易获得，越有助于公众参与数据开发利用。

二 知识母体

知识母体是参与组织学习的个体或团体已有的知识、经验和技能等，

---

[1] 穆颖丽：《图书馆知识管理能力构成要素及影响因素分析》，《情报理论与实践》2011年第10期。

[2] 李宇佳、张向先：《学术虚拟社区知识增长的关键影响因素识别——基于融知发酵理论视角》，《情报杂志》2016年第10期。

[3] 朱红灿、沈超：《认知视角下科研用户政府开放数据利用影响因素研究——基于扎根理论的探索性分析》，《现代情报》2021年第10期。

主要指人力资本。知识母体的知识水平、学习积极性等决定了知识母体的营养成分。在OGD发展中，对于人力资本的重视显而易见。

对于OGD供给方而言，知识母体的表现对应于OGD相关政府工作人员及部门的知识、经验和技能水平，以及学习新知识的积极性和愿望强烈程度。知识母体的知识经验既包括内部成员在OGD工作中的积累，也包括对外部知识资源的引进和利用，如咨询管理和技术顾问、聘请领域专家等，人才是知识发酵的根本性资源，其素质高低影响到OGD发展的成败。同时，人员的积极性和知识管理意识决定了知识发酵能否顺利进行，忽视对OGD相关知识的搜集、整理、存储和共享，容易在政府内部形成知识壁垒，严重阻碍知识流通和创新[1]。因此，能否强化对政府工作人员及部门的知识能力培育，努力提高他们的数据技能以及知识文化水平；能否最大限度地挖掘所有员工的智力资源，并积极调动他们主动学习和创造知识的精神，都将影响OGD供给方知识母体的知识积累。

对于OGD需求方而言，知识母体的表现对应于社会公众的知识经验背景、数据技能水平，以及学习数据技能的主动性和积极性。社会公众在利用开放数据解决自身问题，参与和监督社会公共事务的过程中，用户自身的数据素养以及数据检索与处理能力是影响其参与数据利用的关键[2]。因此，社会公众是否具备基本的数据意识，掌握基础的数据技能；是否愿意通过积极的学习，利用开放政府数据解决面对的问题[3]，是影响OGD需求方知识母体的主要因素。

---

[1] 赵越：《我国政府知识管理体系构建的关键影响因素研究》，《情报理论与实践》2011年第11期。

[2] 朱红灿、沈超：《认知视角下科研用户政府开放数据利用影响因素研究——基于扎根理论的探索性分析》，《现代情报》2021年第10期。

[3] 黄如花、赖彤：《数据生命周期视角下我国政府数据开放的障碍研究》，《情报理论与实践》2018年第2期。

三 知识酶

知识酶（即组织协同）是促进个体、团体及组织之间积极共享知识、相互协同，加速知识发酵的中介力量，能够促进知识的获取、共享、转移、利用创新等一系列过程。

对于 OGD 供给方而言，政府部门内部及跨部门的知识整合与共享，往往由于利益目标不同而产生分歧和矛盾①。因此，政府组织内部是否存在合理的利益分配制度以及激励政策将是促进知识发酵的重要因素。有效的激励机制是核心能力成长的必要条件，可通过民主分配和激励制度实现权力运作的知识化，以知识贡献度决定收益，促进政府内部知识学习、共享和创新的发生②。同时，政府内部、政府与公众之间是否存在协同创新平台也将影响知识发酵效率。在政府内部建立资源共享的信息系统，在政府与社会公众之间建立知识共享及协作平台，能够实现 OGD 供给者与内外部的有效沟通。政府、社会公众、企业、大学或研究机构等各方参与者，在良好的协同机制作用下能够实现相互学习、协作分工，共享知识、技术与经验。因此，合理的利益分配、激励机制，畅通的协同创新平台，对 OGD 供给方参与能够具有推动作用。

对于 OGD 需求方而言，首先需要政府方采用奖励和激励机制等"促"的形式来推动社会公众对开放数据的利用③，例如，数据创新大赛对好的项目创意予以奖励和孵化④；OGD 平台采用虚拟积分、虚拟荣誉、

---

① 姚乐野：《知识管理视域下的跨部门政府信息资源整合与共享研究》，四川大学出版社 2015 年版，第 76 页。
② 王敬宇：《国内政府知识管理研究述评》，《情报杂志》2011 年第 9 期。
③ 赵需要：《政府信息公开到政府数据开放的嬗变》，《情报理论与实践》2017 年第 4 期。
④ 黄如花、陈闯：《美国政府数据开放共享的合作模式》，《图书情报工作》2016 年第 19 期。

有偿评价及纠错等激励机制来引导公众积极使用和推广 OGD 平台；等等①。同时，用户协同机制的构建也将促进公众知识共享和创新，除了政府与社会公众之间的知识共享及协作，公众与公众之间的知识交换和共享行为也应该重视，例如，英国政府采用众包的形式利用 wiki 征集公众意见形成数据集指南②；社会公众、社会组织和开放数据专家协作，对各国开放数据集展开评估；等等③。因此，以"促"为主的激励机制，政府—公众、公众—公众之间的协作平台，都将对影响 OGD 需求方的知识发酵。

四 知识技术

知识技术是支持 OGD 知识发酵中个体学习、团体学习及组织学习的各种技术手段，包括网络、知识地图、专家黄页等结构资本。知识技术的应用是维持知识发酵高效运行的物质保障，同时也是实现知识服务现代化的技术保障④。例如，美国政府建立的"repository"（知识库），不仅为 OGD 供需双方提供了 OGD 相关政策法规、管理标准、最佳实践和案例研究等各类资源，还提供了知识学习和分享的途径。

对于 OGD 供给方而言，虽然各 OGD 相关政府部门已建有不少信息资源管理系统，但其更多关注知识的采集，而忽视了知识的整合共享，导致有价值的知识难以被其他部门或成员再利用，出现了知识囤积的现

---

① 余奕昊、李卫东：《我国地方政府数据开放平台现状、问题及优化策略——基于10个地方政府数据开放平台的研究》，《电子政务》2018年第10期。

② "Open Data White Paper: Unleashing the Potential", 2021-11-06, https://assets.publishing.service.gov.uk/government/uploads/system/uploads/attachment_data/file/78946/CM835 3_ acc. pdf.

③ 翟军、李晓彤、林岩：《开放数据背景下政府高价值数据研究——数据供给的视角》，《图书馆学研究》2017年第22期。

④ 丁思思：《基于知识发酵的参考咨询服务知识管理探索》，《继续教育研究》2016年第11期。

象[1]。而知识库、知识地图、机器学习等新技术的应用能够覆盖知识生产、共享、利用及创新等各个环节[2][3]，有效促进各种知识流在政府内部以及政府与社会公众之间的快速流通，实现内外部知识资源的整合和再利用，为提供高效优质的数据产品及服务创造可能。因此，政府内部是否存在支撑促进个体学习、团体学习及组织学习发生的知识技术将对知识发酵能否有效进行产生重要影响。

对于 OGD 需求者而言，知识发酵的效率在很大程度上取决于能否借助相关知识技术加快知识的流动与利用。研究表明，公众通过与其他用户及政府工作人员的沟通交流，能够利用获取到的新知识并结合已有知识，通过 OGD 解决社会问题[4]。而社会化媒体、知识图谱、人工智能等技术应用，能够帮助公众发现和定位知识、拉近公众间以及公众与政府间的距离、为公众建立良好的共享与创新氛围，并实现知识存储和利用[5]。因此，能够利用社交媒体等信息技术为公众提供在线社交互动平台、构建知识交流社区至关重要。

五　知识环境

知识环境是个体或团体在参与组织学习过程中所处的内外部环境，如 OGD 文化、人际关系、竞争、社会、政治、经济环境等。研究将分别从政府的行政文化、氛围等内部因素，以及政策支持、社会认同、社会需求等外部因素两个方面对知识环境展开分析。

---

[1] 赵英、姚乐野：《跨部门政府信息资源整合与共享路径研究——基于知识管理视角》，《情报资料工作》2014 年第 5 期。

[2] Maryam Alavi, Dorothy E. Leidner, "Review: Knowledge Management and Knowledge Management Systems: Conceptual Foundations and Research Issues", *MIS Quarterly*, Vol. 25, No. 1, March 2001, pp. 107 – 136.

[3] 和金生、熊德勇：《知识管理应当研究什么?》，《科学学研究》2004 年第 1 期。

[4] 迪莉娅：《基于本体的电子政务公共服务用户知识管理研究》，《图书馆理论与实践》2012 年第 3 期。

[5] 袁莉、姚乐野：《政府知识管理应用社交网络研究》，《图书情报工作》2013 年第 3 期。

对于 OGD 供给方而言，内部因素通常指的是政府内部的组织文化及氛围。开放先进的组织文化与观念是一种生产力，对核心能力的形成与发展有着决定性作用[1]。良好的政府组织文化及氛围可以减少"知识利己者"的存在，给予知识共享和创新以强大的内驱力[2]。在国家创新驱动的发展战略下，建立学习、共享、创新的行政文化观，构建学习型政府的文化和氛围正在逐渐形成，这有利于 OGD 核心能力的形成与发展。外部因素通常包括政策支持和外部竞争两个方面。相关政策的制定有利于自上而下地实施统一规划与部署，同时也会影响核心能力的培育[3]，如浙江、山东和广东等地的公共数据开放地方性法规为推动 OGD 发展提供了强有力的支持，政策支持不足仍是导致我国政府数据开放程度不高的重要因素之一[4]。同时，结构对等的政府之间往往存在竞争关系，且倾向于关注同级政府的政策动态，极易产生模仿和竞争的行为[5][6]。通常情况下，其他国家或地方的 OGD 发展越快，本国或本地政府所面临的外部竞争压力就越大，往往越倾向于不断学习以提升自身的核心能力，政府内部各部门及机构之间亦是如此。因此，政府部门内部的行政文化，支持 OGD 发展的政策环境，政府所处的竞争环境，都将影响 OGD 供给方的知识发酵过程。

对于 OGD 需求者而言，由于需求对接不足，使得 OGD 发展仍处于

---

[1] 余伟萍、陈维政、任佩瑜：《中国企业核心竞争力要素实证研究》，《社会科学战线》2003 年第 5 期。

[2] 胡树林、蒋萍、王洋：《基于知识链的政府知识管理实施途径研究》，《图书馆学研究》2010 年第 21 期。

[3] 向伟勇、陈劲：《中国种子企业动态核心能力的影响因素》，《技术经济》2015 年第 8 期。

[4] 李梅、张毅、杨奕：《政府数据开放影响因素的关系结构分析》，《情报科学》2018 年第 4 期。

[5] Christopher Z. Mooney, "Modeling Regional Effects on State Policy Diffusion", *Political Research Quarterly*, Vol. 54, No. 1, March 2001, pp. 103–124.

[6] 吴金鹏、韩啸：《制度环境、府际竞争与开放政府数据政策扩散研究》，《现代情报》2019 年第 3 期。

第五章　政府数据开放核心能力的生成研究

政府主导、公众单向接收数据流入的被动局面，然而，政府数据资源的共享与利用依赖于合作、信任和激励的文化氛围①，作为数据开发者和利用者的社会公众，其角色职能尚未能够充分发挥。因此，加大 OGD 宣传及知识普及力度，营造开放、共享、透明、创新的良好政府数据开放文化；重视与 OGD 需求者密切相关的数据及知识权属问题，如"政府数据的共享、开放与利用牵涉到数据著作权的许可、转让等产权流转问题"②，才能够为 OGD 需求者营造良好的知识环境。

六　知识发酵吧

知识发酵吧是 OGD 个体学习、团体学习及组织学习发生的场景。可以发生在物理世界，如办公室、会议室、茶水间的面对面交流，也可以发生在虚拟场所，如网络媒体、OGD 平台的在线交流。OGD 是否提供了个体、团体及组织学习的场所，以及这些场所中是否设计了适合进行个体、团体及组织学习的知识活动，都将会影响知识发酵的顺利进行。

对于 OGD 供给方而言，个体学习、团体学习及组织学习发生的场所可以是线上或线下。线上主要是通过社交软件、内部办公平台等实现员工间的交流和沟通，线下包括各类集中培训、优秀实践案例和经验分享、考核评估。其目的都是提升人员数据素养和数据技能，实现组织内部隐性知识显性化，促进知识流通共享。员工之间能否经常相互学习、交流知识和经验对组织核心能力有着积极正向的影响作用。因此，适合的场景将有助于 OGD 供给方的知识发酵。

---

① Katri-Liis Lepik, Merle Krigul, "Challenges in Knowledge Sharing for Innovation in Cross-Border Context", *International Journal of Knowledge-Based Development*, Vol. 5, No. 4, March 2014, pp. 332–343.

② 完颜邓邓、陶成煦：《国外政府数据分类分级授权协议及对我国的建议》，《图书情报工作》2021 年第 3 期。

对于 OGD 需求方而言，学习场所也分线上和线下。线上形式更为多样化，例如，"开放数据对话"（Open Data Dialogue，ODD）为公众提供了一种在线参与 OGD 的途径，政府通过在线即时对话与公众进行沟通交流，了解公众意见并解决公众问题，对话形式包括文字交流、电话、在线会议等。此外，网络问卷、互动论坛、优秀案例分享、在线直播、在线信箱等也是公众参与 OGD 知识交流的重要场所。线下现实场景中，政府部门主要通过线下讲座、上门宣传等形式，指导公众正确使用 OGD 平台[1]。社会公众通过线上线下各种形式参与到 OGD 政策法规制定、平台交互以及开发利用的各种知识活动中，不仅调动了社会群体参与 OGD 实践与社会治理的积极性，同时激发了社会公众的兴趣，提升了公众数据开发和利用的能力[2]。因此，是否提供了形式多样的学习场景也将影响 OGD 需求方的知识发酵质量。

七 影响因素提炼

如上所述，研究结合核心能力和知识发酵的相关文献，对 OGD 核心能力知识发酵中供需双方六要素的具体内容进行了分析，并由此提炼出影响 OGD 核心能力生成演化的主要因素，如表 5-2 和表 5-3 所示。

表 5-2　OGD 核心能力生成演化的影响因素（OGD 供给方）

因素维度	影响因素（OGD 供给方）	参考文献
知识菌株	P1 战略任务及规划对知识活动的指导作用 P2 战略任务及规划的可执行度 P3 政府成员对战略任务及规划的理解和支持度	余伟萍等（2003） 穆颖丽（2011） 熊德勇（2004）

---

[1] 陈朝兵、简婷婷：《政府数据开放中的公众参与模式：理论构建与案例实证》，《图书情报工作》2020 年第 22 期。

[2] 曹雨佳：《政府开放数据生态链中的用户参与机制——以加拿大政府数据开放实践为例》，《情报理论与实践》2021 年第 6 期。

续表

因素维度	影响因素（OGD 供给方）	参考文献
知识母体	P4 政府员工及组织的知识及技能水平	熊德勇（2004） 刘光岭（2004） 赵越（2011） 吴雪梅（2007）
	P5 政府员工及组织的学习积极性	
知识酶	P6 激励机制（利益分配等）	姚乐野（2015） 王敬宇（2011） 吴雪梅（2007）
	P7 协同机制（协作共享平台）	熊德勇（2004） 鲁开垠（2004）
知识技术	P8 存在知识技术的应用（知识仓库、知识地图、人工智能、机器学习等）	Alavi（2001） 和金生等（2004）
知识环境	P9 政府内部的行政文化观（学习、共享、创新）	余伟萍等（2003） 胡树林等（2010） 朱洪军等（2008）
	P10 政策支持	向伟勇等（2015）
	P11 内外部竞争（政府部门、机构、组织间）	Mooney（2001） 吴金鹏等（2019）
知识发酵吧	P12 政府员工及部门学习的场景（培训、经验分享、社交软件等）	刘光岭 郭殿东（2019）

表 5-3　OGD 核心能力生成演化的影响因素（OGD 需求方）

因素维度	影响因素（OGD 需求方）	参考文献
知识菌株	N1 开放数据的利用价值（能否解决公众及社会问题） N2 社会认同动机、利他动机等 N3 开放数据呈现形式的多样化	李宇佳等（2016） 韩涵（2021） 朱红灿等（2018）
知识母体	N4 公众的知识及技能水平	朱红灿等（2021） 黄如花等（2018）
	N5 公众的学习积极性（数据技能及知识）	
知识酶	N6 激励机制（现金奖励、虚拟积分、虚拟荣誉等）	赵需要（2017） 黄如花等（2016） 余奕昊等（2018）
	N7 协同机制（协作共享平台、众包等）	翟军等（2017） 李平（2017）
知识技术	N8 存在知识技术的应用（社会化媒体技术等）	袁莉等（2013） 丁思思（2016）

续表

因素维度	影响因素（OGD 需求方）	参考文献
知识环境	N9 开放、共享、透明、创新的文化氛围	Lepik（2014） 赵千乐（2018）
	N10 政策支持	李梅等（2018） 完颜邓邓（20217）
知识发酵吧	N11 公众学习的场景（在线咨询、网络问卷、互动论坛、优秀案例分享、在线直播、在线信箱等）	陈朝兵等（2020） 曹雨佳（2021）

第六节 政府数据开放核心能力生成的关键因素

研究发现，OGD 核心能力的形成，受到 OGD 知识发酵六要素的诸多具体因素影响。但各因素的影响必然存在差异，那么，当前 OGD 发展中，哪些因素发挥了主要作用？研究进一步通过 DEMATEL 法进行数据调查及分析，识别影响 OGD 供需双方能力形成的关键因素。

一 关键因素识别方法和对象选择

（一）研究方法

DEMATEL 法是由瑞士 Battelle 协会研发用于分析环保、能源、饥饿或种族等复杂的世界性问题的一种方法。其通过问卷调查的方式，利用专家的经验知识获取一个系统或问题中各个元素相互之间的影响关系和影响程度，利用矩阵和相关数学计算，用数字方式表征各元素间的因果关系及因果影响的强弱[1]。借助 DEMATEL 法可以快速有效地确定整个系统中的关键要素。

OGD 能力形成过程的关键影响因素识别是一个复杂的综合评价问题，通过知识发酵模型可以了解到各影响因素之间相互联系且影响。而 DEMA-

---

[1] 刘春荣等：《产品创新设计策略开发》，上海交通大学出版社 2015 年版，第 14 页。

TEL法最大的优势就在于不需要复杂适应系统中的各要素相互独立,它可以通过计算各因素相互之间的影响强弱进而判断出单个因素对整体系统的影响,进而从众多要素中识别出OGD能力形成的关键影响因素[①]。

结合本书研究,DEMATEL法的分析步骤如下:

步骤一,根据上一节所提出的OGD核心能力生成演化的影响因素($x_1, x_2, \cdots, x_n$)进行问卷设计和数据收集,调查人数通常在10位以上。被调查的专家采用四级标度法对因素两两之间的影响关系进行打分,其中:0代表"没有影响",1代表"影响弱",2代表"影响一般",3代表"影响强"。各位专家的评分结果通过算数平均形成初始直接影响矩阵Z(n×n阶矩阵),其中z_ij表示因素x_i对因素x_j的影响程度,当i=j时,$z_ij=0$。

步骤二,对初始直接影响矩阵做规范化处理,得到矩阵B:

$$B = \frac{Z}{\max_{1 \leq j \leq n} \sum_{j=1}^{n} z_ij} \tag{5-1}$$

步骤三,计算综合影响矩阵T,其中I为单位矩阵:

$$T = (t_ij)_n \times n = \lim_{k \to \infty}(B + B^2 + \cdots + B^k) = X(I - X)^{-1} \tag{5-2}$$

步骤四,计算中心度及原因度。将矩阵T中行的总和表示为R_i[式(5-3)],用于表达x_i因素对其他因素的影响程度;将列的总和表示为D_j[式(5-4)],用于表达x_j因素受到其他因素影响的程度。DEMATEL法关注的中心度为(R+D),表示某一因素在OGD能力生成中的重要程度及所起的作用大小。原因度为(R-D),若结果值为正,表示某一因素能够对其他因素产生影响,该因素被称为原因因素;若结果值为负,则表示某一因素会受到其他因素的影响,该因素被称为结果因素。

[①] 林海涛、许骏、吴梦荫:《基于用户需求的政务微信舆情处置功能的实现和效果提升研究》,《情报科学》2019年第6期。

$$R_i = \sum_{j=1}^{n} t_j (i = 1,2,\cdots,n) \qquad (5-3)$$

$$D_j = \sum_{i=1}^{n} t_j (j = 1,2,\cdots,n) \qquad (5-4)$$

步骤五，绘制因果图。将中心度（R + D）作为横坐标，原因度（R - D）作为纵坐标，绘制出 OGD 能力形成过程各影响因素的影响因果图。以此来了解各因素间的相互关系，从中找出最关键、最重要的影响因素。

（二）调查对象选择

DEMATEL 法是利用专家的经验和知识展开分析，所调查的专家人数通常在 10—15 位[1][2][3]。

为了科学评估各影响因素之间的关系及影响程度，研究针对 OGD 供给方的核心能力生成演化过程中的相关影响因素，邀请到来自政府数据开放部门的工作人员和从事政府数据开放研究的专家学者共 13 位进行问卷调查。

针对 OGD 需求方的能力形成过程中的相关影响因素，邀请到政府数据开放用户（包括开发者和一般利用者）和从事政府数据开放研究的专家学者共 13 位进行问卷调查。

各位被邀请的工作人员、专家学者及用户通过匿名的方式，对各影响因素两两之间相互比较，根据影响程度进行打分。

二 供给方核心能力生成的关键因素识别

（一）OGD 供给方 DEMATEL 模型构建

研究根据上一节所提出的 OGD 核心能力生成演化的影响因素（供给

---

[1] 刘莉、刘文云、刘建：《基于 DEMATEL 的科研数据共享关键影响因素识别与分析》，《图书馆学研究》2019 年第 18 期。
[2] 杨建梁、刘越男：《基于 DEMATEL 模型的我国政府信息资源跨部门共享的关键影响因素研究》，《图书情报工作》2018 年第 19 期。
[3] 张艳丰、李贺、彭丽徽、洪闯：《高校图书馆微信公众平台的媒介引力场模型及其影响因素——基于 DEMATEL 系统因素分析的大众传播视角》，《图书情报工作》2017 年第 9 期。

方）开展问卷设计和数据收集，要求受访者通过四级标度法对因素两两之间的影响关系进行打分，将各位受访者的评分结果进行算术平均（保留两位小数），得到初始直接影响矩阵（如表5-4所示）。

表5-4 OGD核心能力生成演化的影响因素（供给方）直接影响矩阵

	P1	P2	P3	P4	P5	P6	P7	P8	P9	P10	P11	P12
P1	0	2.38	2.15	1.85	1.46	1.77	1.85	1.62	1.62	2.38	1.23	1.08
P2	1.92	0	2.54	1.62	1.92	1.92	1.77	2.00	1.54	2.08	1.38	1.46
P3	1.77	2.62	0	1.54	1.54	1.46	1.77	1.77	1.23	1.69	1.15	1.15
P4	1.62	2.31	2.38	0	2.08	1.62	1.85	2.54	1.46	1.54	1.54	1.62
P5	1.31	2.08	2.00	2.31	0	1.31	1.15	2.23	1.92	1.31	1.38	2.08
P6	1.31	2.08	1.62	1.92	2.23	0	2.08	2.15	1.62	1.77	1.85	1.77
P7	1.62	2.08	1.85	1.38	1.69	1.54	0	2.08	1.46	1.69	1.77	1.15
P8	1.77	2.23	2.15	2.31	2.15	1.77	1.85	0	1.23	1.69	2.00	1.62
P9	1.92	2.00	2.00	1.85	2.00	2.00	2.08	2.08	0	2.38	1.85	1.92
P10	2.38	2.46	2.38	1.69	2.08	2.46	2.46	2.15	2.23	0	2.00	2.08
P11	1.23	1.23	1.46	1.46	2.15	1.77	1.77	1.69	1.38	1.31	0	1.23
P12	1.31	1.62	1.69	2.00	2.38	1.54	1.46	1.92	1.31	1.23	1.08	0

通过对直接影响矩阵进行规范化处理，接着计算综合影响矩阵（如表5-5所示），其中R表示行和，D表示列和。

表5-5 OGD核心能力生成演化的影响因素（供给方）综合影响矩阵

	P1	P2	P3	P4	P5	P6	P7	P8	P9	P10	P11	P12	R
P1	0.270	0.428	0.408	0.362	0.371	0.350	0.364	0.386	0.314	0.371	0.304	0.297	4.227
P2	0.351	0.349	0.431	0.363	0.397	0.363	0.369	0.409	0.318	0.368	0.316	0.318	4.351
P3	0.314	0.407	0.299	0.326	0.347	0.314	0.335	0.364	0.278	0.322	0.278	0.277	3.861
P4	0.343	0.439	0.430	0.306	0.407	0.355	0.375	0.433	0.318	0.352	0.325	0.326	4.408
P5	0.314	0.408	0.394	0.373	0.308	0.326	0.330	0.401	0.318	0.324	0.302	0.327	4.124

续表

	P1	P2	P3	P4	P5	P6	P7	P8	P9	P10	P11	P12	R
P6	0.330	0.428	0.400	0.377	0.411	0.292	0.381	0.418	0.323	0.358	0.335	0.331	4.385
P7	0.315	0.396	0.377	0.329	0.361	0.324	0.275	0.383	0.293	0.329	0.307	0.284	3.972
P8	0.350	0.439	0.424	0.394	0.412	0.363	0.377	0.341	0.313	0.359	0.343	0.329	4.446
P9	0.375	0.455	0.441	0.399	0.429	0.395	0.404	0.442	0.283	0.404	0.357	0.358	4.743
P10	0.419	0.505	0.488	0.423	0.464	0.437	0.450	0.478	0.392	0.344	0.388	0.389	5.178
P11	0.278	0.338	0.336	0.308	0.352	0.309	0.318	0.344	0.270	0.291	0.219	0.267	3.631
P12	0.293	0.366	0.359	0.341	0.374	0.312	0.319	0.366	0.277	0.300	0.272	0.229	3.807
D	3.952	4.957	4.787	4.302	4.633	4.141	4.299	4.763	3.698	4.122	3.747	3.732	—

根据综合影响矩阵，计算出 OGD 核心能力生成演化的影响因素（供给方）各指标的中心度（R+D）和原因度（R-D）并构建表 5-6。

表 5-6　OGD 核心能力生成演化的影响因素（供给方）评价表

	中心度	中心度排序	原因度	原因度排序	影响度 R	影响度排序	被影响度 D	被影响度排序	因素属性
P1	8.178	10	0.275	3	4.227	7	3.952	9	原因因素
P2	9.308	1	-0.606	11	4.351	6	4.957	1	结果因素
P3	8.647	7	-0.926	12	3.861	10	4.787	2	结果因素
P4	8.710	6	0.106	5	4.408	4	4.302	5	原因因素
P5	8.757	4	-0.508	10	4.124	8	4.633	4	结果因素
P6	8.526	8	0.244	4	4.385	5	4.141	7	原因因素
P7	8.735	5	-0.327	9	3.972	9	4.299	6	结果因素
P8	9.209	3	-0.318	8	4.446	3	4.763	3	结果因素
P9	8.441	9	1.045	2	4.743	2	3.698	12	原因因素
P10	9.301	2	1.056	1	5.178	1	4.122	8	原因因素
P11	7.377	12	-0.116	7	3.631	12	3.747	10	结果因素
P12	7.539	11	0.076	6	3.807	11	3.732	11	原因因素

第五章　政府数据开放核心能力的生成研究

基于上述评价表，研究分别将中心度和原因度作为横、纵坐标，绘制 OGD 核心能力生成演化的影响因素（供给方）之间的因果关系图，如图 5-4 所示。

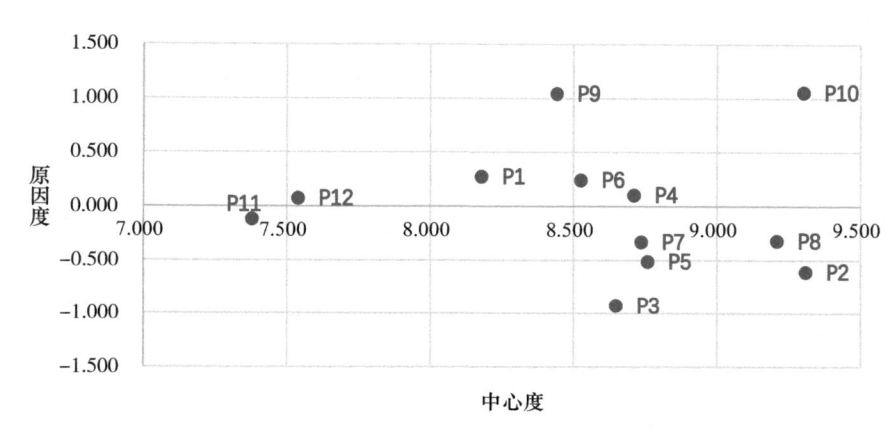

图 5-4　OGD 核心能力生成演化影响因素（供给方）的因果关系图

（二）OGD 供给方关键因素数据分析

中心度（R+C）代表了该因素影响度和被影响度的综合程度，反映了与系统中其他因素的关联度，表示该因素在整个系统中的综合重要程度及所起的作用大小。

原因因素即原因度（R-D）为正的因素，表示该因素在 OGD 核心能力生成中，会对其他因素产生影响。

结果因素即原因度（R-D）为负的因素，表示该因素在 OGD 核心能力生成中，会受到来自其他因素的影响。

由图 5-4 可知，影响 OGD 供给方核心能力的各因素数据分析如下。

（1）因素中心度分析。核心能力生成演化的 12 个影响因素（供给方）中，中心度反映了各因素对 OGD 供给方核心能力生成的综合重要程度，中心度排名前六的依次是 P2 战略规划的可执行度、P10 政策支持、P8 知识技术的应用、P5 学习积极性、P7 协同机制、P4 知识及技能水平。

(2) 原因因素分析。OGD 核心能力生成演化的影响因素（供给方）中，原因因素反映了各因素对其他因素的影响程度，按原因度高低排序依次有 P10 政策支持（1.056）、P9 行政文化观（1.045）、P1 战略规划的指导性（0.275）、P6 激励机制（0.244）、P4 知识及技能水平（0.106）、P12 学习机会及场所（0.076）。说明上述因素对其他因素的影响较大，尤其是前两个指标。究其原因，P10 政策支持、P9 行政文化观均属于知识环境维度下的因素，知识环境对于 OGD 核心能力（OGD 供给方）生成演化过程中其他因素具有较大的影响力，对核心能力的形成与发展有着决定性作用：组织内部，开放先进的政府组织文化与观念是组织进行知识共享和创新的重要驱动因素[1]；组织外部，相关政策支持是能力培育的基础与保障，是促进政府数据开放，减少阻碍的重要因素[2]。

(3) 结果因素分析。OGD 核心能力生成演化的影响因素（供给方）中，结果因素按原因度从小到大排序依次有 P3 对战略规划的理解和支持度（-0.926）、P2 战略规划的可执行度（-0.606）、P5 学习积极性（-0.508）、P7 协同机制（-0.327）、P8 知识技术的应用（-0.318）、P11 内外部竞争（-0.116）。说明上述因素受其他因素的影响较大，尤其是前三个指标。究其原因，从调查数据可以发现，P3 对战略规划的理解和支持、P2 战略规划的可执行度一方面容易受到战略规划本身是否完善、是否具备指导性等的影响；另一方面政府内部人员的知识及技能水平以及政策的支持等也影响着他们对 OGD 规划的理解和执行。对 P5 学习积极性而言，政府内部人员的知识及技能水平同样可能对其学习积极性产生一定的限制，但它更多的是受到政策支持、行政文化观以及激励

---

[1] 王法硕、项佳图：《中国地方政府数据开放政策扩散影响因素研究——基于283个地级市数据的事件史分析》，《情报杂志》2021年第11期。

[2] Igbal Safarov, Albert Meijer, Stephan Grimmelikhuijsen, "Utilization of Open Government Data: A Systematic Literature Review of Types, Conditions, Effects and Users", *Information Polity*, Vol. 22, No. 1, March 2017, pp. 1–24.

机制等因素的影响。积极的环境支持及激励措施能够有效提高政府内部人员的学习积极性，以促进能力培育与提升。

（三）OGD 供给方关键因素识别

基于以上数据分析，研究将相关因素划入 A、B、C 三个区域，如图 5-5 所示。

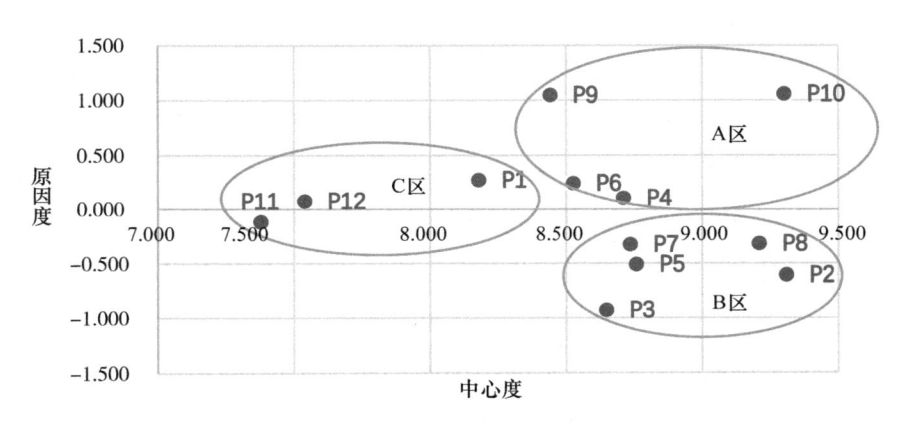

图 5-5　OGD 核心能力生成演化影响因素的区域图（供给方）

图 5-5（A 区）的四个因素：P10 政策支持、P9 行政文化观、P6 激励机制、P4 知识及技能水平，具有较高的中心度，且原因度为正值（原因因素），说明其既重要又能够影响其他因素，是关键影响因素。特别是 P10 政策支持，其中心度值排名第二、原因度值排名第一，说明政策支持是 OGD 供给方核心能力生成演化极为重要的因素，且对其他因素有较大影响，应重点关注。

图 5-5（B 区）的五个因素：P2 战略规划的可执行度、P8 知识技术的应用、P5 学习积极性、P7 协同机制、P3 对战略规划任务的理解和支持度，具有较高的中心度但原因度为负值（结果因素），说明这些因素重要但易受到其他因素影响，是次关键因素，在能力构建中应密切注意对这些因素的引导。

图 5-5（C 区）的三个因素：P1 战略规划任务的指导作用、P12 学习机会及场所、P11 内外部竞争，中心度不高且原因度取值均接近 0，说明这些因素是辅助因素，且对其他因素影响不大。

三 需求方核心能力生成的关键因素识别

（一）OGD 需求方 DEMATEL 模型构建

根据上一节所提出的 OGD 核心能力生成演化的影响因素（需求方）进行问卷设计和数据收集，受访者采用四级标度法的形式对因素两两之间的影响关系进行了打分，将各位专家的评分结果进行算术平均（保留两位小数），得到初始直接影响矩阵（如表 5-7 所示）。

通过对直接影响矩阵进行规范化处理，接着计算综合影响矩阵（如表 5-8 所示），其中 R 表示行和，D 表示列和。

根据综合影响矩阵，计算出 OGD 核心能力生成演化的影响因素（需求方）各指标的中心度（R+D）和原因度（R-D）并构建表 5-9。

表 5-7 OGD 核心能力生成演化的影响因素（需求方）直接影响矩阵

	$N1$	$N2$	$N3$	$N4$	$N5$	$N6$	$N7$	$N8$	$N9$	$N10$	$N11$
$N1$	0	2.38	1.92	1.85	1.92	1.92	1.62	2.00	1.92	2.00	1.85
$N2$	2.38	0	1.69	1.54	2.15	2.15	1.92	1.69	2.08	1.69	1.69
$N3$	2.38	1.69	0	1.38	1.62	1.23	1.38	2.00	1.31	1.08	1.38
$N4$	2.38	1.77	1.77	0	1.85	1.54	1.46	2.38	1.46	1.46	1.23
$N5$	2.54	1.92	1.31	2.23	0	1.54	1.69	2.38	1.77	1.46	1.54
$N6$	2.38	2.08	2.31	2.31	2.38	0	1.92	2.23	2.00	1.77	1.62
$N7$	2.46	2.31	1.85	2.08	2.15	1.85	0	2.08	2.00	1.92	1.92
$N8$	2.62	1.85	2.31	2.62	2.08	1.54	1.77	0	1.46	1.31	1.62
$N9$	2.00	2.38	1.69	2.00	2.46	1.92	2.15	2.00	0	1.77	1.77
$N10$	2.38	2.38	2.15	2.08	2.38	2.62	2.08	2.23	2.00	0	1.92
$N11$	2.08	1.69	1.69	2.15	2.23	1.85	1.62	2.31	1.92	1.23	0

表 5-8 OGD 核心能力生成演化的影响因素（需求方）综合影响矩阵

	N1	N2	N3	N4	N5	N6	N7	N8	N9	N10	N11	R
N1	0.390	0.433	0.379	0.410	0.427	0.379	0.360	0.431	0.376	0.346	0.352	4.284
N2	0.476	0.336	0.366	0.394	0.430	0.383	0.367	0.415	0.378	0.331	0.342	4.217
N3	0.407	0.342	0.246	0.328	0.347	0.294	0.294	0.363	0.295	0.260	0.281	3.455
N4	0.442	0.376	0.343	0.303	0.387	0.333	0.323	0.409	0.328	0.298	0.300	3.843
N5	0.469	0.400	0.343	0.408	0.334	0.350	0.348	0.428	0.356	0.313	0.327	4.076
N6	0.501	0.438	0.385	0.443	0.460	0.318	0.385	0.457	0.393	0.350	0.356	4.486
N7	0.508	0.450	0.394	0.438	0.455	0.394	0.313	0.455	0.397	0.359	0.371	4.535
N8	0.482	0.406	0.387	0.430	0.423	0.357	0.358	0.346	0.352	0.314	0.337	4.192
N9	0.483	0.446	0.382	0.428	0.459	0.390	0.391	0.445	0.313	0.348	0.360	4.444
N10	0.535	0.479	0.429	0.464	0.491	0.445	0.417	0.488	0.420	0.304	0.392	4.864
N11	0.458	0.396	0.360	0.410	0.425	0.365	0.349	0.431	0.366	0.308	0.269	4.138
D	5.149	4.502	4.014	4.457	4.638	4.008	3.906	4.667	3.974	3.532	3.688	—

表 5-9 OGD 核心能力生成演化的影响因素（需求方）评价表

	中心度	中心度排序	原因度	原因度排序	影响度 R	影响度排序	被影响度 D	被影响度排序	因素属性
N1	9.433	1	-0.866	11	4.284	5	5.149	1	结果因素
N2	8.719	3	-0.285	6	4.217	6	4.502	4	结果因素
N3	7.469	11	-0.558	8	3.455	11	4.014	6	结果因素
N4	8.300	9	-0.795	10	3.843	10	4.457	5	结果因素
N5	8.714	4	-0.561	9	4.076	9	4.638	3	结果因素
N6	8.494	5	0.477	3	4.486	3	4.008	7	原因因素
N7	8.441	6	0.630	2	4.535	2	3.906	9	原因因素
N8	8.859	2	-0.475	7	4.192	7	4.667	2	结果因素
N9	8.418	7	0.470	4	4.444	4	3.974	8	原因因素
N10	8.396	8	1.332	1	4.864	1	3.532	11	原因因素
N11	7.826	10	0.450	5	4.138	8	3.688	10	原因因素

基于上述评价表，研究分别将中心度和原因度作为横、纵坐标，绘制 OGD 核心能力生成演化影响因素（需求方）的因果关系图，如图 5-6 所示。

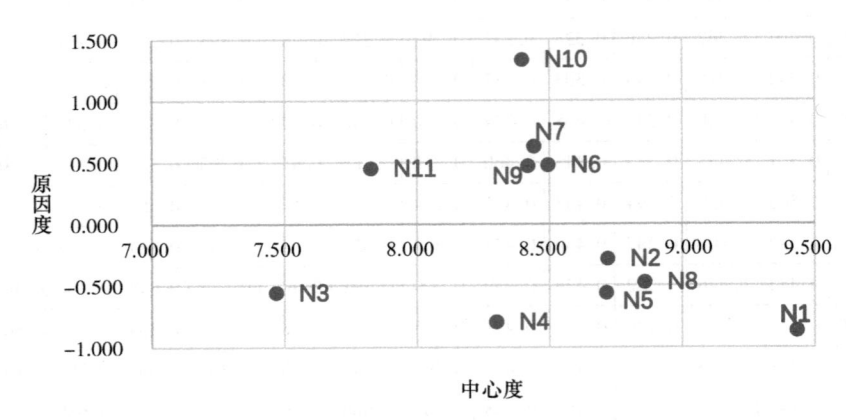

图 5-6 OGD 核心能力生成演化影响因素（需求方）的因果关系图

（二）OGD 需求方关键因素数据分析

（1）中心度分析。通过表 5-8 可知，OGD 核心能力生成演化的 11 个影响因素（需求方）中，中心度排名前五的依次是 N1 开放数据的利用价值，N8 知识技术的应用，N2 认同、利他或其他外在动机，N5 学习积极性，N6 激励机制。

（2）原因因素分析。通过表 5-8 可知，OGD 核心能力生成演化的影响因素（需求方）中，原因因素按原因度高低排序依次有 N10 政策支持（1.332）、N7 协同机制（0.630）、N6 激励机制（0.477）、N9 文化氛围（0.470）、N11 学习机会及场所（0.450）。说明上述因素对其他因素的影响较大，尤其是 N10 政策支持及 N7 协同机制两个因素。究其原因，对于 OGD 需求方而言，立法和政策支持可能会刺激或阻碍用户使用开放数据的类型和效果等，进而影响能力的培育；而有效的协同机制能确保用户与数据供给方及外界环境间的密切交流与联系，并能够通过动

第五章　政府数据开放核心能力的生成研究

态调整以应对外部变化①。

（3）结果因素分析。OGD 核心能力生成演化的影响因素（需求方）中，结果因素按原因度从小到大排序依次有 N1 开放数据的利用价值（-0.866），N4 知识及技能水平（-0.795），N5 学习积极性（-0.561），N3 数据呈现形式（-0.558），N8 知识技术的应用（-0.475），N2 认同、利他或其他外在动机（-0.285）。说明这些因素受其他因素的影响较大，尤其是 N1 开放数据的利用价值及 N4 知识及技能水平两个指标。相关研究表明，用户自身的数据需求、知识水平及能力、数据质量等因素均会影响其价值认知②；而用户的知识及技能水平则可能受到政策支持或激励措施等因素的影响，促进其学习以提升知识水平。

（三）OGD 需求方关键因素识别

基于以上数据分析，研究将相关因素划入 A、B、C 三个区域，如图 5-7 所示。

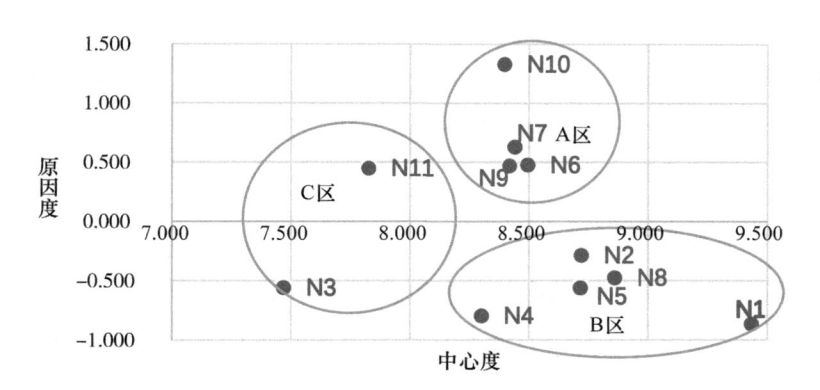

图 5-7　OGD 核心能力生成演化影响因素的区域图（需求方）

---

① 李鑫浩、赵需要：《基于社会网络分析的政府开放数据生态链的演进过程研究》，《现代情报》2022 年第 2 期。

② 门理想、王丛虎、门钰璐：《公共价值视角下的政府数据开放——文献述评与研究展望》，《情报杂志》2021 年第 8 期。

图 5-7（A 区）的四个因素：N10 政策支持、N7 协同机制、N6 激励机制、N9 文化氛围，具有较高的中心度，且原因度值为正（原因因素），是关键影响因素。其中，N10 政策支持的位置较为突出，其原因度值远高于其他因素，说明 OGD 需求方核心能力的其他因素在很大程度上受到 N10 政策因素影响。

图 5-7（B 区）的五个因素：N1 开放数据的利用价值，N8 知识技术的应用，N2 认同、利他或其他外在动机，N5 学习积极性，N4 知识及技能水平，除 N4 外，其他四个因素的中心度值排在前四位，甚至高于 A 区的四个因素，但原因度却均为负值（结果因素），说明这些因素对于 OGD 需求者而言极为重要，但却极易受到其他因素的影响。特别是 N1，其中心度值最大而原因度值最小，说明需求者最为关心开放数据给它们带来的价值，但这一价值创造却会受到其他各因素的影响。我国以政府为主导的 OGD 发展模式，能够较好解释需求者价值观受外部因素影响大这一现象。

图 5-7（C 区）的两个因素：N11 学习机会及场所、N3 数据呈现形式，是辅助因素，且对其他因素影响不大。

四 综合分析

总的来说，中心度较高的各项因素分别对 OGD 供需双方核心能力的生成过程影响最为明显，且与其所在系统中其他因素的关联较为紧密，在系统中起着重要作用。但这些因素并非一定是最关键的影响因素，关键影响因素还需结合原因度进一步阐释，相较于原因因素，结果因素对 OGD 核心能力生成过程的影响更加直接。相关数据分析显示：

对于 OGD 供给方，知识环境（P10 政策支持、P9 行政文化观）是重要的原因因素；知识菌株（P3 对战略规划的理解和支持、P2 战略规划的可执行度）与知识母体（P5 学习积极性）是重要的结果因素。

第五章 政府数据开放核心能力的生成研究

对于 OGD 需求方,知识环境(N10 政策支持)与知识酶(N7 协同机制)均对系统中的其他因素有着重要影响,知识菌株(N1 开放数据的利用价值)与知识母体(N4 知识及技能水平)受系统中其他因素的影响最大。

中心度反映了各因素在系统中的重要程度,而原因度则反映了具体因素影响系统的作用方向和强弱。结合中心度和原因度,研究识别出影响 OGD 供需双方核心能力生成的关键因素。

(1) OGD 供给方。通过 OGD 核心能力生成演化的影响因素(供给方)的因果关系图(如图 5-4 所示)可知,P10 政策支持、P9 行政文化观、P6 激励机制、P4 知识及技能水平,这四个同时具有较高的中心度和原因度的因素,在 OGD 核心能力(供给方)形成的过程中起着重要作用,是最关键的影响因素。其表明,对 OGD 供给方而言,注重政府内部人员的知识及技能水平提升是核心能力培育的基础保障;完善的政策支持与开放、共享、创新的行政文化观(知识环境)是核心能力培育与提升的驱动力;适当的激励机制与措施(知识酶)则能够有效提高能力提升的效率。

(2) OGD 需求方。通过 OGD 核心能力生成演化的影响因素(需求方)的因果关系图(如图 5-6 所示)可知,N6 激励机制、N7 协同机制、N9 文化氛围、N10 政策支持,这四个同时具有较高的中心度和原因度的因素,在 OGD 核心能力(需求方)形成的过程中起着重要作用,是最关键的影响因素。其表明,对于 OGD 需求方而言,应当提供专门针对数据需求侧的政策支持,同时注重营造开放、共享、透明、创新的文化氛围(知识环境),以促进公众真正融入与参与到数据开放生态中;此外,激励机制与协同机制(知识酶)也是用户核心能力生成演化的重要影响因素,通过奖励、合作等形式有效促进其数据利用与创新能力的培育。

第七节 政府数据开放核心能力生成研究小结

本章基于核心能力理论和知识发酵模型,分析了 OGD 核心能力的知识发酵类型,构建了 OGD 核心能力的生成过程模型,探讨了知识菌株、知识母体、知识酶、知识环境、知识技术以及知识发酵吧六要素在发酵准备、发酵进行和发酵沉淀过程中的作用,并基于 DAMATEL 模型定位了影响 OGD 核心能力生成演化过程的关键因素。

研究发现,知识环境(P10 政策支持、P9 行政文化观)、知识酶(P6 激励机制)与知识母体(P4 知识及技能水平)是 OGD 供给方核心能力生成过程中的关键影响因素;知识酶(N6 激励机制、N7 协同机制)与知识环境(N9 文化氛围、N10 政策支持)是 OGD 需求方核心能力生成过程中的关键影响因素。因此,在 OGD 核心能力构建中应重点关注相关因素的作用。

第六章

政府数据开放动态能力的演化作用研究

能力演化是能力的发展进化。动态能力作为一种使能能力，能推动 OGD 整体能力系统向前发展。本章对 OGD 动态能力的演化作用研究，聚焦于 OGD 动态能力如何推动核心能力的更新改造展开。

研究表明，能力的演化依赖于动态能力的作用过程。在动态能力作用下，OGD 能力系统通过改变知识资源状态，促成知识动态更新，保持和更新可用知识组合，实现能力的演化[1][2][3]，本书在第四章 OGD 动态能力作用过程分析中，以 SECI 模型阐释了这一知识的动态循环。那么，在这一过程中，哪些因素影响其演化，又如何影响其演化？路径为何？回答相关问题将有助于掌握影响动态能力演化的关键要素及节点，为此，本章将重点对此做进一步探索。

第一节 政府数据开放动态能力的知识演化作用

OGD 知识创新源于个体学习，通过个体—组织—个体的知识循环，

---

[1] 卢艳秋、叶英平、肖艳红：《惯例形成与演进过程中的知识管理模型研究》，《图书情报工作》2017 年第 2 期。

[2] 王向阳、郗玉娟、谢静思：《基于知识元的动态知识管理模型研究》，《情报理论与实践》2017 年第 12 期。

[3] 赵英鑫、韩清艳、巩欣宇：《基于知识和惯例的动态能力形成模型研究》，《情报科学》2021 年第 7 期。

完成知识创造和更新。本书借鉴创造力成分模型和信息加工学习理论，将主体的学习行为与不同的信息加工行为结合，为进一步阐释动态能力如何推动 OGD 知识演化、完成知识创新提供依据。

一　OGD 知识创新的阶段过程

阿马比尔在创造力成分模型中将创造过程划分为五个阶段：①问题或任务识别；②准备；③产生回应；④验证和传达回应；⑤结果。并指出，创造过程会受到创新主体自身三个因素（任务动机、领域相关技能和创造相关过程）和外部社会环境因素的综合影响[①]。加涅的信息加工理论探索了主体在动机和外界环境影响下，如何通过动机、领会、习得、保持、回忆、概括、作业、反馈八个阶段，将主体的学习行为与不同的信息加工行为结合，最终完成对情景问题的解决[②]。创造力成分模型对创造过程的阶段划分，以及信息加工理论对各阶段信息行为的阐释，为掌握 OGD 知识创新的过程提供了依据。结合创造力成分模型与信息加工理论，研究将 OGD 知识创新过程划分为知识感知、知识选择、知识应用、知识验证、创新结果五个阶段，各阶段任务及特征如下：

（1）知识感知：OGD 创新主体对客观问题和自身能力的感知，是知识创新的初始阶段。信息加工学习理论的动机和领会阶段，与创造力成分模型中的问题和任务识别阶段，均是指主体在情境中对问题的思考，区别在于前者将动机和社会环境归为影响因素，后者将动机视为准备阶段，但是，无论从哪种角度，知识创新的起点均是对问题的识别及领会，识别是客观维度，即发现问题，领会则是主观角度，是创新主体面对问题时的感悟和体会。研究将这一阶段归纳为知识感知，它既包括主体在

[①] ［美］特蕾莎·阿马比尔：《情境中的创造力》，刘艳、付晗晓译，四川人民出版社 2016 年版，第 136—146 页。

[②] ［美］罗伯特·M. 加涅：《学习的条件》，傅统先、陆有铨译，人民教育出版社 1985 年版，第 321 页。

第六章　政府数据开放动态能力的演化作用研究

参与 OGD 过程中对所需解决的客观问题的感知，也包括对解决该问题时自身知识水平的感知。

（2）知识选择：是创新主体对 OGD 数据获取和自身知识提取的选择。信息加工学习理论的习得与保持阶段强调知识的学习和巩固，回忆阶段则强调将习得的知识进行选择性提取；创造力成分模型中的准备阶段是激活大脑中的相关信息并准备回应。研究将这一阶段归纳为知识选择，OGD 主体在感知问题和自身能力后，根据其判断，选择性获取与解决问题密切相关的 OGD 数据，并提取大脑中用以解决问题的相关知识。

（3）知识应用：是创新主体运用 OGD 数据和内外部知识解决问题的过程。信息加工学习理论的概括阶段是指将自身知识进行整合，面临相似的问题时，进行"知识迁移"，而作业阶段则是指对具体解决方案的落实；创造力成分模型中产生回应阶段亦是指面临问题，运用相关知识，解决问题。研究将这一阶段归纳为知识应用，它是 OGD 知识创造的关键阶段，其目的是对获取的 OGD 数据进行处理，利用内外部相关知识，将数据转化为可解决问题的 OGD 数据产品，如 APP、小程序等数据服务，或是数据方案报告等。

（4）知识验证：是创新主体对问题解决效果的反馈阶段，对应于信息加工学习理论反馈阶段与创造力成分模型中的验证和传达回应阶段。本书将这一阶段归纳为知识验证，其目标是对实际落实的解决方案中，OGD 数据产品的可靠性、有用性、易用性等进行验证，对数据产品提供的服务中所涉及的业务逻辑或是其他管理问题等进行验证，以此保障 OGD 数据产品本身的可靠性，及其对问题解决的有效性。

（5）创新结果：是 OGD 知识创新的产出结果。创造力成分模型中将创新结果按照成功与否，划分为失败、成功、接近目标三种。而在信息加工理论中，对结果的划分是根据具体的问题解决方式：一是面对与以往相似的问题，可基于对最佳实践的细微改造实现问题解决，创新结果是对已有知识在新环境新条件下的重新适配和扩散应用；二是面对全新的问题，需要主体突破已有的知识经验，通过创造性思维提出全新的解决方案，创新结果是输出以往没有的新知识和新方案。信息加工理论对于创新结果的认识，与知识创造中的渐进式创新和突破式创新内涵一致，根据这两种不同的创造方式及对应的输出结果，研究也将 OGD 知识创新结果分为知识的更新扩散和新知识的创造两类。

二 OGD 动态能力作用下的知识演化

OGD 动态能力如何推动知识创新各阶段目标任务的实现？如前所述，动态能力将经历 SECI 的四个场，完成"知识变异—知识选择—知识传播—知识保持"的知识演化，由此，研究将知识创新的五阶段任务目标融入动态能力作用下的知识演化过程，由此分析 OGD 动态能力如何推动知识演化实现知识创新，如图 6-1 所示。

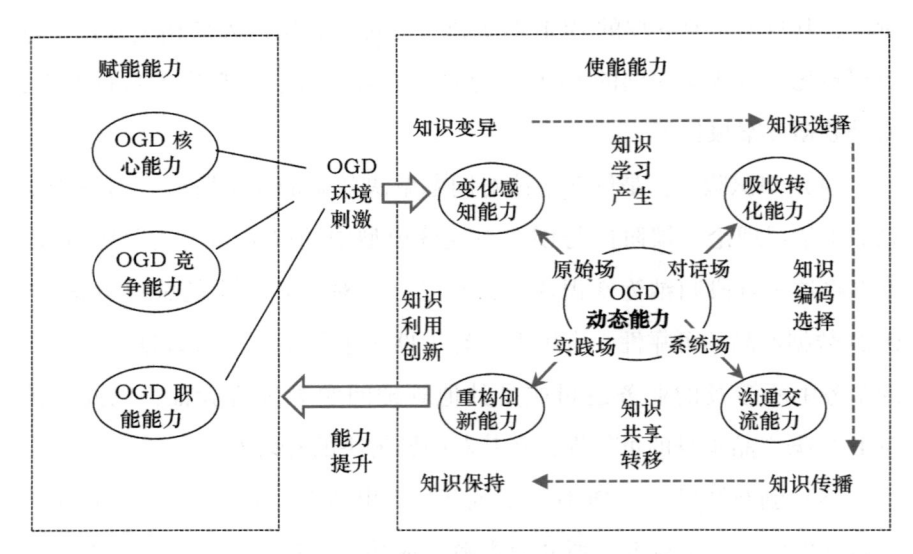

图 6-1 OGD 动态能力作用下的知识演化

第六章 政府数据开放动态能力的演化作用研究

从系统的观点看，每个阶段的演化都是 OGD 主体在具体场景中，通过相关知识活动实现的知识创造更新，每一个阶段的能力演化都完成相应的目标和输出。

（1）知识变异。产生变异是动态能力演化的起点，对应于 SECI 的原始场。OGD 主体在知识感知过程中，通过变化感知能力感知外部刺激（环境、技术、政策等促成的新需求和已有知识的冲突），发现现有知识缺口，触发对新知识的探索。在这一过程中，个体与个体之间通过观察和体验，针对感知到的能力缺陷，有意识地进行学习和模仿，提升个体知识储备。

（2）知识选择。动态能力在内部选择阶段着眼于对变异阶段所探索的新知识进行比较和选择，对应于 SECI 的对话场。主体通过吸收转化能力，在知识学习的基础上对知识进行编码，使知识清晰化、条理化以便于选择。在这一过程中，个体隐性知识通过编码得以显性化表达，群体成员在学习过程中吸收显性化的个体知识并将其转化为群体知识。

（3）知识传播。动态能力在传播阶段的主要作用是推动知识的交流和应用，对应于 SECI 的系统场。主体通过沟通交流能力进行知识传播，在知识应用中发现知识间的新关联，借助群体智慧实现知识的再连接、再融合，通过充分交流、知识互补，验证知识的有效性和正确性，形成更为系统完整的知识体系，提升知识效能。在这一过程中，知识通过传播实现对知识的验证以及知识在群体之间的流动。

（4）知识保持。动态能力在保持阶段重在对创造出的新知识（创新结果）进行消化和重复应用，对应于 SECI 的实践场。主体通过重构创新能力发挥创新结果的作用，为老问题提出创新方案、为解决难题和新问题提供思路。在这一过程中，知识创造的成果逐步被嵌入到组织个体行为，进而转化为个体的知识，准备进入下一轮知识演化循环。

第二节 政府数据开放动态能力演化的影响因素

OGD 动态能力的演化作用中，OGD 主体在四个场中，通过不同的知识活动行为促成 OGD 知识创新及能力演化，那么在上述 OGD 动态能力的演化循环中，主体、环境及行为受到哪些因素影响？如何影响 OGD 动态能力的演化？研究通过影响因素分析进行了进一步梳理。

一 影响因素的分析思路

在 OGD 动态能力演化的影响因素分析中，研究首先通过文献，梳理 OGD 动态能力影响因素，归纳总结形成初步框架，然后在此基础上，对 OGD 相关专业人士进行焦点访谈，对影响因素进行补充和完善。

（一）文献归纳总结

通过查阅国内外动态能力、OGD 动态能力及其相关的研究成果，结合对文献的内容分析，在对文献中的动态能力影响因素进行分析的基础上，如表 6-1 所示，将影响因素归纳为主体、环境以及知识行为三个维度。

（二）焦点访谈法

焦点访谈法是一组人集合起来讨论某一特定问题，在实现既定问题讨论的基础上，通过群体间的互动启发，为访谈者提供更多的信息参考，可作为单纯问卷调查、文献分析的有效补充[1]。

访谈由研究组成员担任访谈主持人，邀请 OGD 专业人士，即具有政府数据开放实践经验的专家、工作人员以及数据开发利用者，以政府数据开放过程中感知环境变化、吸并转化知识、成员间互动交流以及创新

---

[1] 白玥、李雨波、靳雪征、李英华、王新伦：《焦点小组访谈法在评价艾滋病宣传教育材料中的应用》，《中国健康教育》2008 年第 4 期。

实践等过程中的影响因素为主题，对其进行访谈，更好地将政府数据开放和动态能力相结合，一方面是对文献归纳总结的因素结果进行补充与完善，另一方面有助于掌握更具有说服力、更切实际的影响 OGD 动态能力作用的因素。

本书在通过文献梳理与焦点访谈对影响 OGD 动态能力作用的因素进行分析的过程中，把握以下原则。

（1）筛选因素的原则：在因素的筛选过程中，以文献中整理得到的影响因素为基础，通过对相关专家进行访谈，对已有因素进行筛选和补充。一方面，为保障访谈过程中出现频次较高的影响因素的准确性，研究借助文献逆向查询的方式对其进行确认；另一方面，对访谈中出现的新因素研究也将进行检索、确认，保障因素的全面性，以此形成理论饱和，在筛选过程中把握科学性、合理性、系统性、可操作性原则，有助于因素理论的延伸、实践以及推广。

（2）归纳因素的原则：在对因素进行初步筛选的基础上，为减少因素的冗余程度，需要对概念、内涵相近的影响因素进行合并，整合存在包含关系的因素，选取具有更高度概括性的概念进行归纳。

二 基于文献归纳法的初步分析

（一）文献归纳总结

梳理相关文献发现，动态能力的前因变量主要集中于组织机制、管理者认知、资源获取等方面，如组织学习深度、高层管理团队情况、企业资源存量、社会资本、网络关系资源等对动态能力的影响。如表 6-1 所示。

表 6-1　　　　　　　　　　动态能力影响因素汇总

最终维度	归纳合并结果	最初影响因素	参考文献
主体	A1 员工及组织的知识及技能水平	a1 企业家教育水平、经验	宝贡敏（2015）
		a2 不同类型经验	金和图奇（2002）
		a3 现有资源和能力	廖（2011）
		a4 技能	提斯（2007）
		a5 企业家教育水平、商业教育经验、管理经验和产业经验	麦克尔维（2009）
	A2 组织高层管理者以及成员认知	a6 管理者支持和信任	普里托（2009）
		a7 企业与外部不同主体之间的信任、承诺等	郗玉娟（2020）
		a8 团队成员认知	赫尔法特（2003）
		a9 企业家精神	陈春花（2009）
环境	B1 政策支持	b1 政府政策	马力克（2009）
		b2 政策法规支持	拜格雷夫（1992）
		b3 政策工具	朱平芳等（2003）
		b4 政策手段	王佳和张林（2017）
		b5 创新型激励机制、创新型组织结构	丰红星（2013）
		b6 组织科层制度	加韦蒂（2005）
		b7 扁平化组织架构	王晓玲（2020）
		b8 严格的绩效管理	普里托（2009）
	B2 组织文化	b9 创新文化	葛宝山等（2016）
		b10 创新型价值观	丰红星（2013）
		b11 组织创新氛围	张凤海（2013）
		b12 战略定位	周（2010）
知识行为	C1 知识行为的频繁程度	c1 人员交流频繁程度	马赫（2004）
		c2 互动频率	辛晴（2011）
		c3 企业与外部不同主体之间联系的频繁程度、联系的数量	郗玉娟（2020）
	C2 知识行为的深度	c4 深度学习	罗米（2010）
		c5 互动质量	辛晴（2011）
		c6 企业与外部不同主体之间联系的密切程度、质量等	郗玉娟（2020）

（二）初步分析

目前，少有对政府数据开放领域动态能力的专门研究，因此，本书基于上述文献归纳总结得到的相关影响因素，结合政府数据开放主体、环境以及行为的特点，对 OGD 动态能力影响因素进行了初步分析，作为下一步因素优化的基础。相关因素如表 6-2 所示。

表 6-2　　　　　OGD 动态能力作用影响因素初步分析

编号	影响因素	具体内容
A1	OGD 主体	OGD 组织成员及用户的知识及技能水平
A2		OGD 组织管理者、成员以及用户的认知
B3	OGD 环境	政府内部的管理机制
B4		政府内部对 OGD 的政策支持
B5		OGD 战略要求
B6		政府内部文化观
C7	OGD 知识行为	知识行为的频率（互动交流的数量等）
C8		知识行为的深度（互动交流的密切程度、质量等）

三　基于焦点访谈法的因素分析优化

为弥补文献分析所得因素的不足，研究进一步通过焦点访谈法，借助 OGD 专业人士在政府数据开放领域的研究积累和实践经验，对影响因素进行优化。

（一）访谈设计与资料收集

焦点访谈和资料收集。研究首先根据此前基于文献研究所提出的因素初步分析框架，设计了半结构化访谈提纲，提纲内容建立在访谈者与被访谈者对 OGD 主题共识的基础上，涉及发现 OGD 动态能力演化过程的细节及所受到的影响。研究选择了 12 名从事政府数据开放相关研究和实践的实务工作者进行焦点访谈，被访者职位从基层业务到中层管理，包括 OGD 专项负责人以及数据资源管理部门领导。

研究希望通过访谈掌握专业人士对OGD动态能力一个过程中所关注的具体要素。因此，对访谈资料的分析，研究借鉴了内容分析法的思想，对访谈资料中的相关主题进行内容频次统计，在量化影响因素的基础上，通过归纳总结以较为规范的术语来提炼影响OGD动态能力发挥作用的相关因素。

内容分析的步骤：

第一步，选定分析单元和建立分析类目。研究将每一位受访者的访谈数据资料作为一个分析单元，对12位专家的访谈形成了12个分析单元。

第二步，建立分析类目。研究基于此前文献归纳所得的动态能力影响因素建立了分析类目，设计了访谈提纲和具体问题。

第三步，数据分析。访谈结束后，对半结构化访谈收集到的录音资料进行转录、整理、分析和编码，并对编码分析的结果进行频次统计和分析，最终形成OGD动态能力演化的影响因素框架。

（二）访谈内容分析

本次访谈采取一对一方式进行，请各位受访者对OGD动态能力作用过程中影响因素的有效性和全面性进行判断。有效性方面，主要从影响因素是否反映了OGD现阶段问题、该因素是否对OGD具有促进作用进行判断；全面性方面，主要从OGD动态能力影响因素是否全面、是否成体系、是否存在漏项、是否有重复内容进行判断。访谈者对访谈内容进行整理，并对相关问题进行编号，相关内容统计如表6-3所示。

通过焦点访谈的进一步挖掘，除了从文献中所收集整理到的OGD动态能力作用影响因素，研究还发现，府际竞争、组织实践资源等环境因素，以及知识行为方式等行为因素，均会对OGD动态能力作用过程产生影响。

同时，访谈结果还显示，OGD 知识行为的频率或深度总是同时影响 OGD 动态能力的作用，因此，考虑其复合作用，将原来的频率与深度两个因素合并为一种影响因素。

表6-3　基于内容分析的 OGD 动态能力作用影响因素统计

编号	一级维度	二级维度	描述	出现频数	出现频率
A1	OGD 主体	OGD 主体的知识与技能水平	OGD 主体的业务水平/学习方法论/数据开发技术架构/交流引导力与技巧/数据获取能力等	23	14%
A2		OGD 主体的态度与认知	直属领导的支持/对 OGD 规划的理解/对 OGD 实践的清晰程度/沟通双方的认知水平等	26	16%
B3	OGD 知识行为	知识行为的频率与深度	与相关主体的见面频率/部门同事的交流频率等/探究问题本质/知识活动涉及的全面性等	26	16%
B4		知识行为方式	对 OGD 主体进行问卷调研/开放式访谈/穿行测试等	16	10%
C5	OGD 环境	管理机制与组织架构	绩效考核机制/人才培养体系/跨部门协同机制/明确分工责任机制等	13	8%
C6		组织实践资源	部门技术人员配备/基础设施配套/数据本身质量/各类专项资金拨款/地方政府财政投入/经费补贴等	6	4%
C7		政策支持	相关政策的出台/法律法规的支持/政策条例的引导等	20	13%
C8		组织要求	公众需求/业务驱动/业务需求/年度计划内容/科研需求等	8	5%
C9		府际竞争	年度考核排名/同级别政府部门的相关动态等	9	6%
C10		政府内部文化观	组织内部的学习氛围/组织经常跨部门合作/组织鼓励创新等	7	4%

四　OGD 动态能力演化的影响因素框架

根据上文对 OGD 动态能力作用的分析，研究从 OGD 主体、行为以及环境三方面总结了 OGD 动态能力作用的影响因素，在综合文献研究和焦点访谈的数据分析的基础上，构建了OGD动态能力演化影响因素的框架，各影响因素的具体作用分析如下。

（一）OGD主体的影响

OGD主体作为OGD动态能力作用过程中的主要角色，其所掌握的知识和技能以及态度与认知，均是OGD动态能力发挥作用的关键因素。

OGD主体的知识与技能水平。主体的信息技术、网络基础、数据开发、大数据分析等知识技能在提升政府数据开放的可及性以及透明度[①]，降低公众或组织获取、使用成本，助力OGD数据创新[②]等方面成为不可或缺的要素，相关的OGD知识技能是OGD主体有效提升政府数据开放能力的必要条件。

OGD主体的态度与认知。一方面，OGD管理主体，尤其是高层领导对OGD活动的支持与OGD知识活动能否实施密切相关[③]，领导权威可以促成OGD组织内部会议的开展、推动创新方案的实践，并加强OGD内部的协调与合作；另一方面，OGD成员对数据开放的认知水平、对OGD战略项目以及规划的理解认知程度也极大影响着OGD动态能力作用过程中的知识活动[④]。

（二）OGD行为的影响

OGD动态能力作用过程通过一系列知识活动体现，因此，OGD主体进行知识活动的方式方法及其频率与深度也是影响OGD动态能力演化的重要因素。

---

① Jeannine E. Relly, Meghna Sabharwal, "Perceptions of Transparency of Government Policymaking: A Cross-National Study", *Government Information Quarterly*, Vol. 26, No. 1, January 2009, pp. 148–157.
② 吴金鹏、韩啸：《开放政府数据何以成功？——生态关系理论视角的跨国实证研究》，《图书馆论坛》2020年第8期。
③ 何文盛、廖玲玲、王焱：《中国地方政府绩效评估的可持续性问题研究——基于"甘肃模式"的理论反思》，《公共管理学报》2012年第2期。
④ 穆颖丽：《图书馆知识管理能力构成要素及影响因素分析》，《情报理论与实践》2011年第10期。

第六章　政府数据开放动态能力的演化作用研究

知识行为的频率与深度。组织的知识互动极大地影响着动态能力的作用，OGD 主体之间的高频知识互动是主体获取信息的主要来源[①]，也有助于 OGD 内部知识的分享与传播，而在适当频率下对数据问题进行深度挖掘，能降低 OGD 互动过程中的时间和成本投入，推动数据创新的实践过程。通过访谈分析，大部分专家认为 OGD 动态能力的作用过程受到组织内知识活动的频率与深度的综合影响，组织在保证知识活动频率的同时，更应关注知识活动的质量，保障 OGD 动态能力作用的有效发挥。

知识行为的方式。OGD 成员进行知识活动的方式对 OGD 动态能力的作用结果有着重要影响，不同场景中的知识转化效率在极大程度上取决于其知识活动的渠道，高效且便利的交流渠道能加大程度协调 OGD 内部信息、强化 OGD 成员知识技能、优化用户的体验感，并推动用户对开放数据的创新，推动政府数据开放能力的提升。

（三）OGD 环境的影响

OGD 作为数据时代的新公共服务，一方面，其内部知识活动离不开公共体系的支持；另一方面，其知识活动过程中同样存在内外竞争。因此，OGD 内部的管理机制、实践资源、目标要求、文化氛围以及外部的支持、竞争等环境因素，均会影响 OGD 动态能力演化。

管理机制与组织架构。政府数据开放作为一项政府创新，其推进必然面临探索和实践中不可预知的困难，因此，建立 OGD 管理机制及架构保障是推动 OGD 发展的重要基础，而专门的数据管理机构及 OGD 跨部门统筹协调机制，会对数据开放基础业务及其能力的发挥产生直接影响，责任机制的落实及绩效考核机制的完善作为压力传导机制，能优化开放数据的提供服务、以提高数据开放效率，提升政府数据开放内部的业务

---

① 边燕杰：《社会网络与地位获得》，社会科学文献出版社 2012 年版，第 6 页。

基础能力。

组织实践资源。从政府数据资源来看,"数据"是核心要素,数据的质量将在很大程度上影响数据开放的效果以及用户对数据创新利用的水平,高质量数据集的开放政府数据平台会降低数据利用的成本,助力于OGD在数据利用方面的能力提升,推动OGD的创新;从数据的实践来看,OGD的创新离不开组织的财政资源、人力资源以及OGD所具备的基础设施。其中,开放数据的运营流通以及价值创新离不开资金的支持①。财政资金的投入不仅涉及政府数据开放基础设施的建设,还涉及相关专业技术人员的配备,丰富的财政资源能提高政府公共数据及其服务的创新水平,以此提升政府数据开放能力,尤其是OGD创新实践过程中的能力。

政策支持。政策是组织中的核心资源,具有引导、规范和约束功能。政策赋予政府数据开放的压力能明确其工作中的实践节点以及工作目标②,能推动OGD成员更好地规范政府数据开放实践,是影响地方政府数据开放水平、保障数据开放能力的关键因素。政府数据开放相关的法律、法规和相关配套政策的出台,是政府数据开放有效推行的基础保障③,也是优化政府数据开放能力的有力支撑。

组织要求。开放政府数据本身不是目的,根据公众需求使数据得到充分利用并产生价值才是根本目的④,为更好地满足社会公众对政府数据开放的需求,政府会主动通过制订年度计划、实施改进行动以提升其

---

① 唐长乐:《基于扎根理论的政府开放数据价值共创影响因素研究》,《图书馆杂志》2021年第11期。
② 李轩宇、董鹏:《基层治理中的困境:权威结构与政策压力下的治理倦怠》,《领导科学》2019年第14期。
③ 王法硕:《我国地方政府数据开放绩效的影响因素——基于定性比较分析的研究》,《情报理论与实践》2019年第8期。
④ 郑磊:《开放政府数据的价值创造机理:生态系统的视角》,《电子政务》2015年第7期。

OGD 数据提供能力，推动数据创新利用。因此，相关的制度、规划、行动指南等由 OGD 主导者所提出的组织要求，都将影响 OGD 成员的能力发挥及其知识活动的进程[①]。

府际竞争。组织的行为选择还受到其他同级组织的深刻影响[②]。就政府数据开放的过程与结果而言，大部分地方政府会将与其结构对等的政府视为重要的参照群体，关注相应政府的行为动态，形成外部竞争；而部门内部的 OGD 成员之间，同样由其激励、绩效考核等机制形成了内部竞争，这种内外部竞争在一定程度上有利于调动 OGD 主体的积极性，鼓励 OGD 内部的创新行为，也是政府数据开放能力提升的重要因素。

内部文化观。OGD 内部良好的学习、创新氛围能进一步推动数据技术、管理创新活动，促进对 OGD 问题的及时发现，帮助 OGD 应对快速变化的外部环境。OGD 主体内部在发展过程中形成对团队意识、创新意识以及高效的学习思维，都是激发 OGD 主体决策与行动并提升其数据创新能力的内因。

研究在访谈过程中，围绕不同的能力设置了不同的场景，访谈发现，不同的 OGD 动态能力在发挥作用的过程中，因其作用过程不同，受各因素的影响也不同，那么，不同能力受各因素的影响存在哪些差异？下文将从不同维度的动态能力出发，对其进行探讨。

第三节　基于 AISM 的影响因素模型

访谈结果显示，不同 OGD 动态能力因其作用场景不同，所受各因素

[①] 穆颖丽：《图书馆知识管理能力构成要素及影响因素分析》，《情报理论与实践》2011 年第 10 期。
[②] 康伟、赵鹏飞：《社会学制度主义视角下地方政府创新行为的影响因素研究——一项对开放政府数据的实证研究》，《甘肃行政学院学报》2022 年第 2 期。

的影响在事实上存在差异，那么，四种 OGD 动态能力在其演化过程中，哪些因素对该种 OGD 动态能力发挥了更为重要的作用？研究将借助对抗解释结构模型（Adversarial Interpretive Structure Modeling，AISM）构建 OGD 动态能力影响因素模型，并由此进一步分析各因素的影响程度及路径。

一 AISM 概述

（一）AISM 简介

美国学者沃菲尔德教授于 1973 年提出解释结构模型（Interpretative Structural Modeling，ISM），用于分析复杂适应系统的内在元素及其相互关系。其原理是将复杂系统视为多元素的构成集合，借助拓扑运算，以结果为导向，分析其元素之间的因果关系，并由上至下对元素层级进行排列，形成由因至果的可达序列，最后通过层次化的有向拓扑图来表达结果[1]。而建立在 ISM 结果导向的层级排序规则基础上的 AISM 则将博弈对抗（Adversarial）思想引入 ISM 的层级排序规则中，ISM 的层级排序规则以结果导向，加入以原因为导向的层级排序与之形成对立，由此形成一组排列规则对立的有向拓扑图。

借助 AISM 模型对 OGD 演化过程的影响因素进行分析，可以有效判别 OGD 系统中各个因素的影响程度，即将每种影响因素视为系统中的一种元素，并通过计算进行层级划分，确定影响因素重要程度，对于影响因素的重要程度，多数研究倾向于将其划分为根源层、中间层以及表层三类[2]。其不仅能够对 OGD 动态能力作用的影响因素进行层次划分，判断其影响程度，还能够通过 AISM 得出的对立拓扑层级图，研究 OGD 动

---

[1] 方曦、何华、刘云、尤宇：《国家科技重大专项全创新链知识产权育成因素分析——基于对抗解释结构模型》，《科技管理研究》2021 年第 20 期。

[2] 贾立敏、赵贤晨、张兆方：《基于 AISM 的水利工程项目治理影响因素研究》，《中国农村水利水电》2021 年第 5 期。

第六章 政府数据开放动态能力的演化作用研究

态能力作用过程中的不同因素间的关系及影响路径，定位到每一过程中在不同层级发挥作用的关键因素。

（二）AISM 构建步骤

基于本章第二节所确定的 OGD 动态能力演化影响因素，研究按照如图 6-2 所示的流程构建了 AISM 模型。

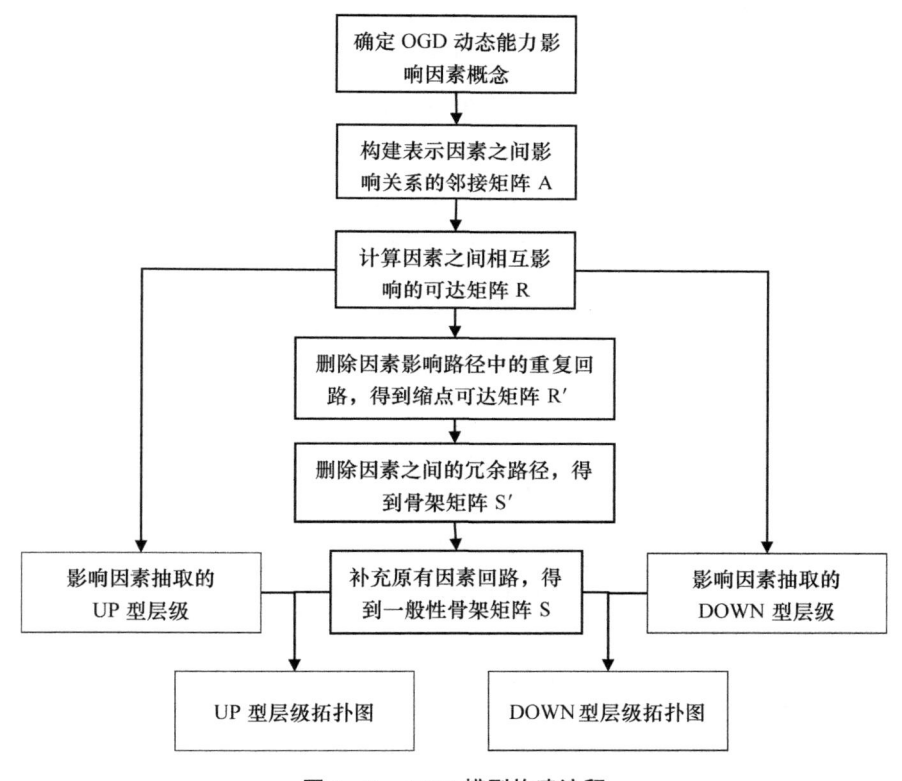

图 6-2　AISM 模型构建流程

二　AISM 模型构建

（一）数据来源

研究根据所构建的 OGD 动态能力影响因素框架，设计问卷调查每一种动态能力各影响因素之间的关系。

· 221 ·

研究团队邀请了相关高校专家、OGD 政府工作人员以及 OGD 开发人员填写问卷，每种能力收回问卷均 10 份左右。

AISM 模型的中心思想是通过矩阵理论确定影响因素体系，研究因素之间的相互影响关系。在构建 OGD 动态能力作用影响因素体系过程中，首先需确定因素之间是否存在直接影响，这一过程一般采用问卷调查等方法进行判断。为保证数据的一致性，数据筛选以 50% 为基准，若有 50% 及以上问卷认为选项两因素之间存在直接影响，则判定为直接影响，否则判定为无直接影响，影响因素编码如表 6-4 所示。

表 6-4　　　　　　OGD 动态能力作用影响因素编码

序号	影响因素	Si
A1	OGD 主体的知识与技能	S1
A2	OGD 主体的态度与认知	S2
B3	OGD 组织内知识活动的频率与深度	S3
B4	OGD 组织内知识活动的方式	S4
C5	OGD 组织管理机制及架构	S5
C6	OGD 组织实践资源	S6
C7	OGD 政策支持	S7
C8	OGD 组织要求	S8
C9	OGD 府际竞争	S9
C10	OGD 内部文化观	S10

（二）判定邻接矩阵

研究基于调查数据，对两因素之间是否存在有向直接影响进行统计，并建立邻接矩阵，如式（6-1）所示，以此判定 OGD 动态能力作用中 C1—C10 这 10 个因素之间的直接影响关系，并以关系矩阵 A 表示（如表 6-5 所示）。

第六章 政府数据开放动态能力的演化作用研究

由于每种能力下的 AISM 模型构建流程一致，以下以 OGD 吸收转化能力为例，对其影响因素的 AISM 模型构建进行详细阐述。

$$a_{i}j = \begin{cases} 0, S_i \to S_j \text{ 不存在直接二元关系} \\ 1, S_i \to S_j \text{ 存在直接二元关系} \end{cases} \quad (6-1)$$

由于每种能力下的 AISM 模型构建流程一致，以下以 OGD 吸收转化能力为例，对其影响因素的 AISM 模型构建进行详细阐述。

表 6-5　　　　　　　　邻接矩阵 A

M_{10*10}	A1	A2	B3	B4	C5	C6	C7	C8	C9	C10
A1	0	0	1	0	0	0	0	0	0	0
A2	1	0	1	1	0	0	0	0	0	1
B3	1	0	0	0	0	0	0	0	0	0
B4	1	0	1	0	0	0	0	0	0	0
C5	0	0	1	1	0	0	0	0	0	1
C6	1	0	0	0	0	0	0	0	0	0
C7	1	1	1	0	1	1	0	1	1	1
C8	1	1	1	0	1	1	1	0	0	1
C9	0	1	1	0	0	0	1	0	0	1
C10	0	0	1	0	0	0	0	0	0	0

（三）可达矩阵计算

为明确各因素是否存在直接以及间接的影响关系，为后续因素的影响路径构建基础，研究进一步构建 OGD 动态能力作用影响因素之间的可达矩阵。有向连接图各节点之间通过不同的路径进行连接，而可达矩阵具体是指节点间的可到达程度。对于任意的邻接矩阵 A，其计算方法如式（6-2）所示。

$$B = A + I \quad (6-2)$$

其中 B 为相乘矩阵，即对角线都加上 1 得到，I 为单位矩阵，对 B 进行连乘得到 R，相乘矩阵连乘的结果（K-1）次不等于 K 时，继续连乘直至矩阵不发生变化时，即通过计算式（6-3）得到可达矩阵 R（如表 6-6 所示）：

$$(A+I)^{(k-1)} \neq (A+I)^k = (A+I)^{(k+1)} = R$$

$$即\ B^{k-1} \neq B^k = B^{k+1} = R \qquad (6-3)$$

表 6-6　　　　　　　　可达矩阵 R

M_{10*10}	A1	A2	B3	B4	C5	C6	C7	C8	C9	C10
A1	1	0	1	0	0	0	0	0	0	0
A2	1	1	1	1	0	0	0	0	0	1
B3	1	0	1	0	0	0	0	0	0	0
B4	1	0	1	0	0	0	0	0	0	0
C5	1	0	1	1	1	0	0	0	0	1
C6	1	0	1	0	0	1	0	0	0	0
C7	1	1	1	1	1	1	1	1	1	1
C8	1	1	1	1	1	1	1	1	1	1
C9	1	1	1	1	1	1	1	1	1	1
C10	1	0	1	0	0	0	0	0	0	1

（四）层级抽取

为明晰可达矩阵中因素之间的相互影响路径，对可达矩阵进行计算并层级抽取，通过文字阐述可达矩阵中的因素影响路径。可达矩阵表示为可达集合 R，先行集合 Q，共同集合 T，其中 T = R∩Q。主要根据相应邻接矩阵进行分析，对于零阶矩阵中的要素 e_i：对应行值为 1 的所有要素被称为可达集合 R（e_i）；对应列值为 1 的所有要素被称为先行集合 Q（e_i）；可达集合与先行集合的共同集合即 R（e_i）∩Q（e_i），被称为

第六章　政府数据开放动态能力的演化作用研究

$T(e_i)$。

要素抽取的两种方法：

（1）UP 型拓扑层级图，是结果优先的层级抽取法，其目的是对系统中的结果进行依次抽取，从最终结果开始自上而下对因素进行归置，抽取规则为 $T(e_i) = R(e_i)$。

（2）DOWN 型拓扑层级图，是原因优先的层级抽取法，其目的是对系统中的原因进行依次抽取，从根本原因开始自下而上对因素进行归置，抽取规则为 $T(e_i) = Q(e_i)$。

按照以上原则进行层级抽取，其过程如表 6-7 所示。

表6-7　　　　基于 AISM 模型的因素抽取示例

	结果优先—UP 型抽取过程			原因优先—DOWN 型抽取过程	
	Re	Te		Qe	Te
A1	A1，B3	A1，B3	A1	A1，A2，B3，B4，C5，C6，C7，C8，C9，C10	A1，B3
A2	A1，A2，B3，B4，C10	A2	A2	A2，C7，C8，C9	A2
B3	A1，B3	A1，B3	B3	A1，A2，B3，B4，C5，C6，C7，C8，C9，C10	A1，B3
B4	A1，B3，B4	B4	B4	A2，B4，C5，C7，C8，C9	B4
C5	A1，B3，B4，C5，C10	C5	C5	C5，C7，C8，C9	C5
C6	A1，B3，C6	C6	C6	C6，C7，C7，C9	C6
C7	A1，A2，B3，B4，C5，C6，C7，C8，C9，C10	C7，C8，C9	C7	C7，C8，C9	C7，C8，C9
C8	A1，A2，B3，B4，C5，C6，C7，C8，C9，C10	C7，C8，C9	C8	C7，C8，C9	C7，C8，C9
C9	A1，A2，B3，B4，C5，C6，C7，C8，C9，C10	C7，C8，C9	C9	C7，C8，C9	C7，C8，C9
C10	A1，B3，C10	C10	C10	A2，C5，C7，C8，C9	C10

续表

结果优先—UP 型抽取过程			原因优先—DOWN 型抽取过程		
①抽取出 A1、B3 放置上层，删除后剩余的情况如下			①抽取出 C7、C8、C9 放置下层，删除后剩余的情况如下		
	Re	Te		Qe	Te
A2	A2, B4, C10	A2	A1	A1, A2, B3, B4, C5, C6, C10	A1, B3
B4	B4	B4	A2	A2	A2
C5	B4, C5, C10	C5	B3	A1, A2, B3, B4, C5, C6, C10	A1, B3
C6	C6	C6	B4	A2, B4, C5	B4
C7	A2, B4, C5, C6, C7, C8, C9, C10	C7, C8, C9	C5	C5	C5
C8	A2, B4, C5, C6, C7, C8, C9, C10	C7, C8, C9	C6	C6	C6
C9	A2, B4, C5, C6, C7, C8, C9, C10	C7, C8, C9	C10	A2, C5, C10	C10
C10	C10	C10			
②抽取出 B4、C6、C10 放置上层，删除后的剩余情况如下			②抽取出 A2、C5、C6 放置下层，删除后的剩余情况如下		
	Re	Te		Qe	Te
A2	A2	A2	A1	A1, B3, B4, C10	A1, B3
C5	C5	C5	B3	A1, B3, B4, C10	A1, B3
C7	A2, C5, C7, C8, C9	C7, C8, C9	B4	B4	B4
C8	A2, C5, C7, C8, C9	C7, C8, C9	C10	C10	C10
C9	A2, C5, C7, C8, C9	C7, C8, C9			
③抽取出 A2、C5 放置上层，删除后的剩余情况如下			③抽取出 B4、C10 放置下层，删除后的剩余情况如下		
	Re	Te		Qe	Te
C7	C7, C8, C9	C7, C8, C9	A1	A1, B3	A1, B3
C8	C7, C8, C9	C7, C8, C9	B3	A1, B3	A1, B3
C9	C7, C8, C9	C7, C8, C9			

经过以上抽取过程，最终的抽取结果如表6-8所示。

表6-8　　　　　　　基于 AISM 模型的因素抽取结果示例

层级	结果优先—UP 型抽取过程	原因优先—DOWN 型抽取过程
第0层	A1，B3	A1，B3
第1层	B4，C6，C10	B4，C10
第2层	A2，C5	A2，C5，C6
第3层	C7，C8，C9	C7，C8，C9

（五）一般性骨架矩阵计算

为对层级抽取出的各层之间以及层内之中的因素进行路径连接，还需要进行一般性骨架矩阵计算，包括缩点、缩边、骨架矩阵以及一般性骨架矩阵的运算。

缩点运算是判断系统中是否存在回路，把一个回路当成一个因素处理缩点后得到矩阵 R′，其目的是去掉把重复的路径，如式（6-4）所示。

$$S' = R' - (R' - 1)^2 - 1 \quad (6-4)$$

R′进行缩边得到 S′骨架矩阵，把回路要素代替回去即得 S，S 即一般骨架性矩阵，计算过程如表6-9、表6-10、表6-11所示。

表6-9　　　　　　　　　　缩点矩阵

	A1+B3	A2	B4	C5	C6	C7+C8+C9	C10
A1+B3	1	0	0	0	0	0	0
A2	1	1	1	0	0	0	1
B4	1	0	1	0	0	0	0
C5	1	0	1	1	0	0	1
C6	1	0	0	0	1	0	0
C7+C8+C9	1	1	1	1	1	1	1
C10	1	0	0	0	0	0	1

表6-10　　　　　　　　　　　　缩边矩阵

	A1 + B3	A2	B4	C5	C6	C7 + C8 + C9	C10
A1 + B3	0	0	0	0	0	0	0
A2	0	0	1	0	0	0	1
B4	1	0	0	0	0	0	0
C5	0	0	1	0	0	0	1
C6	1	0	0	0	0	0	0
C7 + C8 + C9	0	1	0	1	1	0	0
C10	1	0	0	0	0	0	0

表6-11　　　　　　　　　　　　一般性骨架矩阵

M_{10*10}	A1	A2	B3	B4	C5	C6	C7	C8	C9	C10
A1	0	0	1	0	0	0	0	0	0	0
A2	0	0	0	1	0	0	0	0	0	1
B3	1	0	0	0	0	0	0	0	0	0
B4	1	0	0	0	0	0	0	0	0	0
C5	0	0	0	1	0	0	0	0	0	1
C6	1	0	0	0	0	0	0	0	0	0
C7	0	1	0	0	1	1	0	1	0	0
C8	0	0	0	0	0	0	0	0	1	0
C9	0	0	0	0	0	0	1	0	0	0
C10	0	0	1	0	0	0	0	0	0	0

（六）拓扑层级图

为清楚描述因素之间的影响关系与路径，研究通过层级划分以及一般骨架矩阵的计算之后，绘制了相应拓扑图。左边为UP型层级图，即结果优先的层级划分，右边为DOWN型层级图，即原因优先的层级划分。以OGD吸收转化能力为例，其作用过程中的各影响因素间的可达关系由有向线段进行表示，方框中的双向箭头表示形成回路，即互为可达关系，同时越下层表示影响因素越具有根源性，越上层表示影响因素越具有表层性。在 UP 型和 DOWN 型拓扑层级图中处于不同层级的要素被称为活动要素，而具有活动要素的系统被称为可拓变系统，也叫活动系统或拓扑活动系统。拓扑型层级如图 6-3 所示。

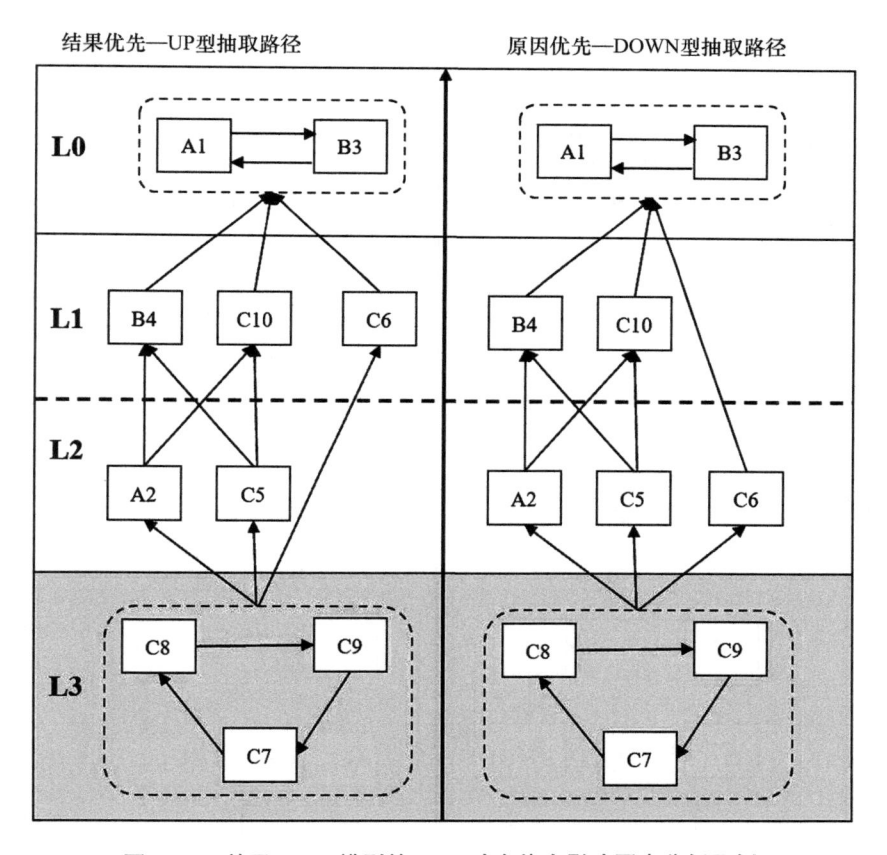

图 6-3 基于 AISM 模型的 OGD 动态能力影响因素分析示例

第四节 政府数据开放动态能力演化的影响路径

研究将分别从四种 OGD 动态能力出发，对每种能力的根源层、中间层以及表层因素进行具体分析,探索各能力因素的具体影响路径。

一 对OGD变化感知能力的影响路径

OGD变化感知能力演化的影响因素模型如图6-4所示。

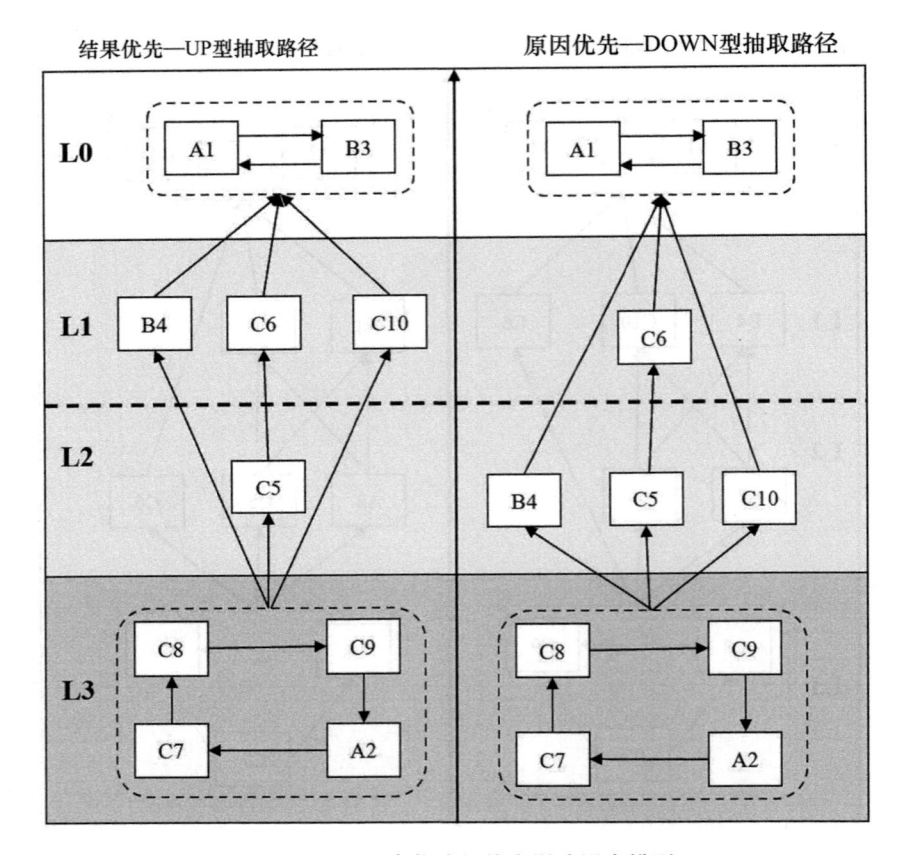

图6-4 OGD变化感知能力影响因素模型

影响OGD变化感知能力作用的表层(L0层)因素,是OGD变化感知能力作用影响因素中最直接的因素,能直接影响到对环境变化感知的结果以及问题的发现;中间层(L1层+L2层)因素在影响OGD变化感知能力作用过程中，起着承上启下的作用；根源层（L3 层）因素是决定 OGD 变化感知能力是否发挥作用的关键性因素，直接或间接作用于其他各层因素。

研究自下而上分析 OGD 变化感知能力作用过程中各类因素间的影响路径，并对各层内部因素间的影响回路进行分析。

（1）根源层（L3 层）因素对中间层（L1 层+L2 层）因素的影响。首先，OGD 个体对政策和技术等变化的态度与认知（A2）、相关政策的支持（C7）、OGD 业务要求（C8）以及政府部门之间的竞争（C9）这类根源层会对 OGD 个体发现问题的观察方式（B4）及其内部学习氛围（C10）形成直接影响。除此之外，这类根源层也会影响 OGD 对个体成员的相关管理机制，尤其是激励机制等（C5），进而对 OGD 相关实践资源（C6），如基础设施配置等造成影响。

（2）中间层（L1 层+L2 层）因素对表层（L0 层）因素的影响。一方面，OGD 个体在感知变化过程中的观察、浏览方式（B4）以及组织内部的学习氛围（C10）会直接影响到成员观察学习的频率与效果（B3）及其在数据业务方面的知识积累（A1）。另一方面，OGD 在对个体成员通过非正式交流发现变化这方面的管理制度（C5）也会通过影响 OGD 人员流动、技术设施等资源（C6）对个体的数据开放知识技术（A1）及其工作观察与闲谈的频率与深度（B3）形成相应影响。

（3）各层回路中因素间的影响关系。模型中存在两个回路：一是根源层（L3 层）因素之间的相互影响回路，在 OGD 个体通过观察浏览等方式感知技术、政策等变化的过程中，OGD 相应的政策（C7），不但决定了组织对技术更新以及标准更新等方面的要求（C8），也影响着部门之间、员工之间在发现问题及时性方面的竞争（C9），同时还能加大 OGD 主体对政策技术、用户服务等方面变化的重视程度（A2）。二是表层（L0 层）因素之间的相互影响回路，即 OGD 个体自身对技术以及服务需求变化的敏锐度（A1）和其通过非正式学习发现变化的频率和深度（B3）之间会相互影响。

二 对 OGD 吸收转化能力的影响路径

OGD 吸收转化能力演化的影响因素模型，如图 6-5 所示。

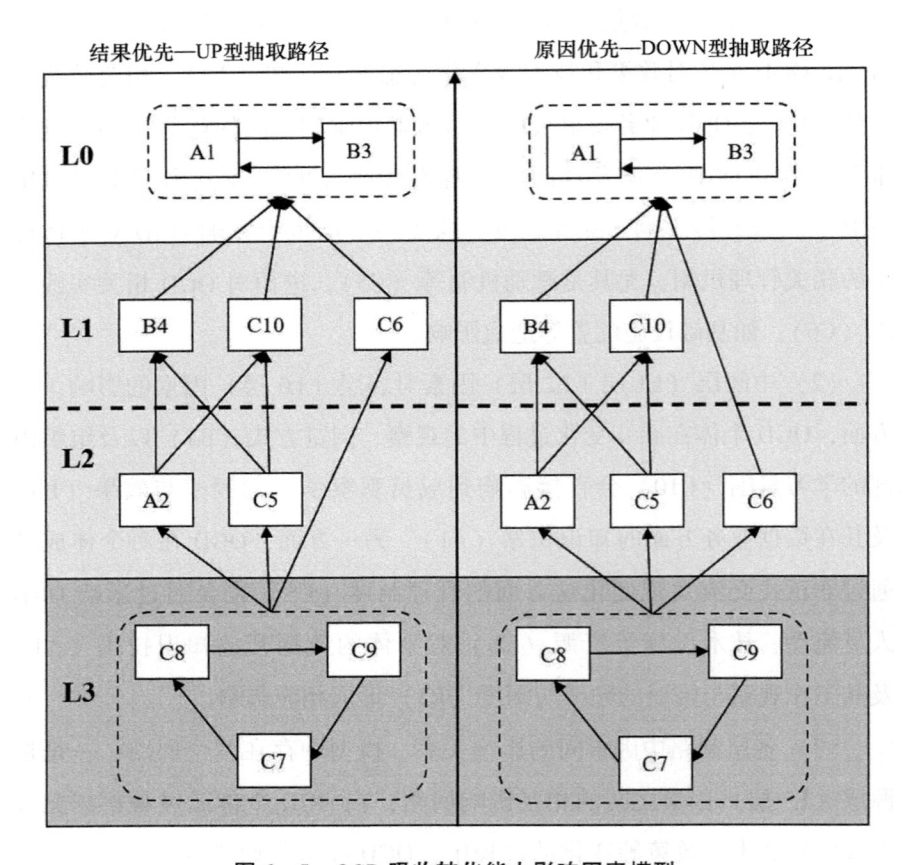

图 6-5 OGD 吸收转化能力影响因素模型

影响 OGD 吸收转化能力作用的表层（L0 层）因素，是影响 OGD 群体内经验分享、发挥 OGD 吸收转化能力的最直接因素；中间层（L1

第六章 政府数据开放动态能力的演化作用研究

层+L2层）因素在 OGD 吸收转化能力作用过程中影响表层因素，并受到根源层因素的影响；根源层（L3层）因素是支撑 OGD 吸收转化能力作用的底层因素。

研究自下而上分析 OGD 吸收转化能力作用过程中各类因素间的影响路径，并对各层内部因素间的影响回路进行分析。

（1）根源层（L3层）因素对中间（L1层+L2层）因素影响。一方面，政策中对 OGD 内部经验技能分享的支持（C7）、要求（C8）以及政府部门之间在数据开放方面的竞争（C9）会对 OGD 内专业人员以及资金等资源（C6）的配置造成直接影响。另一方面，这类根源层也会通过影响 OGD 内部在问题复盘方面的管理机制（C5）、领导以及员工对数据问题的理解（A3），进而对经验分享的方式方法（B4）、分享文化氛围（C10）等形成相应影响。

（2）中间层（L1层+L2层）因素对表层（L0层）因素的影响。首先，从经验分享中个体隐性知识外化的角度来看，其分享的方式方法（B4）、组织分享的文化氛围（C10）和支撑经验分享的人力财力（C6）等会直接影响经验分享吸收的频率与深度（B3）以及 OGD 个体在此过程中所吸收到的知识与技能（A1）。其次，在 OGD 个体成员参与组织问题分享等实现知识吸收转化的过程中，其自身对数据、技术等问题的态度与认知（A2）、OGD 内部对组织分享的管理制度（C5）等，会通过影响问题分享的方式方法（B4）和文化氛围（C10）进而对分享的频率深度（B3）及其自身固有的工作经验（A1）形成相应影响。

（3）各层回路中因素间的影响关系。一是根源层（L3层）因素内存在相互影响关系，在 OGD 群体之间进行经验技术分享的过程中，政策的支持与否（C7）能改变调整 OGD 对个体分享过程中的要求（C8）并引起部门之间的竞争（C9），而持续的竞争以及 OGD 对数据开放问题分享要求的提高，也会推动相应政策规范的发展。二是表层（L0层）因素

· 233 ·

之间存在相互影响关系，鼓励性数据开放政策能有效推动 OGD 群体之间的经验分享与问题复盘，形成 OGD 计划安排以及业务要求的落脚点，而由此形成的 OGD 组织之间及其内部的竞争，能凸显各政府数据开放的发展方向，成为 OGD 相关政策进一步推进的关注点。

三　对 OGD 沟通交流能力的影响路径

OGD 沟通交流能力演化的影响因素模型，如图 6-6 所示。

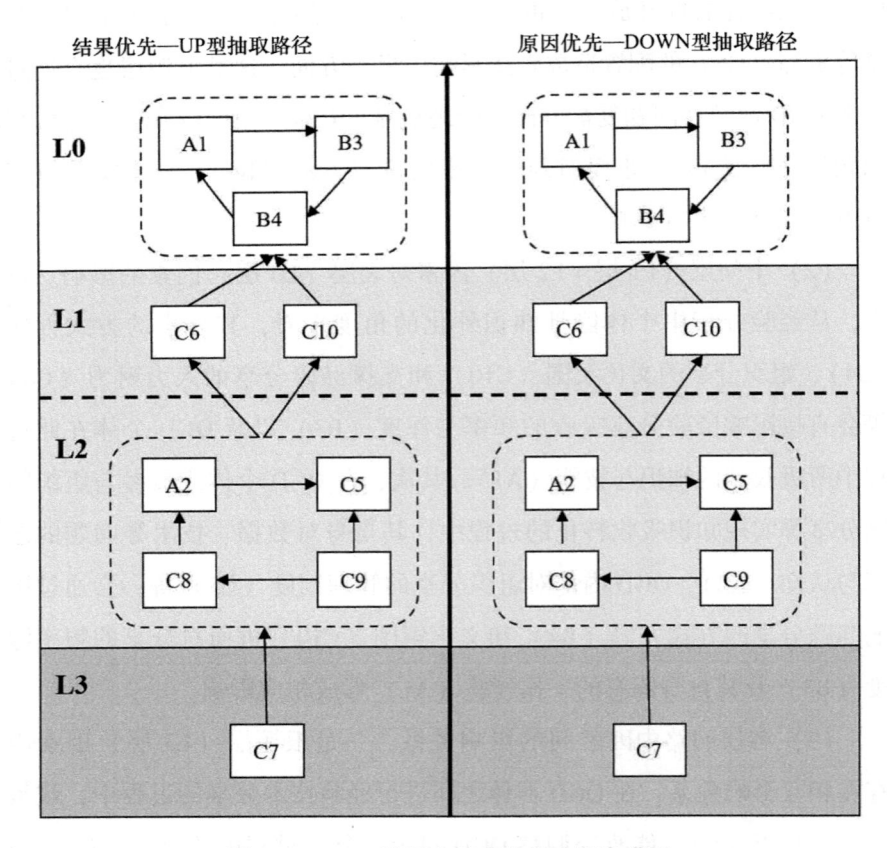

图 6-6　OGD 沟通交流能力影响因素模型

第六章 政府数据开放动态能力的演化作用研究

影响 OGD 沟通交流能力作用的表层（L0 层）因素，是影响 OGD 内部以及平台沟通交流的最直接因素；中间层（L1 层 + L2 层）因素在影响 OGD 沟通交流的表层因素的同时，还会受到根源层的影响；其根源层（L3 层）因素是推进 OGD 沟通交流过程的决定性因素。

研究自下而上分析 OGD 沟通交流能力作用过程中各类因素间的影响路径，并对各层内部因素间的影响回路进行分析。

（1）根源层（L3 层）因素对中间因素的影响。在 OGD 沟通交流能力作用过程中，OGD 群体之间沟通交流的效率极大程度上取决于相关政策对组织内会议开展，以及一体化平台构建的支持（C7），这一根源层会直接影响到 OGD 领导与员工对会议开展和平台反馈的重视程度（A2）、OGD 的会议管理和平台反馈制度（C5）、OGD 对平台建设的要求（C8）以及同级平台竞争（C9）等方面，并在此基础上，对 OGD 平台建设技术人员的配备、专业人员的支持（C6）和 OGD 沟通交流的积极氛围（C10）形成影响。

（2）中间层（L1 层 + L2 层）因素对表层（L0 层）因素的影响。首先，在会议开展、平台沟通过程中，OGD 主体具备的沟通技巧和内在数据经验储备（A1）、采用何种方式沟通（B4）以及沟通的频率深度（B3）等表层因素，不仅会受到 OGD 内部专家及技术人员配备、资金支持（C6）等实践资源以及文化氛围（C10）的直接影响，同样也会受到 OGD 领导与员工对会议开展和平台反馈的重视程度（A2）、OGD 的会议管理和平台反馈制度（C5）、OGD 对平台建设的要求（C8）以及同级平台竞争（C9）等因素的影响。

（3）各层回路中因素间的影响关系。一是中间层（L1 层 + L2 层）因素存在部分相互影响关系，其中，领导对会议开展以及平台建设的重视程度与认知（A2）能在一定程度上调整 OGD 相应的管理机制（C5），并对 OGD 的会议开展与平台建设目标做出规划（C8），引起同级部门之间的竞争（C9），而政府之间的竞争（C9）又能调动领导与员工沟通交流的积极性（A2），以此形成中间因素的循环影响关系。二是表层（L0层）因素之间存在相互影响关系，OGD 群体沟通交流中，OGD 个体具备的数据开放知识以及会议、平台上的沟通技巧等（A1）会影响会议开展的次数深度以及平台反馈的频率等（B3），进而对会议开展的方式方法进行调整（B4），而以高效的方式进行沟通交流（B4）也能进一步提升 OGD 个体内在的知识经验（A1）。

四 对 OGD 重构创新能力的影响路径

OGD 重构创新能力演化的影响因素模型，如图 6 – 7 所示。

影响 OGD 重构创新能力作用的表层（L0 层）因素，是影响 OGD 内部实践、OGD 用户创新的最直接因素；中间层（L1 层 + L2 层 + L3 层）因素在 OGD 实践、创新的过程中同样发挥着承上启下的作用；根源层（L4 层）因素则属于 OGD 在实践创新过程中的原始驱动力。

研究自下而上分析 OGD 重构创新能力作用过程中各类因素间的影响路径，并对各层内部因素间的影响回路进行分析。

（1）根源层（L4 层）因素对中间层（L1 层 + L2 层 + L3 层）因素的影响。在 OGD 成员对运用新技术实现新的数据方案时，相关政策对技术在 OGD 中应用的鼓励（C7），OGD 相应的工作计划、目标（C8），同级政府在技术运用方面的竞争（C9），以及 OGD 所具有的技术人员和资金支持（C6）等根源层，会直接对 OGD 内部在实践方面的奖惩机制（C5）形成影响，并由此激发 OGD 成员对技术运用、方案实施的积极性（A2），从而活跃 OGD 内部数据实践的氛围（C10）、调整完善实施过程中的方式方法（B4）。

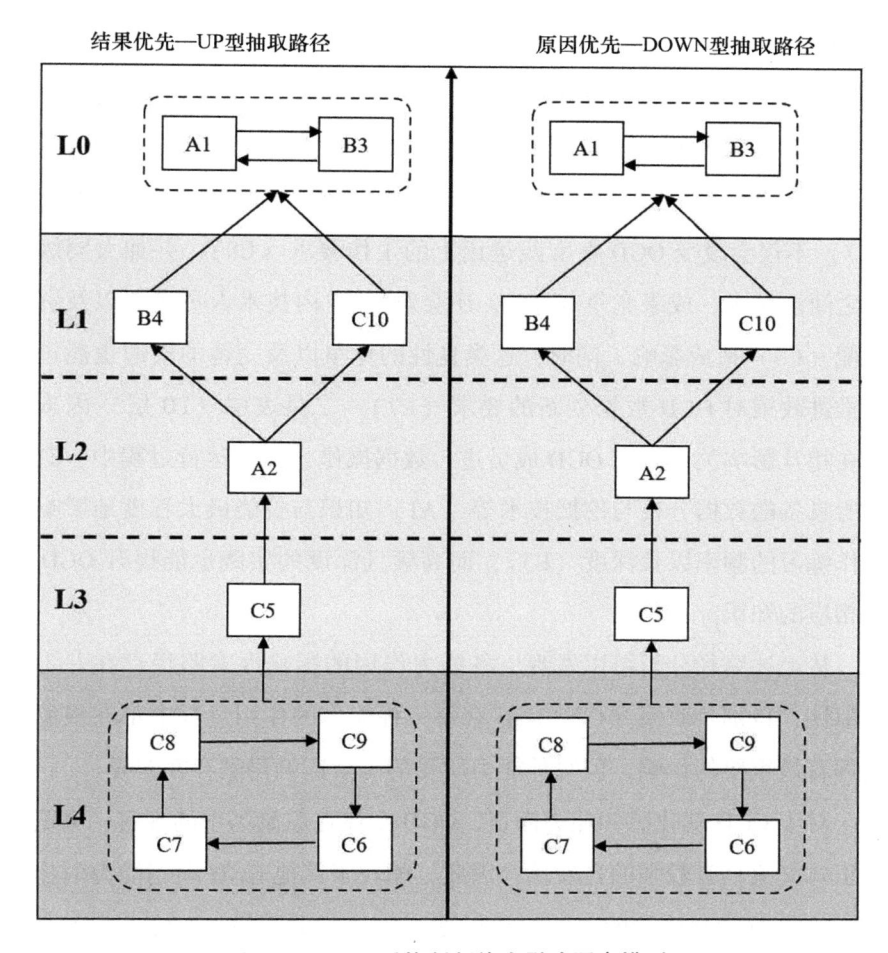

第六章 政府数据开放动态能力的演化作用研究

图 6-7 OGD 重构创新能力影响因素模型

（2）中间层（L1 层 + L2 层 + L3 层）因素对表层（L0 层）因素的影响。一方面，OGD 成员对技术运用、政策运行方面的认知（A2）以及 OGD 相应的管理机制（C5）能改变 OGD 成员在技术、政策运行中的方式方法（B4），并增强 OGD 在数据实践方面的知识技能（A1），影响其实践练习的频率与深度（B3）；另一方面，OGD 成员对数据实践的理解程度（A2）以及 OGD 内部的激励机制等（C5）也能活跃数据利用氛围

· 237 ·

(C10)，优化 OGD 成员的数据利用技巧（A1），提升实践过程中的操作质量（B3）。

（3）各层回路中因素间的影响关系。一是根源层（L4 层）因素中存在相互影响关系，相关政策对 OGD 技术创新、方案落地等方面的支持（C7）不仅会改变 OGD 在实践运用上的工作要求（C8），并加大同级部门之间的技术、成果竞争（C9），还会对 OGD 内技术人员培养以及资金分配（C6）造成影响，同时，这类良性的竞争以及完善的资源也能进一步推进政策对 OGD 数据创新的要求（C7）。二是表层（L0 层）因素中存在相互影响关系，在 OGD 成员进行数据操作、技术运行过程中，其自身所具备的数据分析与挖掘技术等（A1）知识与技能极大程度地影响其操作练习的频率以及深度（B3），而高频且深度的实践也能提升 OGD 成员相应的知识。

从上述路径分析可以发现，各能力作用的影响因素路径存在一定的相似性，特别是政策（C7）因素在每一种能力的作用过程中都在根源层发挥着最重要的影响，但每种能力所受的因素影响仍然存在差异。

对于 OGD 变化感知能力而言，OGD 个体在原始场中的观察、浏览等非正式交流具有较强的自发性，因此，相较于其他 OGD 动态能力的作用阶段，OGD 变化感知能力的根源层除了关注相关政策（C7）、业务要求（C8）以及部门之间的府际竞争（C9），还更强调 OGD 主体自身的态度与认知（A2）的影响。在 OGD 变化感知能力发挥作用的过程中，一方面，OGD 参与个体对政策技术、用户需求等变化的重视程度会影响感知变化的非正式交流这一过程；另一方面，OGD 个体对 OGD 整体规划的理解与清晰程度及其自身具备的 OGD 业务知识也会影响其对用户需求的感知结果，同时，这类感知在一定程度上也会改变 OGD 组织的内部业务需求（C8），因此，OGD 主体的态度与认知对 OGD 变化感知能力作用过程具有较强的影响。

第六章　政府数据开放动态能力的演化作用研究

对于 OGD 吸收转化能力而言，其中间层影响因素强调了 OGD 主体的态度与认知（A2）在影响过程中的承上启下作用。对于 OGD 吸收转化能力通过经验共享、事件复盘等方式明确目前 OGD 所面临问题的这一对话过程而言，一方面由于 OGD 组织性质而使得这一过程具有权威性，另一方面其经验分享结果在一定程度上也受到 OGD 个体成员对政策、需求等问题的认知以及态度的影响，因此，OGD 主体在该方面的态度与认知不仅会影响 OGD 主体之间经验分享的频率与深度，也会受到 OGD 相关政策（C7）等根源层的影响。

对于 OGD 沟通交流能力而言，相比于其他 OGD 动态能力发挥作用的过程，系统场中的这一过程具有更强的官方权威性，在较大程度上受到 OGD 政策引导的驱动（C7），政策的导向不仅会改变 OGD 在组织会议、官方答疑等方面的要求（C8），也会引起政府之间以及政府内部在这方面的竞争（C9）等，因此，政策的支持（C7）对其他因素的影响较深。

对于 OGD 重构创新能力而言，相比于其他能力的作用过程，在实践场中的 OGD 重构创新能力，不仅关注政策支持（C7）、组织要求（C8）以及府际竞争（C9）等，同时还强调 OGD 组织实践操作资源（C6）的基础支撑作用，如 OGD 组织内部的专业技术人员、基础设施的配备以及数据本身的质量等，这类实践资源因素不仅会影响 OGD 实践练习过程中的人员分工、绩效考核等机制（C5），也会改变 OGD 内部对重构创新的业务要求（C8）等，从而极大程度上影响着 OGD 个体对知识运用的过程，以及实践创新的结果。

第五节　各类型能力模型汇总分析

研究将四个 OGD 动态能力分别置于其所在的原始场、对话场、系统场、实践场中，结合结果优先和原因优先两种因素抽取方式，以更全面的方式呈现各类 OGD 动态能力作用过程中的影响因素分布，模型如图 6-8 所示。

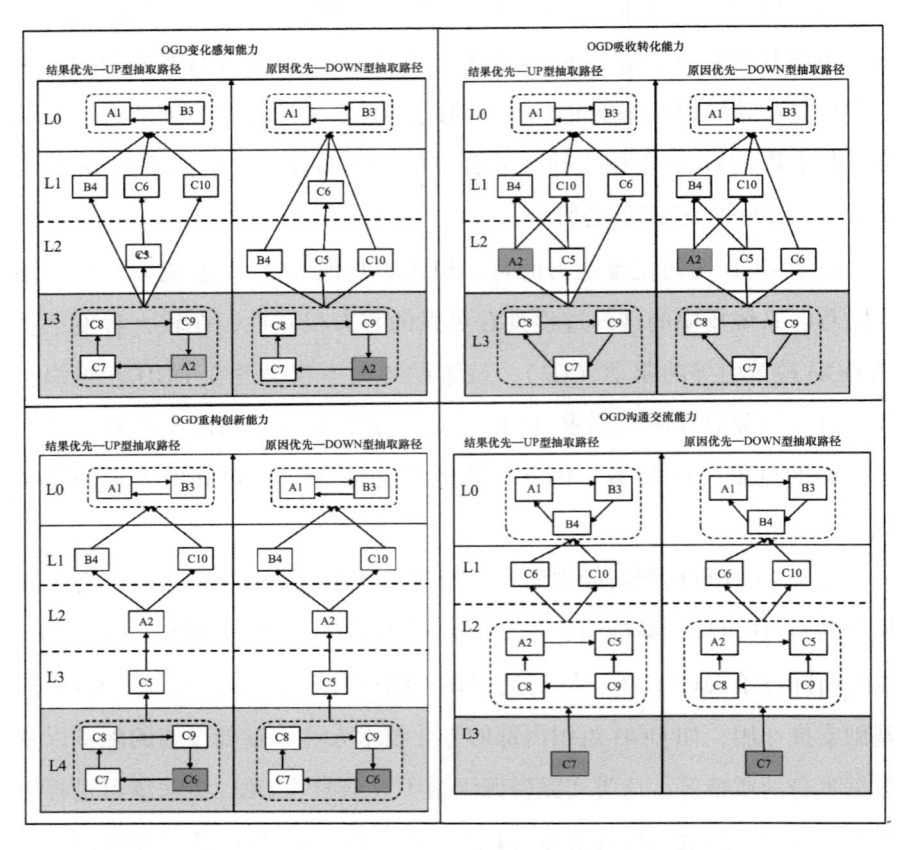

图 6-8 OGD 动态能力作用影响因素模型汇总分析

总的来看，尽管各动态能力演化的影响因素路径呈现一定的相似性，但每种能力受到的因素影响路径仍然存在区别。

第六章 政府数据开放动态能力的演化作用研究

一 动态能力因素影响路径的一致性分析

综合比较各能力的影响因素模型，发现四种 OGD 动态能力作用的影响因素路径在表层、中间层以及根源层所包含的因素类型与数量具有相对一致性。

根源因素（L3 层或 L4 层）是 AISM 模型中的底层因素，对整个 OGD 动态能力系统具有持续且深层的影响，也是 OGD 动态能力作用过程应首要考虑的因素。从具体因素来看，各能力作用过程中的根源影响因素均出现在政策环境等方面，基于政府数据开放的公共服务性质，无论是政府数据开放本身，还是 OGD 动态能力发挥作用的过程，其根本驱动力都来源于政府政策的推动及引导，因此，OGD 各维度动态能力的根源性因素均体现为政策支持等因素。

中间层因素（L1 层、L2 层或 L3 层）是 AISM 模型中承上启下的因素，在 OGD 动态能力作用过程中发挥着纽带作用。从具体因素来看，各能力作用过程中的中间层影响因素表现较为一致的是 OGD 内部管理环境，包括 OGD 组织管理机制与架构、OGD 组织文化观等。中间层因素在整个系统中发挥着承上启下的纽带作用，其构成不仅受到根源因素的结果影响，也会受到表层因素的原因影响，故除了上述因素，影响各能力作用的因素及路径还存在较大差异。

表层因素（L0 层）是直接对 OGD 动态能力作用过程产生影响的因素。从具体因素来看，各能力作用过程中的表层影响因素均表现为 OGD 主体自身的业务知识技能以及知识活动的频率与深度。相比于根源层和中间层，四种能力作用的影响因素路径在表层的差异最小，结合前文分析，OGD 动态能力的作用过程本身即为知识的活动过程，因此，OGD 知识活动主体自身的业务知识，以及知识活动本身的频率与深度，能最为直接地影响 OGD 动态能力作用过程。

二 动态能力因素影响路径的差异性分析

从上述路径分析可以发现，各能力作用的影响因素路径存在一定的相似性，但每种能力所受的因素影响仍然存在差异。尽管各能力在表层、中间层以及根源层的因素分布存在相对一致性，但其作用过程中的具体影响因素仍存在差异，即不同类型OGD动态能力在其作用过程中会受到特定因素的影响，使得此类能力作用的因素影响路径有别于其他能力。

对于OGD变化感知能力而言，其差异性因素体现为根源层（L3）的OGD主体自身态度与认知（A2）。OGD个体在原始场中的观察、浏览等非正式交流具有较强的自发性，因此，相较于其他OGD动态能力的作用过程，一方面，OGD个体对政策技术、用户需求等变化的重视程度会影响感知变化的非正式交流过程；另一方面，OGD个体对OGD整体规划理解的清晰度及其自身的OGD业务知识也会影响其对用户需求的感知结果，同时，这类感知又会在一定程度上改变OGD组织的内部业务需求（C8），因此，OGD主体的态度与认知对OGD变化感知能力作用过程的影响程度较大。

对于OGD吸收转化能力而言，其差异性因素体现在中间层（L2）OGD主体的态度与认知（A2），其与OGD变化感知能力的区别在于，该因素在OGD吸收转化能力的因素影响路径中处于中间层位置，在整个影响路径中起到承上启下的作用。OGD吸收转化能力主要通过经验共享、事件复盘等对话方式，明确OGD面临的问题并探寻解决方案。一方面，在OGD个体与群组的对话中，问题得以明晰、思路得以打开，个体在此过程中的吸收转化更为有效；另一方面，个体的经验分享意愿与结果一定程度上也受到其他成员对政策、需求等问题的认知以及态度的影响。因此，OGD主体的态度与认知会影响OGD主体之间知识活动的频率与深度，同时也受到OGD相关政策（C7）等深层因素的影响。

对于 OGD 沟通交流能力而言，其差异性因素主要体现在根源层（L3）的政策支持（C7）。相比于其他 OGD 动态能力发挥作用的过程，系统场中的这一过程具有更强的官方权威性，在较大程度上受到 OGD 政策引导的驱动（C7），政策的导向不仅会改变 OGD 在组织会议、官方答疑等方面的要求（C8），也会引起政府之间以及政府内部在这方面的竞争（C9）等，因此，政策的支持（C7）对其他因素的影响较大。

对于 OGD 重构创新能力而言，其差异性因素体现为根源层（L4）的组织实践资源（C6）。相比于其他能力的作用过程，实践场中的 OGD 重构创新能力，不仅关注政策支持（C7）、组织要求（C8）以及府际竞争（C9）等，也强调 OGD 组织实践操作资源（C6）的基础支撑作用，如 OGD 组织内部的专业技术人员、基础设施的配备以及数据本身的质量等，这类实践资源因素不仅会影响 OGD 实践练习过程中的人员分工、绩效考核等机制（C5），也会改变 OGD 内部对重构创新的业务要求（C8）等，从而极大程度地影响着 OGD 个体对知识运用的过程，以及实践创新的结果。

第六节 政府数据开放动态能力演化作用研究小结

本章研究 OGD 动态能力的演化作用，对 OGD 动态能力知识演化过程及这一过程中的影响因素和路径展开探索。

研究基于知识创新分析 OGD 动态能力在 SECI 四个场中的知识演化，发现变化感知能力作用于知识变异阶段、吸收转化能力作用于知识选择阶段、沟通交流能力作用于知识传播阶段、重构创新能力作用于知识保持阶段，四种动态能力共同推动 OGD 知识演化发展。

对 OGD 动态能力作用过程中的影响因素及路径的研究，主要从 OGD 动态能力复杂适应系统的构成要素及其作用路径进行探索。研究主要通过文献分析与专家访谈，确定 OGD 动态能力作用过程中的影响因素，包括 A1 OGD 主体知识技能、A2 OGD 主体态度与认知、B3 知识活动频率与深度、B4 知识活动方式、C5 管理机制及架构、C6 实践资源、C7 政策支持、C8 组织要求、C9 府际竞争、C10 组织文化观。进而，研究运用 AISM 模型，分别构建了四种 OGD 动态能力的因素影响路径图，定位了影响各类型 OGD 动态能力的根源层影响因素、中间层影响因素以及表层影响因素，并由此明确了相关因素对各动态能力作用过程的影响路径。

第七章

政府数据开放整体能力构建的对策建议

OGD 整体能力构建中，不仅应重视核心能力的形成培育，同时也应关注动态能力对 OGD 能力演化发展的推动作用。第五章和第六章分别就 OGD 整体能力构建中，核心能力和动态能力的生成演化作用过程、影响因素及路径等问题进行了探索，为定位 OGD 整体能力构建的关键着力点以及影响能力演化的关键因素提供了依据。

OGD 核心能力的生成研究，阐释了从资源出发的"职能能力—竞争能力—核心能力"的能力形成发展路径，分析了其知识发酵的学习过程，并通过影响因素研究发现：主体知识水平、知识酶催化机制以及知识环境三方面的因素是影响核心能力生成的关键因素。

OGD 动态能力演化作用研究，进一步揭示了动态能力在 OGD 组织面临动态环境时的适应方式。研究发现四种动态能力在作用过程中受到来自主体、行为和环境的多因素影响，包括主体的知识技能和态度认知、知识活动行为及方式、政策环境和组织文化等，均影响 OGD 动态能力在发挥作用过程中的效能。其中，政策因素通常作用于根源层，对各类能力均产生较大影响，而其他因素对能力的影响则各有不同。

OGD 整体能力系统中，OGD 参与主体在动态环境中，通过其交互行为推动 OGD 的发展。研究始终围绕 OGD 整体能力系统中主体、环境和行为来展开，也由此明确了政府数据开放整体能力构建的关键着力点和发力方向。以下即从能力生成及演化发展的角度提出 OGD 整体能力构建的对策建议。

第一节 提升主体知识水平，强化主体参与意识

一 提升主体知识水平，奠定能力基础

OGD 生态系统中，主体的知识、经验及技能是 OGD 核心能力生成过程中的重要发酵底物，是知识发酵顺利运行的营养供给，影响着知识发酵的结果即新知识的层次和水平[1]。主体的知识水平是影响 OGD 能力形成的第一个关键要素，体现为 OGD 供需双方已有的知识、经验及技能等，是 OGD 能力培育和发展的重要基础资源。

提升 OGD 主体知识水平将为 OGD 核心能力培育奠定坚实基础。从 OGD 供需主体看，一方面应从供给侧着力打造高水平的 OGD 运行支撑队伍，强化 OGD 供给；另一方面应着力提升 OGD 利用者的知识水平，提高 OGD 数据利用转化价值。

政府作为 OGD 的主导者，其内部人员、团队、组织的 OGD 知识及技能水平是供给侧核心能力培育的重点。在政府部门内部，可通过定期开展线上/线下 OGD 政策学习、理论探讨、数据技能培训等，有针对性地提升政府内部的数据管理、开放、运营等能力。同时，还可引入外部知识资源，通过聘请数据管理/技术顾问、领域专家等，提升数据供给方的整体知识水平。例如，英国政府强调在政府中招募具有数据和数字技能的领导者，培训一批公共部门的数据科学分析师，以建立一支强大的数据分析专家队伍[2]。美国政府则提出要在实践中不断评估现有工作人

---

[1] 李宇佳、张向先：《学术虚拟社区知识增长的关键影响因素识别——基于融知发酵理论视角》，《情报杂志》2016 年第 10 期。

[2] "National Data Strategy"，2022-03-04，https://www.gov.uk/government/publications/uk-national-data-strategy/national-data-strategy。

员的数据素养和数据技能,并且对现有工作人员的技能和政府机构所需要的技能进行差距分析,然后根据政府现有资源来确定所需技能的优先次序,进而为提升内部人员的技能水平制订出新的学习计划,包括新的分析或管理工具学习、额外的培训和学习机会、学习经验分享、参与数据相关的实践活动,以及采用招聘和留用战略来弥补差距等[1]。

而对于需求方,除继续开展常态化的宣传培训外,应有意识地针对重点群体强化其能力,例如,以"慧源共享"为代表的针对高校学生的开放数据创新研究大赛,不仅是一次数据利用比赛,也是一个大学生的培训和学习过程,在长达半年的赛期内,主办方组织相关领域的专家,举办多次各地巡回的线上/线下学术训练营,结合数据大赛培育高校学生的数据思维与开发能力,提升高校学生对OGD的认知和应用水平[2]。

二 强化主体自我意识,把握环境动态

能力的发展依赖于知识的创造和更新,而知识主体的自我认知和自我意识在很大程度上影响其变化感知能力,是OGD面对环境变化做出适应性调整的前提。能否及时把握政策、技术以及用户需求的变化,决定了OGD主体能否以及能够在多大程度上发现OGD知识缺口,并适时制定响应策略进行调整。

作为OGD供给主体的相关政府部门,在观念上应自上而下深度理解数据要素理念、数据开放义务,借国家行政机构改革建立国家数据局等契机,破除不透明、保守等阻碍数据开放的行政理念,明确自身在OGD

---

[1] "Federal Data Strategy & 2020 Action Plan", 2022-03-04, https://strategy.data.gov/assets/docs/2020-federal-data-strategy-action-plan.pdf.
[2] 《慧源共享全国高校开放数据创新研究大赛》,https://i-huiyuan.shec.edu.cn/competition,2022年9月4日。

发展中的定位[①]；在落实上应摆正位置，明确供给主体责任及义务，通过及时发布 OGD 周期性计划及工作方案，明确人员职责与分工，加强各知识主体对 OGD 及其内部规划的清晰与理解程度，及时掌握国家政策对 OGD 的最新要求，以及新兴技术在 OGD 开放利用过程中的适用性与实用性等，强化 OGD 主体意识。

作为 OGD 需求主体的社会公众，则应顺应大数据时代要求，培育数据权利意识，提升数据能力，使数据文化观念深入己心；同时，及时了解相关 OGD 政策法规，了解数据开放动态，把握时机、主动参与数据开发利用，实现社会需求与数据开放之间的精准对接，从用户视角探索突破 OGD 开发利用困境的思路。

因此，关注 OGD 知识主体的自我意识，强化其自我认知及定位，提升知识主体对 OGD 的重视程度，建立和发展 OGD 变化感知能力，是 OGD 能力发展的重要保障。

第二节 完善知识酶催化机制，聚焦资源实践运用

一 完善知识酶催化机制，提高能力生成效率

知识酶是能力知识学习的催化剂，其作用是加速 OGD 核心能力培育的生成和发展，合理的知识酶催化机制将有效提高 OGD 核心能力生成效率。研究表明，OGD 核心能力的知识酶主要通过激励机制和协同机制发挥作用。

对于 OGD 供给主体而言，在其核心能力的培育和利用中，激励机制的作用更为明显，且在很大程度上影响协同机制的效用。OGD 的推动离不开 OGD 业务指导部门、数据供给部门的共同参与，在政府内部建立良

[①] 杨瑞仙、毛春蕾、左泽：《我国政府数据开放平台建设现状与发展对策研究》，《情报理论与实践》2016 年第 6 期。

第七章　政府数据开放整体能力构建的对策建议

好的激励机制,有助于鼓励政府内部人员积极参与个体学习、团体学习和组织学习活动,将个人的知识转化为群体知识,并在个体及团队的隐性知识显性化等方面发挥作用。因此,应充分发挥激励机制在 OGD 供给主体核心能力培育过程中的催化作用。具体而言,一方面,应坚持精神激励与物质激励相结合的方式,利用财政预算编制、干部选拔任用、薪酬福利等方式激发政府人员的学习积极性;另一方面,可采用正向激励与负向激励相结合的方式,如职务晋升、薪酬福利等奖励措施与行政问责、责任追究等惩处措施相结合①等形式。如英国政府通过成立创新者理事会,召集在公共部门工作中最具创造力的个人,与中央和地方政府决策者一同参与会议,对复杂的政策问题试行创新办法,鼓励内部人员发展和分享自己的想法。此外,还在政府内部公开展示与表扬最优秀的工作队伍,以激励内部人员②。

对于 OGD 需求主体而言,学习激励机制及协同机制共同发挥作用。

激励机制的作用在于促进用户参与。由于 OGD 目前仍存在用户知晓度低、参与程度不高等问题,如何吸引和促进公众积极参与并主动学习开放数据利用、使用数据产品/服务,针对公众建立起有效的参与激励机制至关重要。一方面,以政府、图书馆等为代表的数据供给主体,组织的各类数据创新大赛在推动开放数据的社会化利用方面起到了一定作用,大赛采用奖金、孵化等方式给予奖励,在一定程度上提高了社会公众参与数据开放利用实现增值创新的积极性;另一方面,OGD 平台上虚拟积分等虚拟荣誉,以及有偿评价、有偿分享等激励措施,也在一定程度上鼓励和引导公众积极参与、使用和推广政府数据开放,促进其数据利用

---

① 邱佛梅:《我国政府绩效管理制度运行机制与立法路径研究》,《科技智囊》2021 年第 12 期。
② "Putting the Frontline First: Smarter Government", 2022-03-04, https:// assets. publishing. service. gov. uk/government/uploads/system/uploads/attachment_data/file/228889/7753. pdf.

能力的提升。例如，上海、浙江、四川等地陆续举办开放数据创新应用大赛，通过"多赛制、多赛道、多赛题"为参与者提供不同领域的海量数据，并给予获奖队伍不同等级的奖金、网络资源、场地资源等奖励支持。不仅是提升政府治理能力和推动完善政府数据开放生态等方面的有益尝试，同时激发了社会公众参与政府开放数据知识学习与创新。

协同机制的构建对于促进公众知识共享和创新同样具有重要意义。OGD生态系统中，政府与社会是不可或缺的主体，对于社会公众来说，只有在供给主体——政府的支持下，构建起多边主体的合作协同关系，才能推动OGD良性发展。为此，政府作为OGD的主导者和推动者，应通过各种途径主动建立与社会公众的联系，例如，政府部门协同数据利用方开发各项数据服务，对数据集、用户需求及价值等展开评估[1]；在政府与社会公众之间搭建知识共享及协作平台，鼓励政府、科研机构及高校等开展线下理论探讨与数据培训，面向公众普及政府数据开放文化，提高公众的数据素养及能力[2]。此外，采用新媒体、众包等形式促进公众与公众间的知识共享与交换也是一种可行的方式，如英国政府采用众包的形式利用WIKI征集公众意见形成数据集指南，掌握社会需求的同时提升政府服务水平[3]。

二 聚焦资源实践运用，提升数据开放效能

OGD发展中所面临的各种具体实践问题，主要依靠OGD重构创新能力的动态调试来解决。OGD主体运用已有知识利用开放数据解决OGD发

---

[1] 代佳欣：《英美新三国政府开放数据用户参与的经验与启示》，《图书情报工作》2021年第6期。

[2] 冉连、张曦、张海霞：《政府数据开放中的公众参与行为：生成机理与促进策略》，《现代情报》2022年第2期。

[3] "Open Data White Paper: Unleashing the Potential", 2021-11-06, https://assets.publishing.service.gov.uk/government/uploads/system/uploads/attachment_data/file/78946/CM8353_acc.pdf.

展中所面临的问题，是实现数据价值的关键。在 OGD 主体对知识进行实践运用的过程中，OGD 结构资本（财力资源、数据资源等）和 OGD 人力资本（OGD 主体自身的知识技能等）都是构建 OGD 重构创新能力、促进 OGD 主体知识实践的基础性资源。

因此，聚焦 OGD 结构资本转化，应加强开放数据资源建设，加大优质数据供给、及时更新维护数据、提高数据质量；同时，建立数据协调联动机制，打通数据开放共享的壁垒，为后续技术在数据中的应用做铺垫；在此基础上，着力加强 OGD 组织内的技术支持，发展"云技术"、可视化处理技术等，为 OGD 主体的知识创新运用提供技术保障。

对于 OGD 人才资本的培育，应重点从数据利用的角度，关注 OGD 主体的业务知识技能提升。例如，通过聘请专门培训机构有经验的数据研究人员担任导师，加强数据开放利用相关的专门性培训；通过各种渠道实施人才培养计划，建立国家数据人才发展战略、政校企合作推动大数据人才培养等，发展数据应用人才。鼓励 OGD 开发者利用各类先进信息技术，充分挖掘数据潜能，实现 OGD 内部知识的创新应用。

着眼于 OGD 各类资源的实际运用，通过资源整合配置，为 OGD 主体的重构创新能力提供作用的基础空间，是提升数据开放效能的有效途径。

第三节 营造良好知识环境，实现内外协同共享

一 营造良好知识环境，助推能力培育

良好的知识环境是供需双方参与 OGD 知识发酵、培育 OGD 核心能力的基本条件，贯穿于整个知识发酵过程，有效的政策法规支持以及开放先进的行政文化观，为核心能力形成提供强大的支撑和保障。

有效的政策法规支持，不仅能够鼓励和引导政府内部人员自主学习，

在数据发布、管理、提供、运营等过程中实现用中学,还能够吸引和积累更多相关部门、组织进入,并建立稳定的合作、学习关系,帮助政府充分发挥互动中学的积极作用①。因此,建立健全国家和地方层面的OGD政策和法规,引导政府部门有序参与数据开放,倾听政府内部的诉求,深入了解OGD核心能力培育过程中政府内部人员及团队的需求和建议,保障政府政策符合OGD发展方向及内部团队、组织需求。例如,美国在《联邦数据战略和2020年行动计划》中明确了"learning culture"(即"学习文化")的原则,要求政府通过对数据基础设施和人力资源的持续投资,持续促进协作、学习的数据文化,并且通过投资培训、数据开发等,培养各级联邦工作人员的数据领导、数据管理等方面的能力。英国在《开放数据白皮书:释放潜能》中也明确提出政府应当改变公共部门的文化氛围,为此,英国政府许多部门都成立了专门委员会,邀请其他政府部门、企业、学术界、民间组织和媒体代表等介绍他们在数据提供、使用等方面的经验,以发现开放数据过程中所遇到的问题,并共同努力克服障碍。

开放先进的行政文化观,例如,组织学习型文化,是一种促进政府内部员工参与交流互动以及大胆创新的一种价值观念,这种文化观能够促使政府内部人员积极主动地寻找问题、解决问题、合作交流、实现知识共享和创新②。在政府内部建立并营造出一种开放、学习、共享、创新的文化氛围,让内部人员主动参与日常的工作决策并发表意见,同时不受约束地自由表达和交流不同的想法,能有效促进知识的流动、碰撞与创新。例如,美国提出在2020年11月前完成数据技能目录的开发、管理与发布,该目录将纳入政府数据开放生态中所有利

---

① 蔡颖、林筠、王琪、张茹鑫:《科技成果商业规模示范:组织学习与政府政策支持的作用》,《科技进步与对策》2022年第1期。

② 邵真、冯玉强、王铁男:《变革型领导风格对企业信息系统学习的作用机制研究——组织学习型文化的中介作用》,《管理评论》2015年第11期。

第七章 政府数据开放整体能力构建的对策建议

益相关者的工作技能、经验和职责等,以帮助政府机构发展与培养数据管理能力、数据决策能力等。此外,为进一步支持各机构更好地开展政府数据开放工作,美国政府还建立了一个在线存储库(repository),在线存储库中包含OGD相关政策、标准、工具、最佳实践和案例研究等各类与联邦数据管理和使用有关的资源①。数据技能目录与在线资源存储库为内部人员提供了持续学习的工具和途径,营造了良好的学习氛围。

政策支持以及开放、合作、激励的文化氛围对于OGD需求主体同样重要。

相关政策支持能够为政府数据开放及数据资源的利用助力②,其能够引导和鼓励社会公众在参与数据利用、使用数据服务/产品的过程中,与政府及其他用户建立起合作、共同进步的良性关系。因此,深入了解OGD核心能力培育过程中社会公众的真实需求,并在此基础上制定落实相关政策,是推动OGD需求主体参与数据开发利用的有力保障。例如,针对专门性人才的培养需求,我国《促进大数据发展行动纲要》中明确提出要"创新人才培养模式,建立健全多层次、多类型的大数据人才培养体系。鼓励高校设立数据科学和数据工程相关专业,重点培养专业化数据工程师等大数据专业人才"③;英美等国也采取了一系列举措,如推出在线门户网站支持企业和公众获得数据技能培训④,为政府数据开放志愿者、新用户等举办研讨会,教他们如何下载、过滤

---

① "Federal Data Strategy & 2020 Action Plan",2022 - 03 - 04,https://strategy.data.gov/assets/docs/2020-federal-data-strategy-action-plan.pdf.

② 朱晓峰、盛天祺、程琳:《服务接触视角下政府数据开放平台的评估框架与实效研究》,《电子政务》2021年第10期。

③ 《国务院关于印发促进大数据发展行动纲要的通知》,http://www.gov.cn/zhengce/content/2015-09/05/content_10137.htm,2020年12月12日。

④ "National Data Strategy",2022 - 03 - 04,https://www.gov.uk/government/publications/uk-national-data-strategy/national-data-strategy.

和映射开放数据①，为大学生创业者举办关于如何利用开放数据建立业务的讲习班等②。

开放、合作、激励的文化氛围有助于提升社会参与 OGD 的积极性，如何营造用户参与的文化氛围至关重要。诸多国外经验值得借鉴，例如，加拿大政府制定了以"透明、相关、包容、问责制、适应性"为核心的用户参与原则，并要求工作人员严格实施与对照自查③，同时，着力打造社会公众参与的环境氛围，通过建立开放政府多方利益相关者论坛，汇集政府和民间社会代表，为政府数据开放工作提供战略方向，通过在 open.canada.ca 网站及相关媒体上发布与分享政府数据开放利用的故事，展示公众如何开发、利用开放数据并产生影响的案例，激发 OGD 用户的兴趣和共鸣④。纽约市政府在开放数据利用中，注重吸引社会专业力量的参与，通过众包、合作的力量提升数据开放质量，其在征求当地开放数据用户和地理信息系统（GIS）专家意见的基础上，开发出了一个高质量开放数据地理空间标准。可以发现，类似举措既能提高公众参与的积极性，又能帮助公众更好地理解、参与和使用数据。

二 强调组织沟通交流，合力构建内外桥梁

畅通的知识交流分享渠道，是开展组织内部和外部知识学习、实现知识互补的保障。

组织学习交流中，OGD 个体经验的分享与公有化是推进组织知识学

---

① "Open Data for All: 2016 progress report"，2022 - 03 - 04，https://opendata.cityofnewyork.us/wp-content/uploads/2017/12/2016_opendataforall.pdf.

② "NYC Data at Work: 2018 Open Data for All"，2022 - 03 - 04，https://opendata.cityofnewyork.us/wp-content/uploads/2018/09/2018-OD4A-report-complete-DIGITAL.pdf.

③ 曹雨佳：《政府开放数据生态链中的用户参与机制——以加拿大政府数据开放实践为例》，《情报理论与实践》2021 年第 6 期。

④ "Canada's 2018 - 2020 National Action Plan on Open Government"，2022 - 03 - 04，https://open.canada.ca/en/content/canadas-2018-2020-national-action-plan-open-government.

第七章　政府数据开放整体能力构建的对策建议

习的重点，在此过程中，OGD 主体的吸收转化能力、沟通交流能力在很大程度上决定知识学习交流的效果。因此，能否形成分享的文化、出台分享的制度、建立分享的激励机制、提供分享的平台空间等，能否最大化地将 OGD 主体的积极性、主动性调动起来，主动参与知识学习，是 OGD 沟通交流能力和吸收转化能力能否充分发挥作用的前提。

从推动沟通交流的角度，一方面，应关注 OGD 组织内沟通交流及其与外部合作机制的建设，搭建起数据汇集者、数据分析者、数据运维者、终端用户等 OGD 利益相关者间的沟通平台与桥梁，推动 OGD 主体之间的协作，促进各方知识的传递；另一方面，关注 OGD 组织内外知识交流的方式，结合交流主题本身，选择适用性较强的方式进行沟通，例如，通过半结构化访谈对开放性问题进行讨论，通过穿行测试等方式对实践性要求较高的问题进行调研，推动 OGD 组织内各成员之间的知识互补，提升组织行动的一致性。

从促进协作共享的角度，一方面，可考虑优化 OGD 人员结构，推动组织层级的扁平化管理，减少层级压力带来的数据、管理经验分享障碍；构建组织内部的知识库，针对政府数据从开放到利用的全生命周期进行知识分类管理，从理论知识到实践知识，在夯实 OGD 基本业务流程的基础上，形成 OGD 组织对 OGD 其他成员实践经验的把握。另一方面，可邀请用户以及第三方机构参与 OGD 经验分享，鼓励 OGD 个体分享数据开发利用方面的心得，广泛吸收社会各方的数据开放优秀案例经验。

最终，通过营造良好的参与环境，搭建内外畅通的桥梁，形成协同共享的知识学习机制，为 OGD 主体的沟通交流能力和吸收转化能力提升提供支持。

参考文献

中文文献

一 中文专著

刘春荣等：《产品创新设计策略开发》，上海交通大学出版社 2015 年版。

鲁敏主编，韦长伟、张涛、鲁威副主编：《当代中国政府概论》，天津人民出版社 2019 年版。

王江：《企业核心能力战略（修订版）》，知识产权出版社 2016 年版。

吴价宝：《企业核心能力形成机理及应用研究》，东南大学出版社 2006 年版。

姚乐野：《知识管理视域下的跨部门政府信息资源整合与共享研究》，四川大学出版社 2015 年版。

周志峰：《群体智慧视域下政府数据开放的管理研究》，武汉大学出版社 2020 年版。

二 中文译著

[美] 维娜·艾莉：《知识的进化》，刘民慧等译，珠海出版社 1998 年版。

[日] 野中郁次郎、竹内弘高：《创造知识的企业：日美企业持续创新的

动力》,李萌、高飞译,知识产权出版社 2006 年版。

三 中文期刊

白献阳、孙梦皎、安小米:《大数据环境下我国政府数据开放政策体系研究》,《图书馆学研究》2018 年第 24 期。

白献阳:《美国政府数据开放政策体系研究》,《图书馆学研究》2018 年第 2 期。

宝贡敏、龙思颖:《企业动态能力研究:最新述评与展望》,《外国经济与管理》2015 年第 7 期。

蔡颖、林筠、王琪、张茹鑫:《科技成果商业规模示范:组织学习与政府政策支持的作用》,《科技进步与对策》2022 年第 1 期。

曹堂哲、罗海元:《部门整体绩效管理的协同机理与实施路径——基于预算绩效的审视》,《中央财经大学学报》2019 年第 6 期。

曹兴、易文华、郭然:《企业知识状态属性的内涵、结构及其相互作用关系》,《中国软科学》2008 年第 5 期。

曹雨佳:《政府开放数据生态链中的用户参与机制——以加拿大政府数据开放实践为例》,《情报理论与实践》2021 年第 6 期。

陈朝兵、简婷婷:《政府数据开放中的公众参与模式:理论构建与案例实证》,《图书情报工作》2020 年第 22 期。

陈国权、皇甫鑫:《在线协作、数据共享与整体性政府——基于浙江省"最多跑一次改革"的分析》,《国家行政学院学报》2018 年第 3 期。

陈剑、黄朔、刘运辉:《从赋能到使能——数字化环境下的企业运营管理》,《管理世界》2020 年第 2 期。

陈兰杰、赵元晨:《政策工具视角下我国开放政府数据政策文本分析》,《情报资料工作》2020 年第 6 期。

陈巧会、白福萍、于秀艳:《论基于过程和价值创造双视角的知识资本管理》,《财会月刊》2015年第20期。

程永新、梁铭图、杨志洪:《数据资产管理"AIGOV五星模型"》,《电子技术与软件工程》2018年第16期。

储节旺、是沁:《基于SECI模型的开放式创新机制研究》,《新世纪图书馆》2016年第10期。

崔珍、石艳霞:《公共档案馆核心能力构建及培育》,《档案与建设》2015年第4期。

代佳欣:《英美新三国政府开放数据用户参与的经验与启示》,《图书情报工作》2021年第6期。

邓修权、吴旸、上官春霞、王林花:《核心能力构成要素的调查分析——基于中国期刊全文数据库》,《科研管理》2003年第2期。

邓修权、吴旸、夏国平:《核心能力的构成及动态发展机理研究》,《工业工程》2003年第3期。

翟军、李晓彤、林岩:《开放数据背景下政府高价值数据研究——数据供给的视角》,《图书馆学研究》2017年第22期。

丁思思:《基于知识发酵的参考咨询服务知识管理探索》,《继续教育研究》2016年第11期。

定明捷、曾祯:《复杂适应系统视角下的社区公共服务价值共创:一个分析框架》,《公共管理与政策评论》2021年第6期。

董俊武、黄江圳、陈震红:《动态能力的特征与功能研究》,《现代管理科学》2006年第8期。

杜健、姜雁斌、郑素丽、章威:《网络嵌入性视角下基于知识的动态能力构建机制》,《管理工程学报》2011年第4期。

段尧清、姜慧、汤弘昊:《政府开放数据全生命周期:概念、模型与结构——系统论视角》,《情报理论与实践》2019年第5期。

范并思:《维护公共图书馆的基础体制与核心能力——纪念曼彻斯特公共

图书馆创建150周年》,《图书馆杂志》2002年第11期。

范丽莉、唐珂:《基于政策工具的我国政府数据开放政策内容分析》,《情报杂志》2019年第1期。

范徵:《论企业知识资本与核心能力的整合》,《经济管理》2001年第22期。

方曦、何华、刘云、尤宇:《国家科技重大专项全创新链知识产权育成因素分析——基于对抗解释结构模型》,《科技管理研究》2021年第20期。

封伟毅、张肃、孙艺文:《基于知识整合与共享的企业创新能力提升机理与对策》,《情报科学》2017年第11期。

冯军政、魏江:《国外动态能力维度划分及测量研究综述与展望》,《外国经济与管理》2011年第7期。

顾嘉琪、袁莉:《基于公众需求的政府数据开放服务质量提升研究》,《情报杂志》2020年第6期。

郭兵、李强、段旭良等:《个人数据银行——一种基于银行架构的个人大数据资产管理与增值服务的新模式》,《计算机学报》2017年第1期。

郝文强:《政府数据开放中的利益相关者:界定、分类及管理策略》,《现代情报》2021年第7期。

何文盛、廖玲玲、王焱:《中国地方政府绩效评估的可持续性问题研究——基于"甘肃模式"的理论反思》,《公共管理学报》2012年第2期。

和金生、熊德勇:《知识管理应当研究什么?》,《科学学研究》2004年第1期。

和金生:《知识管理与知识发酵》,《科学学与科学技术管理》2002年第3期。

贺小刚、李新春、方海鹰:《动态能力的测量与功效:基于中国经验的实证研究》，《管理世界》2006年第3期。

洪伟达、马海群：《我国开放政府数据政策的演变和协同研究——基于2012—2020年政策文本的分析》，《情报杂志》2021年第10期。

胡峰、温志强：《面向重大疫情防控的应急情报生成机理及效能提升策略研究——基于融知发酵模型》，《情报资料工作》2021年第4期。

胡海波：《理解整体性政府数据治理：政府与社会的互动》，《情报杂志》2021年第3期。

胡树林、蒋萍、王洋：《基于知识链的政府知识管理实施途径研究》，《图书馆学研究》2010年第21期。

胡杨：《产学研合作创新聚集体的复杂适应系统特征研究》，《西南科技大学学报》（哲学社会科学版）2015年第5期。

黄江圳、董俊武：《动态能力的建立与演化机制研究》，《科技管理研究》2007年第8期。

黄培伦、尚航标、王三木、李海峰：《企业能力：静态能力与动态能力理论界定及关系辨析》，《科学学与科学技术管理》2008年第7期。

黄如花、陈闯：《美国政府数据开放共享的合作模式》，《图书情报工作》2016年第19期。

黄如花、何乃东、李白杨：《我国开放政府数据的价值体系构建》，《图书情报工作》2017年第20期。

黄如花、赖彤：《数据生命周期视角下我国政府数据开放的障碍研究》，《情报理论与实践》2018年第2期。

黄如花、温芳芳、黄雯：《我国政府数据开放共享政策体系构建》，《图书情报工作》2018年第9期。

黄如花、温芳芳：《我国政府数据开放共享的政策框架与内容：国家层面政策文本的内容分析》，《图书情报工作》2017年第20期。

黄如花、温芳芳：《我国政府数据开放共享政策问题的构建》，《图书情报工作》2017 年第 20 期。

贾立敏、赵贤晨、张兆方：《基于 AISM 的水利工程项目治理影响因素研究》，《中国农村水利水电》2021 年第 5 期。

江积海、刘敏：《动态能力与知识管理比较研究及其作用机理》，《科技进步与对策》2012 年第 1 期。

江积海：《动态能力是"皇帝的新装"吗？——构成、功效及理论基础》，《经济管理》2012 年第 12 期。

焦豪、魏江、崔瑜：《企业动态能力构建路径分析：基于创业导向和组织学习的视角》，《管理世界》2008 年第 4 期。

康伟、赵鹏飞：《社会学制度主义视角下地方政府创新行为的影响因素研究——一项对开放政府数据的实证研究》，《甘肃行政学院学报》2022 年第 2 期。

李彬、王凤彬、秦宇：《动态能力如何影响组织操作常规？——一项双案例比较研究》，《管理世界》2013 年第 8 期。

李力、侯燕芳：《基于核心价值视角的图书馆核心竞争力的构建研究》，《高校图书馆工作》2011 年第 5 期。

李梅、张毅、杨奕：《政府数据开放影响因素的关系结构分析》，《情报科学》2018 年第 4 期。

李涛：《现代化视域中的政府数据开放：文献述评与研究展望》，《社会科学动态》2022 年第 12 期。

李鑫浩、赵需要：《基于社会网络分析的政府开放数据生态链的演进过程研究》，《现代情报》2022 年第 2 期。

李轩宇、董鹏：《基层治理中的困境：权威结构与政策压力下的治理倦怠》，《领导科学》2019 年第 14 期。

李宇佳、张向先：《学术虚拟社区知识增长的关键影响因素识别——基于融知发酵理论视角》，《情报杂志》2016 年第 10 期。

李雨霏、刘海燕、闫树:《面向价值实现的数据资产管理体系构建》,《大数据》2020年第3期。

林桂娜:《基于六西格玛理论的图书馆核心竞争力建构》,《图书馆工作与研究》2013年第9期。

林海涛、许骏、吴梦芮:《基于用户需求的政务微信舆情处置功能的实现和效果提升研究》,《情报科学》2019年第6期。

林祥、李垣:《基于隐性知识的核心能力的维度分析》,《经济社会体制比较》2003年第5期。

刘洪伟、和金生、马丽丽:《知识发酵——知识管理的仿生学理论初探》,《科学学研究》2003年第5期。

刘江荣、刘亚男、肖明:《开放数据背景下政府数据资产治理研究》,《情报探索》2019年第11期。

刘莉、刘文云、刘建:《基于DEMATEL的科研数据共享关键影响因素识别与分析》,《图书馆学研究》2019年第18期。

刘伟:《动态能力对企业经营行为的多元化效应研究——基于知识视角》,《商业经济研究》2016年第5期。

刘新萍、袁佳蕾、郑磊:《地方政府数据开放准备度研究:框架与发现》,《电子政务》2019年第9期。

卢启程:《动态能力演化的知识活动模型》,《情报科学》2008年第3期。

卢艳秋、叶英平、肖艳红:《惯例形成与演进过程中的知识管理模型研究》,《图书情报工作》2017年第2期。

孟溦、王飔祎:《基于二维分析视角的长三角城市群政府数据开放共享政策分析》,《电子政务》2020年第3期。

莫富传:《政府数据开放平台数据创新性开发利用服务研究》,《知识管理论坛》2018年第5期。

莫祖英、丁怡雅:《政府数据开放公众反馈机制构建研究》,《情报杂志》

2021 年第 3 期。

穆颖丽：《图书馆知识管理能力构成要素及影响因素分析》，《情报理论与实践》2011 年第 10 期。

宁建新：《企业核心能力、动态能力与可持续发展》，《改革与战略》2009 年第 7 期。

彭勃、吴金鹏、韩啸：《开放政府数据的生态系统能力：模型建构与发展路径》，《上海行政学院学报》2022 年第 3 期。

彭秋平：《广东省地级市开放政府数据平台组织与建设现状调研》，《图书馆学研究》2019 年第 12 期。

彭锐、吴金希：《核心能力的构建：知识价值链模型》，《经济管理》2003 年第 18 期。

齐庆祝、杜纲：《企业能力系统构建与关键维度分析》，《统计与决策》2006 年第 22 期。

乔晓蓉、何轶峰：《浅议知识经济时代企业核心能力的培育》，《商业研究》1999 年第 12 期。

邱佛梅：《我国政府绩效管理制度运行机制与立法路径研究》，《科技智囊》2021 年第 12 期。

全一鸣：《企业核心能力相关理论文献综述》，《中国市场》2019 年第 17 期。

冉连、张曦、张海霞：《政府数据开放中的公众参与行为：生成机理与促进策略》，《现代情报》2022 年第 2 期。

沙子振、张鹏：《核心能力与动态能力理论界定及关系辨析》，《华东经济管理》2010 年第 10 期。

邵真、冯玉强、王铁男：《变革型领导风格对企业信息系统学习的作用机制研究——组织学习型文化的中介作用》，《管理评论》2015 年第 11 期。

沈晶、胡广伟：《利益相关者视角下政府数据开放价值生成机制研究》，《情报杂志》2016年第12期。

沈亚平、许博雅：《"大数据"时代政府数据开放制度建设路径研究》，《四川大学学报》（哲学社会科学版）2014年第5期。

石芝玲、和金生：《基于知识发酵理论的知识转移研究》，《科技进步与对策》2010年第14期。

宋晶晶：《政府治理视域下的政府数据资产管理体系及实施路径》，《图书馆》2020年第9期。

孙红霞、生帆、李军：《基于动态能力视角的知识流动过程模型构建》，《图书情报工作》2016年第14期。

孙锐、石金涛、李海刚：《组织学习、知识演化创新与动态能力扩展研究》，《情报科学》2006年第9期。

孙艳华、张玉芳：《用户驱动创新、动态能力与供应链商业模式演进——基于湖南省茶叶供应链的研究》，《管理案例研究与评论》2019年第6期。

索传军：《关于图书馆核心竞争力的认识与思考》，《图书馆》2011年第2期。

汤志伟、韩啸：《政府数据开放价值共毁的生成机制：来自过程追踪法的发现》，《北京科技大学学报》（社会科学版）2022年第5期。

唐彬、卢艳秋、叶英平：《大数据能力视角下平台企业知识创造模型研究》，《情报理论与实践》2020年第7期。

唐建生、和金生、熊德勇：《基于知识发酵理论的组织核心能力研究》，《科学管理研究》2006年第5期。

唐孝文、刘敦虎、肖进：《动态能力视角下的战略转型过程机理研究》，《科研管理》2015年第1期。

唐长乐：《基于扎根理论的政府开放数据价值共创影响因素研究》，《图书馆杂志》2021年第11期。

完颜邓邓、陶成煦：《国外政府数据分类分级授权协议及对我国的建议》，《图书情报工作》2021年第3期。

王法硕、项佳图：《中国地方政府数据开放政策扩散影响因素研究——基于283个地级市数据的事件史分析》，《情报杂志》2021年第11期。

王法硕：《我国地方政府数据开放绩效的影响因素——基于定性比较分析的研究》，《情报理论与实践》2019年第8期。

王菁娜、冯素杰：《知识管理视角下的动态能力构成维度研究》，《科学管理研究》2009年第6期。

王敬尧：《基层治理中的政府公共服务能力分析——以中部Y区为例》，《社会主义研究》2009年第4期。

王侃：《基于知识管理的动态能力的路径依赖模型构建》，《南方企业家》2018年第2期。

王卫、王晶、张梦君：《生态系统视角下开放政府数据价值实现影响因素分析》，《图书馆理论与实践》2020年第1期。

王向阳、郗玉娟、谢静思：《基于知识元的动态知识管理模型研究》，《情报理论与实践》2017年第12期。

吴金鹏、韩啸：《开放政府数据何以成功？——生态关系理论视角的跨国实证研究》，《图书馆论坛》2020年第8期。

吴金鹏、韩啸：《制度环境、府际竞争与开放政府数据政策扩散研究》，《现代情报》2019年第3期。

吴玉浩、姜红、Henk de Vries：《面向标准竞争优势的动态知识管理能力：形成机理与提升路径》，《情报杂志》2019年第12期。

武琳、刘珺：《数据消费与孵化创新——开放政府数据商业应用发展趋势》，《情报资料工作》2016年第3期。

武梦超、李随成：《知识积累与产品创新性：知识整合机制与动态知识能力的作用》，《科学学与科学技术管理》2019年第6期。

夏清华、何丹：《企业成长不同阶段动态能力的演变机理——基于腾讯的纵向案例分析》，《管理案例研究与评论》2019年第5期。

夏义堃：《开放数据开发利用的产业特征与价值链分析》，《电子政务》2016年第10期。

夏义堃：《政府数据治理的国际经验与启示》，《信息资源管理学报》2018年第3期。

向伟勇、陈劲：《中国种子企业动态核心能力的影响因素》，《技术经济》2015年第8期。

辛晴：《动态能力的测度与功效：知识观视角的实证研究》，《中国科技论坛》2011年第8期。

徐建中、冷单：《知识管理视角下企业核心竞争力的提升模式及战略选择研究》，《中国科技论坛》2011年第12期。

许晖、薛子超、邓伟升：《企业知识向营销动态能力转化机制——宏济堂与天士力双案例对比研究》，《经济管理》2018年第6期。

许可、徐二明：《企业资源学派与能力学派的回顾与比较》，《经济管理》2002年第2期。

杨建梁、刘越男：《基于DEMATEL模型的我国政府信息资源跨部门共享的关键影响因素研究》，《图书情报工作》2018年第19期。

杨青峰、任锦鸾：《智能工业时代的企业核心能力构成与作用机理——基于对223篇企业领袖公开谈话的扎根理论分析》，《中国科技论坛》2020年第12期。

杨瑞仙、毛春蕾、左泽：《我国政府数据开放平台建设现状与发展对策研究》，《情报理论与实践》2016年第6期。

杨兴义、王辉：《政府数据开放与应用创新研究——以青岛为例》，《信息系统工程》2015年第7期。

姚立根、宁云才：《组织知识视角的企业核心能力分析》，《企业经济》

2012 年第 10 期。

叶信治：《能力的知识观与提高知识教学发展能力的有效性》，《教育理论与实践》2017 年第 10 期。

余奕昊、李卫东：《我国地方政府数据开放平台现状、问题及优化策略——基于 10 个地方政府数据开放平台的研究》，《电子政务》2018 年第 10 期。

喻登科、严红玲：《核心竞争力与竞争优势形成路径：知识资本与组织性格整合视角的解释》，《科技进步与对策》2019 年第 1 期。

袁红、王燕：《政府数据开放可持续发展关键影响因素识别与作用机理分析》，《图书情报工作》2022 年第 9 期。

袁莉、李姗蔓、赵婧：《政策文本视角下地方政府数据开放动态能力的识别与培育研究》，《情报理论与实践》2022 年第 10 期。

袁莉、徐丽新、姚乐野：《政府数据开放的知识创造机理研究》，《情报理论与实践》2022 年第 2 期。

袁莉、姚乐野：《政府数据开放的整体能力：概念、框架及演化机制》，《图书情报工作》2021 年第 19 期。

袁莉、姚乐野：《政府知识管理应用社交网络研究》，《图书情报工作》2013 年第 3 期。

袁天波、白思俊、宫晓华：《组织知识创造过程及能力开发模型研究》，《科学学与科学技术管理》2007 年第 12 期。

张春辉、陈继祥：《基于知识创造的核心刚性治理机理研究》，《科学学与科学技术管理》2009 年第 8 期。

张江甫、顾新：《基于动态能力的企业知识流动：理论模型与实证研究》，《情报科学》2016 年第 4 期。

张磊：《我国政府数据开放机制研究》，《情报探索》2015 年第 9 期。

张鹏、蒋余浩：《政务数据资产化管理的基础理论研究：资产属性、数据权属及定价方法》,《电子政务》2020年第9期。

张韬:《基于管理流程视角的动态能力核心构成及测量模型构建》,《统计与决策》2013年第20期。

张晓林:《走向知识服务:寻找新世纪图书情报工作的生长点》,《中国图书馆学报》2000年第5期。

张序、劳承玉:《公共服务能力建设:一个研究框架》,《理论与改革》2013年第2期。

张珣、彭纪生:《国际化企业营销动态能力形成机制研究:基于知识的视角》,《河海大学学报》(哲学社会科学版)2017年第3期。

张艳丰、李贺、彭丽徽、洪闯:《高校图书馆微信公众平台的媒介引力场模型及其影响因素——基于DEMATEL系统因素分析的大众传播视角》,《图书情报工作》2017年第9期。

张瑶瑶:《知识治理对海外情报能力的影响——基于知识创造的中介效应研究》,《全球科技经济瞭望》2020年第5期。

张志民:《知识经济时代与"企业核心能力"理论》,《生产力研究》2002年第6期。

赵宁、黄铁娜、曹洋:《信息生态链下开放政府数据价值演化的研究》,《图书馆》2021年第3期。

赵需要、侯晓丽、徐堂杰、陈红梅:《政府开放数据生态链:概念、本质与类型》,《情报理论与实践》2019年第6期。

赵需要:《基于扎根理论的政府信息公开保密审查体系构建》,《档案学研究》2015年第5期。

赵需要:《政府信息公开到政府数据开放的嬗变》,《情报理论与实践》2017年第4期。

赵英鑫、韩清艳、巩欣宇:《基于知识和惯例的动态能力形成模型研究》,《情报科学》2021年第7期。

赵越：《我国政府知识管理体系构建的关键影响因素研究》，《情报理论与实践》2011 年第 11 期。

郑磊：《开放政府数据的价值创造机理：生态系统的视角》，《电子政务》2015 年第 7 期。

郑磊：《开放政府数据研究：概念辨析、关键因素及其互动关系》，《中国行政管理》2015 年第 11 期。

郑素丽、章威、吴晓波：《基于知识的动态能力：理论与实证》，《科学学研究》2010 年第 3 期。

周林兴、徐承来、宋大成：《重大疫情灾害中政府数据开放模式研究——以新型冠状病毒肺炎疫情为实证分析》，《现代情报》2020 年第 6 期。

周毅、袁成成：《论新情境下公共信息服务发展问题的出场及其内在逻辑》，《情报理论与实践》2020 年第 5 期。

周莹、刘佳、梁文佳、彭鹏：《数字图书馆知识服务能力成熟度评价模型研究》，《情报科学》2016 年第 6 期。

周志峰：《创新创业视域下促进政府开放数据开发利用的对策分析》，《情报杂志》2017 年第 6 期。

朱红灿、沈超：《认知视角下科研用户政府开放数据利用影响因素研究——基于扎根理论的探索性分析》，《现代情报》2021 年第 10 期。

朱晓峰、盛天祺、程琳：《服务接触视角下政府数据开放平台的评估框架与实效研究》，《电子政务》2021 年第 10 期。

庄彩云、陈国宏、王丽丽：《互联网能力与知识能力交互效应对知识创造绩效的传导机制：一个被中介的调节效应模型》，《科技进步与对策》2019 年第 7 期。

英文文献

Aimilia Protogerou, Y. Caloghirou, S. Lioukas, "Dynamic Capabilities and Their

Indirect Impact on Firm Performance", *Industrial and Corporate Change*, Vol. 21, No. 3, June 2012.

Anand Nair, Felix Reed-Tsochas, "Revisiting the Complex Adaptive Systems Paradigm: Leading Perspectives for Researching Operations and Supply Chain Management Issues", *Journal of Operations Management*, Vol. 65, No. 2, March 2019.

Anders Paarup Nielsen, "Understanding Dynamic Capabilities through Knowledge Management", *Journal of Knowledge Management*, Vol. 10, No. 4, July 2006.

Prahalad C. K., Hamel G., "The Core Competence of the Corporation", *Harvard Business Review*, Vol. 68, No. 3, 1990.

Charalampos Alexopoulos, Euripidis Loukis, Spiros Mouzakitis, Michalis Petychakis & Yannis Charalabidis, "Analyzing the Characteristics of Open Government Data Sources in Greece", *Journal of the Knowledge Economy*, Vol. 9, No. 3, September 2018.

Christine Oliver, "Sustainable Competitive Advantage: Combining Institutional and Resource-Based Views", *Strategic Management Journal*, Vol. 18, No. 9, December 1998.

Christoph Zott, "Dynamic Capabilities and the Emergence of Intraindustry Differential Firm Performance: Insights from a Simulation Study", *Strategic Management Journal*, Vol. 24, No. 2, February 2003.

Christopher Z. Mooney, "Modeling Regional Effects on State Policy Diffusion", *Political Research Quarterly*, Vol. 54, No. 1, March 2001.

David J. Teece, Gary Pisano, "The Dynamic Capabilities of Firms: An Introduction", *Industrial and Corporate Change*, Vol. 3, No. 3, January 1994.

参考文献

David J. Teece, Gary Pisano, Amy Shuen, "Dynamic Capabilities and Strategic Management", *Strategic Management Journal*, Vol. 18, No. 7, August 1997.

Dorothy Leonard-Barton, "Core Capabilities and Core Rigidities: A Paradox in Managing New Product Development", *Strategic Management Journal*, Vol. 13, No. S1, June 1992.

Fatemeh Ahmadi Zeleti, Adegboyega Ojo, "Open Data Value Capability Architecture", *Information Systems Frontiers*, Vol. 19, No. 2, October 2016.

Hongyi Mao, Shan Liu and Jinlong Zhang, "How the Effects of IT and Knowledge Capability on Organizational Agility are Contingent on Environmental Uncertainty and Information Intensity", *Information Development*, Vol. 31, No. 4, January 2015.

Huff A. S., Eden C., "Preface: Managerial and Organizational Cognition", *International Studies of Management & Organization*, January 2009.

Igbal Safarov, Albert Meijer, Stephan Grimmelikhuijsen, "Utilization of Open Government Data: A Systematic Literature Review of Types, Conditions, Effects and Users", *Information Polity*, Vol. 22, No. 1, March 2017.

Ikujiro Nonaka, "A Dynamic Theory of Organizational Knowledge Creation", *Organization Science*, Vol. 5, No. 1, February 1994.

Ikujiro Nonaka, Ryoko Toyama, Noboru Konno, "Ba and Leadership: A Unified Model of Dynamic Knowledge Creation", *Long Range Planning*, Vol. 33, No. 1, February 2000.

Jeannine E. Relly, Meghna Sabharwal, "Perceptions of Transparency of Government Policymaking: A Cross-National Study", *Government Information Quarterly*, Vol. 26, No. 1, January 2009.

Judie Attard, Fabrizio Orlandi, Simon Scerri, Sören Auer, "A Systematic Review of Open Government Data Initiatives", *Government Information Quarterly*, Vol. 32, No. 4, October 2015.

Kathleen M. Eisenhardt, Jeffrey A. Martin, "Dynamic Capabilities: What Are They?", *Strategic Management Journal*, Vol. 21, No. 10 – 11, October 2000.

Katri-Liis Lepik, Merle Krigul, "Challenges in Knowledge Sharing for Innovation in Cross-Border Context", *International Journal of Knowledge-Based Development*, Vol. 5, No. 4, March 2014.

Laurie J. Bassi, Mark E. Van Buren, "Valuing Investments in Intellectual Capital", *International Journal of Technology Management*, Vol. 8, No. 5 – 18, January 1999.

Lei-Yu Wu, "Applicability of the Resource-Based and Dynamic-Capability Views under Environmental Volatility", *Journal of Business Research*, Vol. 63, No. 1, January 2010.

Mansour Javidan, "Core Competence: What Does it Mean in Practice", *Long Range Planning*, Vol. 31, No. 1, February 1998.

Marc H. Meyer, James M. Utterback, "The Product Family and the Dynamics of Core Capability", *Sloan Management Review*, April 1993.

Maryam Alavi, Dorothy E. Leidner, "Review: Knowledge Management and Knowledge Management Systems: Conceptual Foundations and Research Issues", *MIS Quarterly*, Vol. 25, No. 1, March 2001.

Maureen Blyler, Russell W. Coff, "Dynamic Capabilities, Social Capital, and Rent Appropriation: Ties That Split Pies", *Strategic Management Journal*, Vol. 24, No. 7, July 2003, pp. 677 – 686.

Maurizio Zollo, Sidney G. Winter, "Deliberate Learning and the Evolution of

Dynamic Capabilities", *Organization Science*, Vol. 13, No. 3, May 2002, pp. 339 – 351.

Nicolai J. Foss, "Knowledge-Based Approaches to the Theory of the Firm: Some Critical Comments", *Organization Science*, Vol. 7, No. 5, October 1996, pp. 470 – 476.

Ning Nan, "Capturing Bottom-up Information Technology Use Processes: A Complex Adaptive Systems Model", *MIS quarterly*, Vol. 35, No. 2, June 2011, pp. 505 – 532.

P. N. Subba Narasimha, "Strategy in Turbulent Environments: The Role of Dynamic Competence", *Managerial & Decision Economics*, Vol. 22, No. 4 – 5, August 2001, pp. 201 – 212.

Patricia M. Norman, "Knowledge Acquisition, Knowledge Loss, and Satisfaction in High Technology Alliances", *Journal of Business Research*, Vol. 57, No. 6, June 2004, pp. 610 – 619.

Paul W. Mungai, "Causal Mechanisms and Institutionalization of Open Government Data in Kenya", *The Electronic Journal of Information Systems in Developing Countries*, Vol. 84, No. 6, September 2018, p. e12056.

Rafael Andreu, Claudio Ciborra, "Organizational Learning and Core Capabilities Development: The Role of IT", *Journal of Strategic Information Systems*, Vol. 5, No. 2, June 1996, pp. 111 – 127.

Raphael Amit, PAUL J. H. Schoemaker, "Strategic Assets and Organizational Rent", *Strategic Management Journal*, Vol. 14, No. 1, January 1993.

Rod W. Coombs, "Core Competencies and the Strategic Management of R&D", *R&D Management*, Vol. 26, No. 4, May 2007, pp. 345 – 355.

Shaker A. Zahra, Harry J. Sapienza, Per Davidsson, "Entrepreneurship and Dynamic Capabilities: A Review, Model and Research Agenda", *Journal of*

Management Studies, Vol. 43, No. 4, June 2006, pp. 917 – 955.

Stewart Thomas A. "Your Company's Most Valuable Asset: Intellectual Capital", *Fortune*, Vol. 130, No. 7, October 1994, pp. 68 – 73.

Taewoo Nam, "Challenges and Concerns of Open Government: A Case of Government 3.0 in Korea", *Social Science Computer Review*, Vol. 33, No. 5, October 2015, pp. 556 – 570.

Wesley M. Cohen, Daniel A. Levinthal, "Absorptive Capacity: A New Perspective on Learning and Innovation", *Administrative Science Quarterly*, Vol. 35, No. 1, March 1990, pp. 128 – 152.

William Lazonick, Andrea Prencipe, "Dynamic Capabilities and Sustained Innovation: Strategic Control and Financial Commitment at Rolls-Royce plc", *Industrial and Corporate Change*, Vol. 14, No. 3, March 2005.

Yadong Luo, "Dynamic Capabilities in International Expansion", *Journal of World Business*, Vol. 35, No. 4, December 2000, pp. 355 – 378.

Yuqian Han, Dayuan Li, "Effects of Intellectual Capital on Innovative Performance: The Role of Knowledge-Based Dynamic Capability", *Management Decision*, Vol. 53, No. 1, February 2015, pp. 40 – 56.

后　　记

《政府数据开放整体能力构建研究》一书是 2020 年国家社科基金项目"基于知识观的政府数据开放整体能力构建研究"（项目编号：20BTQ043）的项目成果之一。研究团队历时三年，制订详细的项目规划及调研计划，立足将研究扎根中国大地，与省市大数据中心及政府数据开放相关部门建立紧密合作，以理论为基，以实践为本，最终回答政府数据开放整体能力如何构建的问题。

研究过程中产出大量成果。一方面，研究团队注重理论提炼和总结，在《中国图书馆学报》《图书情报工作》《情报理论与实践》《现代情报》等多个高水平期刊上发表论文 9 篇，其中 1 篇被人大复印报刊资料《图书馆学情报学》全文转载。另一方面，研究也关注成果落地，将研究成果应用于地方政府数据开放能力构建的实践。课题组与省大数据中心密切合作，将研究与地方政府数据开放评估实践结合，全程参与该省 2021 年和 2022 年数据开放评估和报告撰写，此项评估对于该省各市（州）发现其政府数据开放中的不足、提升其开放能力提供了重要的指导。

在未来的研究中，还有以下问题值得进一步探讨：

（一）进一步完善政府数据开放整体能力研究

政府数据开放整体能力是本书提出的全新概念，由于缺乏这一领域的研究成果支撑，因此，本书借助相关企业能力理论构建全新的整体能力理论框架，通过对政策文本的扎根识别 OGD 整体能力的构成并分析其作用过程，从抽象的 OGD 整体能力概念到具象化的整体能力内容，逐步将 OGD 整体能力研究落地。但在研究中，仍然存在有待完善之处，例如，对于政策文本的分析可能由于样本选择和数量上的局限而影响分析，对于扎根理论的使用也可能由于研究者的主观性存在偏差，尽管本书的研究已注意到并尽量避免上述问题，但随着政府数据开放能力构建方面理论研究和实践经验的不断丰富，可考虑在未来的政府数据开放能力研究中，通过能力研究的过程分析法、价值链分析法等，对政府数据开放整体能力研究进行补充和完善。

（二）开展政府数据开放整体能力的评估研究

建立客观公正的以公共价值为导向的政府数据开放整体能力评估体系，是监督和控制政府数据开放向良性发展的重要依据。目前，由于尚未建立起有效的政府数据开放整体能力体系，因此对其评估问题的探讨也较少涉及。但没有评估则没有监督，因此，在政府数据开放整体能力构建中，应考虑同步构建评估体系，并以此作为推动和考核政府数据开放的依据。政府数据开放的整体能力评估，可建立在现有的整体能力研究成果基础之上。为保障 OGD 整体能力评估的科学性和完整性，应对评估体系的构建原则、构建方法和步骤进行研究，通过对 OGD 核心能力、动态能力及其生成演化机制研究的进一步细化，构建评估体系框架、制定能力指标的测度标准，将其应用于当前 OGD 能力的评估。通过评估掌握 OGD 整体能力现状，发现问题并实施改进。

因此，本书的研究是对政府数据开放整体能力的初步探索，如何激发公共数据潜力、释放数据要素价值，仍有许多需要进一步研究的问题。个人能力所限，书中难免存在不足，恳望同行批评指正。

本书能够得以出版，首先要感谢"基于知识观的政府数据开放整体

后　记

能力构建研究"所有课题组成员，课题从申报到结项，每一步都离不开他们的贡献；其次要感谢全国哲学社会科学工作办公室为本课题提供了必要的研究经费，感谢四川省大数据中心、成都市网络理政办公室为本课题调研进行的协调、支持和帮助；最后要感谢此书的责任编辑中国社会科学出版社刘艳女士，以及所有在研究过程中给予我们关注与鼓励的朋友！

袁　莉

2023 年冬于四川大学